A TERCEIRA MARGEM

IGNACY SACHS

A terceira margem
Em busca do ecodesenvolvimento

Tradução
Rosa Freire d'Aguiar

Copyright © 2007 by Bourin Éditeur

Grafia atualizada segundo o Acordo Ortográfico da Língua Portuguesa, que entrou em vigor no Brasil em 2009.

Título original
La troisième rive — À la recherche de l'écodéveloppement

Capa
Mariana Newlands

Imagem de capa
© Davis, Stuart, *Midi*, 1954, licenciado por AUTVIS, Brasil, 2009.

Preparação
Beti Kaphan

Índice remissivo
Luciano Marchiori

Revisão
Márcia Moura
Ana Maria Barbosa

Dados Internacionais de Catalogação na Publicação (CIP)
Câmara Brasileira do Livro, SP, Brasil

Sachs, Ignacy
    A terceira margem : em busca do ecodesenvolvimento / Ignacy Sachs ; tradução de Rosa Freire d'Aguiar. — São Paulo : Companhia das Letras, 2009.

    Título original: La troisième rive : à la recherche de l'écodéveloppement.
    ISBN 978-85-359-1552-5

    1. Desenvolvimento econômico — Aspectos ambientais 2. Desenvolvimento sustentável 3. Sachs, Ignacy, 1927 — I. Título.

09-09381   CDD-333.7

Índice para catálogo sistemático:
1. Ecodesenvolvimento : Economia   333.7

[2009]
Todos os direitos desta edição reservados à
EDITORA SCHWARCZ LTDA.
Rua Bandeira Paulista, 702, cj. 32
04532-002 — São Paulo — SP
Telefone (11) 3707-3500
Fax (11) 3707-3501
www.companhiadasletras.com.br

Para Viola e as três gerações de nossa tribo

À memória de Wtodek

Sumário

PREFÁCIO – Contador sem fronteira, 11

1. O ENRAIZAMENTO, 21
   Judeu-não-judeu, 22
   Ilusão patriótica, 26

2. A GUERRA RELÂMPAGO: DESMORONA O MUNDO DE MINHA INFÂNCIA, 31

3. O ENTREATO FRANCÊS: A *DRÔLE DE GUERRE* E A *DÉBÂCLE*, 35
   Reencontros milagrosos, 39
   Rumo ao Brasil, 41

4. A DESCOBERTA DO BRASIL, 45
   A pequena França, 47
   Meu primo Tad, 53
   Uma visita de cortesia com graves consequências, 55
   Segunda visita de cortesia, 61

A morte de Gandhi, 62
Estudos no Rio, 65

5. SOLDADO DA GUERRA FRIA, 73
   Os intelectuais do Rio de Janeiro, 78
   A Guerra Fria se intensifica, 83
   Cegueira, 87

6. O RETORNO À POLÔNIA, 95
   Fotos de família, 99
   Primeiras publicações, 101
   Os iguais e os menos iguais, 106
   A "primavera em outubro", 112

7. A DESCOBERTA DA ÍNDIA, 121
   Délhi, ponto de encontro diplomático, 125
   Viagens: Baroda, Kerala, Nagpur, 130
   Uma tese herética aos olhos de certos marxistas, 135

8. DE NOVO EM VARSÓVIA, 141
   Rumo ao ensino e à pesquisa, 144
   Batismo nas Nações Unidas, 149
   Especialista em planejamento, 156
   Sinais de tempestade, 165

9. MEU MESTRE KALECKI, 169
   Ser ou não ser consultor?, 175

10. A TEMPESTADE, 177
    Processo baseado em intenções: morte civil, 180
    A partida, 184
    Rumo a Paris, 191
    Balanço, 195

11. RIR, PARA NÃO CHORAR, 199

12. PARIS, ENCRUZILHADA DO MUNDO, 209
    Clemens Heller..., 214
    ... E Serge Antoine, 218
    Os campos de planejamento, 221

13. O ECODESENVOLVIMENTO: DE TÓQUIO AO RIO E DEPOIS, 227
    A caminho da noção de ecodesenvolvimento, 230
    Os peixes cantam no Ucayali, 234
    "Cocoyoc para todo o mundo!", 240
    Missões, 244
    A tragédia chilena, 248
    A Conferência do Rio de Janeiro, 252
    Franklin, Gandhi, Dubos, 256

14. A FIPAD: "NEM PRÍNCIPE, NEM COMERCIANTE: CIDADÃO", 261
    A economia social, os tempos de vida e de sociedade, 266
    A Universidade das Nações Unidas, 270
    O Círculo Condorcet, a 4D, a Pro-Natura, 273

15. QUE CIDADES PARA QUAL DESENVOLVIMENTO?, 278
    A cidade é um ecossistema, 280
    As implicações da questão urbana. 285

16. BRASIL, TERRA DE PESQUISAS. O FUTURO QUE TARDA, 292
    Andanças; a importância do terreno, 294
    A espécie mais ameaçada: o homem, 299
    As reservas de biosfera, 304
    SUDENE, e depois SEBRAE, 305

17. ÍNDIA, TERRA DE INSPIRAÇÃO, 312
    A Índia, laboratório do desenvolvimento, 314

18. O FIO DE ARIADNE, 322
    Planejamento e desenvolvimento, 325
    Tirar partido dos fracassos, 331

19. BARRICADAS DE ONTEM, CAMPOS DE FUTURO, 334
    Viva a crise!, 336
    Repensar o Estado desenvolvimentista, 345
    Por uma cultura do desenvolvimento, 351

20. AS IRMÃS RIVAIS, 355
    Reformar o sistema onusiano, 359

PARA CONCLUIR – Companheiro de Sísifo?, 367
BIBLIOGRAFIA, 371
ÍNDICE REMISSIVO, 373

Prefácio
Contador sem fronteira

Por que Ignacy Sachs? A primeira razão é simples: por causa das cidades. É *meu* tema, o de meu ensino universitário e de minhas principais obras. Céline, filha dele, antes de criar seu ateliê Parfums de Villes defendeu uma tese sobre São Paulo e ensinou no Instituto de Ciências Políticas, tendo me convidado a participar de seu curso. Perguntei-lhe como encontrar seu pai a fim de entrevistá-lo para a revista que edito, *Urbanisme*. Foi em 1998. Ele veio à redação. Alto, sólido, impressionante presença física e falante, com uma voz forte que tranquiliza, de calorosa entonação. Eu tinha lido, quando era estudante de economia, seu livro *La découverte du tiers-monde* [*A descoberta do Terceiro Mundo*], publicado em 1971 na prestigiosa coleção dirigida por Fernand Braudel. Em seguida, interessei-me, como militante, pelo ecodesenvolvimento, do qual ele é o principal teórico, mas na época desconhecia o essencial de sua produção escrita, majoritariamente disponível em inglês e em português na forma de relatórios para organizações internacionais. Economista? Ecólogo? Ecologista? "Cidadão do mundo", ele me revelou na época, é esta sua profissão... de fé!

Por que Ignacy Sachs? A segunda razão é ainda mais evidente: pelo ecodesenvolvimento. Porque a ecologia não é simples moda ou item agora obrigatório em qualquer programa político, mas exigência de cada "cidadão do mundo". Sem dúvida, a consciência das criaturas humanas sobre suas responsabilidades frente aos diversos ecossistemas que fazem da Terra a nossa morada é desigual mas não para de progredir — dessa vez uso o verbo de modo positivo, pois os "progressos" também produzem estragos e acidentes —, com o que devemos nos alegrar. Esse incansável militante da causa ecológica não é suficientemente conhecido e discutido, pelo menos na França. Como dissociar seus ideais e sua vida? Impossível, todo pensamento é personificado e carrega seu peso de afeto, erro, satisfação. Assim, para conhecer os argumentos de Ignacy Sachs devemos necessariamente segui-lo pelos meandros, volta e meia romanescos, de sua vida, que ele conta com sabor e simplicidade.

Toda manhã de terça-feira, por volta das dez e meia, durante um ano ou quase, fui à casa de Ignacy Sachs no xvè. *Arrondissement*. Não a seu apartamento, que apenas entrevi, mas ao que seria o apartamento do zelador do prédio e que ele transformou em escritório. Assim que chegava, ligava o gravador, fazia apenas uma pergunta e ele se punha a falar. De uma semana a outra, às vezes mais se um compromisso nos obrigasse a pular um encontro, ele retomava o fio de seu pensamento e prosseguia o relato com inacreditável continuidade, como se tivéssemos nos despedido na véspera. Quando chegava a hora do almoço, parávamos e íamos comer num restaurante do bairro. Impossível escapar do que logo se tornou um hábito, um verdadeiro rito. E por que, aliás, não aceitá-lo? Comer degustando um bom vinho é sempre agradável, mais ainda em boa companhia. Quatro ou cinco vezes Viola, sua esposa, especialista em literatura norte-americana, e em Melville particularmente, veio nos encontrar. Então eu sentia Ignacy um pouco diferente. Sem dúvida estava contente que ela compartilhasse de nosso almoço e que eu perguntasse a ela sobre seu passado e também sobre suas pesquisas e trabalhos atuais, seus filhos, entre eles Céline, graças a quem pude encontrá-los, mas sua presença quebrava um laço de exclusividade, o que ele só apreciava em termos. É verdade que contar a própria vida não é simples e impõe a um só tempo rigor na exposição e uma relação pessoal, afetiva, difícil de partilhar. Foi o que senti quando coescrevia as memórias de Henri Desroche, o especialista em religiões e utopias, ou as de Paul-Henry Chombart de Lauwe, antropólogo das cidades e das culturas populares. A intrusão das esposas, no entanto cúmplices de toda a vida, rompia esse algo inominável e próximo da confiança subentendida, adquirida, indiscutível. A diferença geracional facilitou a relação de escuta e recriou a *universitas*; ele se tornou meu "mestre" e eu, seu "aluno". Essa situação não decorria, de jeito nenhum, de uma hierarquia intelectual — jamais Ignacy me deu a entender que eu sabia menos que ele! —, mas, ao contrário, de um reconhecimento. Ele me *reconhecia* como apto a receber não só suas lembranças, mas suas descobertas, sua mensagem, de certa forma. Mensageiro, então? Certamente, e com grande júbilo, pois a junção, a mediação, o contato entre autor e público me parecem salutares e gratificantes. O que há de mais enriquecedor do que facilitar um encontro, fazer as ideias avançarem, partilhar experiências? Esse papel me convém, tanto mais que nele muito aprendi. De fato, eu escutava mas também devia, a fim de fazer as perguntas certas, descobrir a obra daquele cujo depoimento eu gravava, daí as inúmeras leituras e os frutuosos encontros.

* * *

    Nascido em 1927 na Polônia, Ignacy sai de seu país natal, de carro, com a família, para fugir do nazismo e da política racial. Depois da Romênia e da França, onde passa uma temporada de um ano em que frequenta a escola e aprende francês, toda a família vai para a Espanha, e depois Portugal, a fim de embarcar para o Brasil. Esse exílio imposto tem ares de nova vida: para seus pais trata-se de recomeçar uma carreira, de se instalar para o resto da vida, sem intenção de retorno. Mas o jovem Ignacy — que já se expressa em várias línguas — decide, depois dos estudos e do casamento com uma polonesa também instalada no Brasil pelos mesmos motivos, imigrar para a Polônia, que se tornara "socialista". Antes de partir, os dois preparam o primeiro dicionário polonês-brasileiro, ainda disponível nas livrarias... Evidentemente, a Polônia do pós-guerra não é mais a mesma de antes. Assim, a burguesia à qual Ignacy pertencia é vilipendiada e uma nomenclatura oriunda do Partido Comunista pró-soviético logo se instala e se adapta sem muita dificuldade aos privilégios reservados aos dirigentes.

    O jovem casal entra na universidade, ela no curso de literatura americana, ele no de economia do desenvolvimento. Conseguem uma moradia, fazem amigos e relações, criam os filhos, em suma, tornam-se poloneses. Jovem economista talentoso, Ignacy conta com o apoio do famoso economista Kalecki, que depois da guerra retornara de Londres aureolado por ser muito apreciado por Keynes, e torna-se seu principal colaborador. Beneficia-se de um cargo dedicado a algo tão específico — a economia dos países subdesenvolvidos —, que o controle e a censura são menos estritos que em outros lugares, pois para os responsáveis poloneses esse tema parece menos sensível. Sem dúvida, para ele é indispensável citar Marx e os "clássicos" do marxismo nas suas exposições em colóquios, nos seus artigos, nas suas aulas. Ignacy não é antimarxista. Ao contrário, domina perfeitamente os textos de Marx, que ele admira por excelentes razões, e maneja com destreza os clichês oficiais, o que lhe permite dizer o que pensa sem atrair os raios dos censores. É verdade que um dia o criticam por ser um "marxista envergonhado", o que ele rejeita, mostrando no próprio Marx pontos de vista diferentes ou, pelo menos, inflexões de um texto a outro. Tem a oportunidade de ir para Nova Délhi, para o departamento econômico da embaixada da Polônia. Lá se instala por uns anos — é lá que nasce Céline e que ele faz seu doutorado. A tese é publicada em inglês, na Índia, e em polonês, na Polônia, mas não em russo, pois ele se nega a escrever um prefácio "autocrítico" que o editor soviético lhe pede. De volta à Polônia, prossegue com seus trabalhos sobre o desenvolvimento e vai com frequência a reuniões internacionais no Ocidente. Espantosamente, para uma "autoridade intelectual", nunca foi convidado para ir à União Soviética ou às "democracias populares", salvo uma vez, quando foi a Berlim Oriental e a Praga. Graças a essas viagens, a seus contatos e à leitura regular da imprensa ocidental e das revistas científicas anglo-saxônicas ou francesas, Ignacy Sachs se mantém informado sobre o estado das ciências humanas e sociais e pensa a meio caminho entre três mundos: o soviético, onde mora, o Terceiro Mundo, sobre o qual reflete, e o "sistema capitalista" que, nessa época, é objeto de inúmeros debates e movimentos contestatários. Em 1968 o antissemitismo polonês latente é subitamente ativado pelo Estado, o que obriga vários intelectuais judeus e outros "espíritos independentes", como Krzysztof Pomian, Zygmunt Bauman, Leszek Kolakowski, a partir... Os Sachs são totalmente laicos, mas a campanha de imprensa é tão bem orquestrada que eles têm de fazer as malas e devem tudo abandonar, tudo perder. Felizmente, várias universidades do mundo se propõem a acolhê-los, e eles escolhem a França, Paris, a École Pratique de Hautes Études (EPHE), que se tornará a École des Hautes Études en Sciences Sociales (EHESS), dirigida então por Fernand Braudel e onde ensina o historiador da civilização medieval Jacques Le Goff, cuja mulher é polonesa. Chegam a Paris em 1968 e descobrem um país algo estranho, que não compreendem de imediato. No início do ano letivo, em outubro, Ignacy Sachs obtém um posto na École — aonde ainda vai com muita regularidade para zelar pelo bom funcionamento do Centre de Recherches sur le Brésil Contemporain (CRBC) — e Viola se envolve imediatamente na aventura de Vincennes, primeira universidade experimental aberta na França, acessível aos não titulares do *baccalauréat*.*

Aos quarenta anos, uma vida nova se abre. Sempre interessado em economia, mobilizado pela questão do desenvolvimento dos países do Terceiro Mundo mas também, cada vez mais, pela ecologia, Ignacy Sachs estará presente em todos os episódios cruciais que incorporaram a preocupação com o meio ambiente. Participa da Conferência das Nações Unidas sobre o Meio Ambiente em Estocolmo, em 1972, durante a qual o secretário-geral, o canadense Maurice Strong, sugere aos Estados favorecer o ecodesenvolvimento. A palavra é lançada, e Ignacy Sachs lhe dará um conteúdo, tanto conceitual como programático e metodológico. Assiste de forma atuante ao encontro de Cocoyoc, no México, em 1974, em que será feita uma declaração bastante radical dirigida aos chefes de Estado, questionando o "sobredesenvolvimento" dos países ricos e conclamando a um desenvolvimento orientado pela ecologia. Vemo-lo na Cúpula da Terra, no Rio de Janeiro, em 1992 e, desde então, em todos os grupos de trabalho sobre a ecologia que gravitam em torno das Nações Unidas ou dos ministé-

---

* Exame de conclusão do ensino secundário, que dá acesso à universidade, como o vestibular. (N. T.)

rios franceses e brasileiros. Especialista reconhecido e apreciado, ele é constantemente solicitado e não para de imaginar novas maneiras de se produzir, de se consumir melhor, sem desperdiçar e, sobretudo, de tentar reduzir a distância entre ricos e pobres. Em matéria de urbanização, é um dos raros a apostar num verdadeiro desenvolvimento rural para evitar a favelização que, a bem da verdade, não traduz nenhum progresso social para o migrante. A urbanização não significa necessariamente um inchaço das megalópoles e poderia muito bem consistir em criar vilas e cidades médias, produtivas, bem equipadas, capazes de garantir a cada um o seu lugar, dignamente. Para ele, "desenvolver é construir uma civilização do ser na partilha igualitária do ter".

Esta é sua ética.

Por que Ignacy Sachs? Que se concorde ou não com o conjunto de sua análise e que se aceite ou não sua visão do mundo, ele é um dos raros pensadores da condição humana nessa hora do imperativo ecológico. Por isso deve ser conhecido, frequentado, estudado, discutido. A Terra está em perigo, a humanidade está em perigo, todo cidadão um mínimo consciente deseja se informar e não sabe muito bem em quem acreditar. Há tantos cientistas envolvidos em suas certezas e que recusam qualquer diálogo. Há tantos profetas da desgraça que anunciam o Apocalipse com um cinismo apenas velado, e tantos charlatães que enriquecem com o medo que fabricam. Ignacy Sachs é um homem direito. *Ethos* em grego significa "costume", mas também "se comportar", "ser direito", daí o termo "ético", que expressa bem essa "retidão" do espírito e do corpo que o caracteriza. Passou por milhares de provas (inclusive pessoais, que seu pudor impede de expor) e permanece fiel a um ideal que só podemos subscrever, um humanismo de abertura para o Outro, de dúvida quanto à supremacia da técnica e da ciência, de amizade do humano com o vivo. Ele se explora — sem jamais se deter em seu próprio caso — e explora. Espreita, sempre em busca da melhor solução para que a humanidade do humano se manifeste ainda mais livremente, se assuma ainda melhor, ilumine e cumule de mercês cada habitante da Terra. A terceira margem na qual reside é povoada de resistentes, destas e destes que recusam tanto o fatalismo ingênuo dos que creem numa ciência reguladora e "positivante" como o passadismo dos temerosos ou partidários da *deep ecology*. Interroguei sem trégua Ignacy Sachs, às vezes (raramente) contestei sua compreensão dos problemas que nos submergem e os remédios que preconiza. Este livro resulta de um diálogo registrado num gravador. Cada gravação foi transcrita, reescrita. Depois, de comum acordo decidimos suprimir minhas perguntas ou meus comentários e deixar Ignacy Sachs retomar o texto num relato único. São suas memórias. O testemunho *dele* sobre uma época que a maioria dos leitores não só ignora como não consegue imaginar. Quem ainda sabe o que eram os anos anteriores à guerra? E o "mundo comunista" em que *a vida dos outros* era permanentemente vigiada, controlada, reprimida? Ubu e Kafka? Mais o Gulag. Orwell se aproxima disso, mas Ignacy Sachs é um dos raros observadores do interior que vem, de certa forma, do exterior, daí o aspecto único de sua autobiografia. Ela é grave, apesar de um capítulo dedicado a piadas judias e polonesas, mas a irrisão não é uma das formas da seriedade de um pensamento, e o riso, um desanuviar do espírito? Ela não transige com o modismo que flerta a um só tempo com o otimismo ou o pessimismo (ele me cochicha ao ouvido essa definição do pessimismo: "É um otimismo bem informado!"), mas examina cada situação com minúcia e só sugere um ponto de vista depois de uma longa gestação cerebral. A precipitação é má conselheira e a urgência, uma invenção da mídia. Ter tempo de pesar os prós e os contras. Avançar com prudência. Experimentar.

Recusar qualquer dogma. Experimentar de novo. Partir das pessoas. Ser atento, não esmagar a minoria em nome da maioria. Permanecer digno. Defender a decência contra a tirania das emoções tão bem cultivadas pelas televisões do mundo inteiro e contra a violência simbólica ou real das instituições frente aos mais pobres, aos mais desvalidos, aos mais vulneráveis. Esse testemunho contém tudo isso e mais um pouco. Não se creia que estou exagerando e cuidando do ego de um homem que pensa pura e simplesmente agir segundo sua consciência. Não, não, tendo-o escutado e, espero, entendido, questiono minhas próprias convicções, avanço, por minha vez, em mim mesmo e em direção ao outro. É o que lhe desejo, amigo leitor, meu semelhante, meu irmão.

Thierry Paquot

1. O enraizamento

Antes da última guerra mundial, os judeus do Leste Europeu contavam que o Senhor — esse Deus terrível dos judeus evocado por Racine — jogara sobre eles uma maldição. Condenara-os a viver em tempos interessantes. Tirei a sorte grande na loteria da minha vida. Não me transformei em fumaça como minha avó paterna, deportada de Paris para um campo da morte em sua Polônia natal, como tantos tios e tias, primos e primas, que pereceram nos guetos de Varsóvia e Lodz. Assim, essa maldição me foi útil. Minha travessia de vida foi rica em emoções e experiências, um percurso em vários aspectos único, de um século a outro através de três mundos.

Passei uma infância confortável em Varsóvia até a invasão da Polônia pelos alemães, no dia 1º de setembro de 1939. Refugiados de guerra, chegamos à França — meus pais, meu irmão caçula e eu — em outubro do mesmo ano para dela sair depois da *débâcle* de 1940 e partir, por Espanha e Portugal, para o Brasil. Na véspera do Natal de 1940, estávamos a bordo do S/S *Quanza*, último navio a fazer a travessia de Lisboa ao Rio de Janeiro, antes que submarinos alemães começassem a afundar barcos no Atlântico Sul.

Minha volta para a Polônia em 1954, em companhia de minha mulher Viola e de nossos dois filhos nascidos no Rio, decorreu de uma aposta ideológica.

A temporada na Índia, de 1957 a 1960, foi uma dádiva da fortuna na medida em que me permitiu envolver-me, para o resto de minha carreira de pesquisador em ciências sociais, com o estudo comparado do desenvolvimento, uma espécie de jogo de espelhos. Descobri o Brasil pelo prisma da Polônia de minha infância, e depois a Índia pelos parâmetros do Brasil. Desde então disponho de dois poderosos espelhos — o brasileiro e o indiano — aos quais foi se somar um terceiro, o espelho polonês — o do socialismo real — para apreciar a parcela do específico e do singular nas trajetórias percorridas pelos diferentes Estados-nações.

Vivi como dolorosa provação a segunda saída da Polônia em 1968, dessa vez não mais como refugiado de guerra, mas como refugiado político. Ao chegar a Paris, não pensava que iria passar mais de metade de minha vida na França e nem percorrer o mundo, como fiz, apaixonado pela descoberta de novos países, de configurações socioeconômicas as mais diversas, de caminhos plurais, convencido de que as ciências sociais só conseguem progredir ao contato da vivência e do terreno, e de que nenhum computador é capaz de substituir um jipe, nem sapatos resistentes, nem a observação e a escuta paciente dos inventores do cotidiano, esses biscateiros e engenhosos de que fala sugestivamente Michel de Certeau.

JUDEU-NÃO-JUDEU

Quanto mais envelheço, mais percebo como esses doze anos de infância vividos em Varsóvia contaram para a minha formação. Enraizaram-me na cultura polonesa, obrigando-me a um aprendizado, difícil, angustiante, e como!, de minha identidade: a de um judeu — não judeu — polonês.

Nisso me aproximo de Edgar Morin, Ilya Ehrenbourg e diversos intelectuais que se emanciparam da cultura judaica ou praticamente não a conheceram, como eu, e são ateus, sem nenhuma afinidade com o Estado de Israel, mas continuarão a afirmar sua condição de judeus enquanto o antissemitismo não tiver desaparecido de vez. Seria covarde e indigno negar o pertencimento a um povo (será a palavra certa?) que sofreu o Holocausto.

Meus pais me criaram num espírito laico e com a preocupação constante de afirmar nosso pertencimento à cultura e à língua polonesas. Não falo uma palavra de iídiche e muito cedo eles me ensinaram a evitar a entonação cantada que caracterizava o modo de falar polonês dos judeus cuja língua materna era o iídiche. Apesar da insistência de minha avó materna, orgulhosa de pertencer a uma família que dera uma linhagem de grandes rabinos, e cujo irmão era um dos pioneiros que foram para a Palestina depois da Primeira Guerra Mundial, decidiu-se que eu não teria aulas de hebraico. Aprender francês ou inglês foi considerado mais importante, tanto mais que meus pais afagavam o sonho de me mandar, aos catorze anos, para um internato na Inglaterra. Só na idade adulta, e em tradução, li as obras-primas de Peretz, de Sholem Aleikhem e de Schalom Asch.

Durante toda a infância meu contato com as práticas religiosas se resumiu à participação, na casa de meus avós, do tradicional jantar por ocasião da Páscoa judaica, terrível experiência porque começava com o beija-mão a todas as tias-avós, o que eu abominava, e depois me obrigava a recitar as quatro questões que explicavam por que aquela noite diferia de todas as outras — reza a tradição que essa parte da cerimônia fica por conta de uma criança. Em seguida, eu tinha de comer um ovo cozido mergulhado na água salgada em lembrança da travessia do mar Vermelho, o que não era de meu gosto.

Durante as festas, minha mãe, por deferência a seus pais, trazia da casa deles comida kosher; morávamos no mesmo prédio. Meu pai não se submetia a esse ritual. Felizmente, quando eu não devia ter mais que oito ou nove anos, as Páscoas judaica e católica coincidiram. E no dia seguinte de um Seder perfeitamente nos conformes, pude, assim, saborear em companhia de meu pai as salsichas e salames que constituíam um prato refinado nas mesas polonesas no domingo de Páscoa. Para mim foi uma tremenda lição de relativismo religioso.

Assim, eu não estava nem um pouco preparado para o choque do primeiro dia de aula. A escola em que me matricularam pertencia à Congregação Protestante de Varsóvia mas recebia alunos de todos os credos, com um *numerus clausus* — 10% para os judeus, ou seja, quatro numa turma de quarenta (e apenas três se a turma tivesse 39 alunos). Era preciso declarar um credo, pouco importava qual, pois as aulas de religião eram obrigatórias desde o início do curso primário até o último ano do secundário; a nota de religião contava para o exame de ingresso à faculdade. Estávamos a léguas do modelo da escola laica francesa.

Nós todos fomos amontoados numa sala com nossos pais que nos acompanhavam. Depois a professora ordenou aos católicos que fizessem fila à esquerda, os protestantes à direita, os ortodoxos perto da porta e os que pertenciam à confissão de Moisés (o termo oficial para os israelitas), perto da janela. Minha mãe me empurrou e assim eu soube que era um correligionário de Moisés! Fui com os alunos judeus das outras turmas, munidos de uma bandeira da escola, para a sinagoga a fim de celebrar, durante um serviço religioso, o início do ano letivo, como se fazia em todas as igrejas, em todos os templos e sinagogas de meu país natal. Foi a primeira e uma das raras ocasiões de minha vida em que visitei uma sinagoga como local de culto e não como monumento histórico, como as de Toledo, Carpentras ou Cochim, na Índia.

Acho que meus pais não desconfiavam que as coisas fossem acontecer de forma tão brutal. Custei muito a entender que eu era judeu e o que me ligava aos judeus ortodoxos com quem cruzava na rua.

Devia ter nove ou dez anos quando atravessei a pé, durante uma excursão, a cidadezinha de Gora Kalwaria, um santuário do hassidismo, onde oficiava um famoso tzadik* e cuja população era majoritariamente judia. Nunca me senti tão deslocado, horrorizado com aquelas pessoas vestidas de modo exótico, falando ruidosamente uma língua desconhecida e vivendo numa sujeira e numa pobreza extremas. O esgoto corria a céu aberto, os vendedores brigavam pelos raros compradores de cabeças e rabos de harenques, e os fósforos eram vendidos por unidade. O que eu tinha em comum com aqueles correligionários de Moisés?

É verdade que durante minha infância fui pouco exposto à realidade do país onde vivia. Tomei consciência do abismo que separava os ricos, como eu, dos pobres por meio de um incidente, que, não hesito dizer, me marcou para o resto da vida e mais tarde pesou em minhas orientações ideológicas.

Durante um piquenique familiar no campo, eu dava comida ao nosso cocker e segurava as orelhas dele para que não mergulhassem na tigela quando ouvi um menino, escondido atrás de um arbusto, exclamar: "É bom ser cachorro!". Por ordem do veterinário, o cachorro comia uma pasta de arroz com carne de vitela cozida.

Seja como for, esse primeiro dia de escola marcou um corte em minha existência abastada de criança mimada numa família

---

* Homem justo, em hebraico, conhecido como rebbe. (N. E.)

rica, vivendo num apartamento que era um pequeno museu — meu pai colecionava quadros de mestres flamengos e holandeses —, cercado de governantas e, mais tarde, de preceptores, passando férias de verão à beira do mar Báltico, em Jurata, que se gabava de ser a praia mais elegante da Polônia, e esquiando no Natal em Zakopane, nos Tatras.

ILUSÃO PATRIÓTICA

Meu avô materno dirigia um banco, ligado a uma holding industrial dirigida por seu irmão, seus cunhados, seu filho e meu pai. O banco tinha sido fundado no fim do século XIX pela mãe dele, enquanto o marido se dedicava à leitura da Bíblia.

Pelo que diziam, era uma mulher extraordinária, pois na época era raro ver alguma à frente de empreendimento tão importante, o que não a impediu de pôr no mundo onze filhos. Corria a seu respeito uma anedota que dizia que ela paria na sala ao lado do escritório, durante uma pausa entre um cliente e outro. Escolhera meu avô, quando ele era rapazinho, para lhe suceder nos negócios. Destinava o filho mais velho à representação; e ele acabou representando no Senado a comunidade israelita, aumentando assim o prestígio do banco junto à clientela recrutada entre os comerciantes, artesãos e pequenos industriais judeus.

Nosso modo de vida parecia o de hoje entre as elites dos países do Terceiro Mundo, como o Brasil, marcados pelas desigualdades sociais gritantes. Afinal de contas, entre as duas guerras a Polônia representava a periferia capitalista da Europa, entravada numa estrutura fundiária pós-feudal e penando para se industrializar sob o comando de um Estado autoritário. Não foi por acaso que, em 1937, Getúlio Vargas dotou seu regime com tendências fascistas de uma constituição que era a cópia exata da Constituição polonesa então vigente.

* * *

Tive a sorte de ir para uma escola que, pelos métodos pedagógicos, estava à frente de seu tempo. Desde os primeiros anos nos habituaram a autoadministrar os assuntos da turma. No sábado, na última aula do dia, nossa professora abria uma caixa de balas. Cabia a cada um de nós dizer se merecia a bala por seu comportamento durante a semana que terminava. Ela jamais contradizia nosso julgamento sobre nós mesmos.

A escola possuía uma confortável casa de campo, a uns trinta quilômetros de Varsóvia. No verão servia como colônia de férias. No correr do ano letivo todas as turmas, desde o primeiro ano primário, iam para lá em rodízio, durante uma semana. As manhãs eram dedicadas às aulas. Todo dia outro professor vinha de Varsóvia para nos encontrar. As tardes eram reservadas às aulas ao ar livre, aos passeios na floresta, às visitas às aldeias e ao esporte.

Guardo excelente lembrança de certos professores: Jacobi, o matemático e geógrafo de crânio calvo, me ensinou a pensar com rigor e, um dia, nos interrogou sobre o itinerário que devíamos fazer para ir de Varsóvia a Paris de caiaque: era possível! Léon Rygier, um eminente especialista de literatura polonesa que, penso, também ensinava na universidade, acumulava as funções de diretor do primeiro grau na nossa escola e professor principal da minha turma. Ele soube de modo muito feliz administrar as rivalidades entre os alunos judeus, os melhores da classe, pois a emancipação do gueto passava pela excelência, e os outros, que necessariamente se sentiam afetados por isso. Desde o terceiro ano primário encorajou-nos a publicar uma revista mensal!

Em compensação, o professor de ginástica, figura de proa nos círculos dos ex-combatentes da Primeira Guerra Mundial, nos impunha um ritmo infernal, certamente para incitar nossos pais a nos matricularem na academia particular de ginástica dirigida por sua mulher; foi o meu caso.

Inculcavam-nos também um patriotismo de segunda categoria, em parte explicável num país que acabava de reencontrar, depois de mais de um século, a independência perdida em favor de três vizinhos poderosos: a Rússia, a Prússia e a Áustria. Vivíamos no culto ao marechal Pilsudski. Assisti profundamente emocionado, da sacada de um quarto de hotel, alugado por meu avô para a ocasião, à passagem de seu imponente cortejo fúnebre.

Educados lendo os romances de capa e espada de Sienkiewicz, tínhamos muito orgulho de nossa invencível cavalaria, aplaudíamos nossos bravos soldados, entre os melhores do mundo, e exercitávamos muito cedo o tiro ao alvo nos numerosos estandes que eram designados para outorgar certificados oficiais de excelência. Estávamos convencidos da legitimidade da propaganda oficial que proclamava que os poloneses eram fortes, unidos e estavam prontos para o que desse e viesse. Sentíamo-nos escorados em nossos fiéis aliados, a França e a Inglaterra, tanto mais que a Polônia anticomunista representava uma peça-chave no cordão sanitário estabelecido em torno da União Soviética. Todo ano o exército polonês festejava, no dia 15 de agosto, o aniversário do "milagre no Vístula", vitória obtida em 1920, *in extremis*, contra as tropas soviéticas que estavam às portas de Varsóvia, graças à missão do estado-maior francês convocado para ajudar e, evidentemente, à intercessão da Virgem Maria!

Em 1937, em vez de coletarem nossas pequenas economias de estudantes para construir escolas primárias, incitaram-nos a contribuir para a compra de armas destinadas a nosso valente exército. Minha escola ofereceu duas metralhadoras pesadas; foi uma bela festa.

Em 1938, levaram todos os alunos de Varsóvia ao cinema para assistir ao filme que mostrava a inexpugnável linha Maginot e louvava o exército francês. Em agosto de 1939, alguns dias antes da invasão alemã, toda noite nos reuníamos na praia, em Jurata, para ver evoluírem ao largo os submarinos franceses e ingleses que vigiavam nosso litoral. Vários adultos se deixaram arrastar por essa ilusão coletiva, jurando terem entrevisto no breu da noite aqueles navios fantasmas!

Não gostávamos de nossos vizinhos. Guardo uma vaga lembrança de uma manifestação organizada pelas autoridades quando pelas ruas de Varsóvia exigíamos lutar contra a Lituânia por causa de não sei mais que afronta. A Polônia aproveitou a anexação dos Sudetos pela Alemanha para exigir e obter um pedaço do território tcheco.

Quanto aos alemães, o exército deles era um imenso blefe, uns tanques de papelão.

Pouco importa, o fato é que em 1938 nós todos recebemos máscaras de gás, na verdade uns tampões de algodão munidos de um elástico. Em caso de alerta, tínhamos de embebê-los num líquido, que vinha numa garrafa também fornecida. Tudo isso era conservado dentro de uma bolsa que devíamos usar a tiracolo. Os militares eram obcecados pela perspectiva de uma guerra química. O aparato inventado não estava, é verdade, à altura do desafio.

Nós, os jovens, estávamos suficientemente doutrinados para pensar no futuro com confiança. Quanto aos adultos, a julgar por meus familiares, sensíveis que eram ao perigo que os nazistas representavam para os judeus, imaginaram até o último momento que a guerra podia ser evitada e jogaram a carta da perfeita lealdade com as autoridades polonesas, que insistiam para que todos os bens no exterior fossem repatriados. Foi o que fez meu avô, no entanto um homem experiente, bem informado politicamente — todo dia era escanhoado pelo mesmo barbeiro de vários ministros. Isso teve consequências um tanto desagradáveis para nossa família, quando nos vimos no estrangeiro praticamente sem dinheiro.

Mas nem mesmo a derrota da Polônia bastou para abalar a fé na superioridade militar dos Aliados e no desfecho rápido e feliz da guerra. Seria preciso a *débâcle* francesa para que esse otimismo ingênuo, a bem da verdade incompreensível, se esfumasse.

A guerra, sobretudo depois da assinatura do pacto Molotov-Ribbentrop, que marcava o fracasso das negociações entre os aliados ocidentais e a União Soviética, era inevitável. Mas ninguém estava realmente preparado, nem o governo, nem o exército, nem a opinião pública, embalada até o último minuto pela esperança insensata de um desfecho em que a diplomacia, e não as armas, tivesse a última palavra.

2. A guerra relâmpago: desmorona o mundo de minha infância

Na manhã da sexta-feira, 1º de setembro de 1939, estávamos, meu irmão e eu, em Konstancin, a uns vinte quilômetros de Varsóvia, onde os primos de minha mãe possuíam uma casa de campo. Devíamos aproveitar os últimos dias de férias, longe do tumulto da mobilização geral, que acabava de ser proclamada. As aulas estavam previstas para começar no dia 4 de setembro.

Ao ligarmos o rádio para ouvir as notícias, percebemos que transmitia mensagens cifradas, do tipo "Pedro chama Paulo". Alguns minutos depois, surgiram altos no céu os bombardeiros alemães, se dirigindo para Varsóvia.

Nos primeiros dias a defesa antiaérea conseguia dissuadir as esquadrilhas alemãs de se aventurarem acima da capital. No dia 3 de setembro — dia da entrada em guerra da França e da Inglaterra, o que nos encheu de alegria —, a localidade onde estávamos foi bombardeada. Um piloto alemão se desfez de três bombas que não conseguira soltar sobre Varsóvia. Elas fizeram poucos estragos mas muito barulho, pois caíram no jardim da casa de veraneio do embaixador americano, que aproveitou para convocar uma coletiva de imprensa e denunciar o massacre bárbaro das populações civis. Um jornalista amigo alertou meu pai. Meus pais ficaram muito felizes de nos encontrar sãos e salvos, jogando tênis. Voltamos depressa para Varsóvia.

Dois dias depois, meu avô soube que o governo se preparava para sair da capital às escondidas, pois as tropas polonesas não conseguiam deter o avanço fulminante dos tanques alemães. O conselho familiar decidiu que faríamos bem em seguir esse exemplo. Partimos às pressas para nos afastarmos da frente de batalha, convencidos — as ilusões são tenazes — de que voltaríamos algumas semanas depois para Varsóvia, era só o tempo de França e Grã-Bretanha liquidarem com o exército alemão.

Levamos pouquíssima bagagem, deixando nas paredes os quadros dos mestres e o magnífico *gobelin* que ornamentava nosso salão. Os criados receberam a ordem de transportá-los para o porão. Na minha lógica de criança, eu enchia os bolsos de bibelôs de prata. Disseram-me para deixar tudo ali mesmo, inclusive nosso adorado cão, velho demais para enfrentar os rigores da vida no campo. Meu pai se limitou a levar a joia de sua coleção, o achado de sua vida, um pequeno esboço de Rubens que ele descobrira ao decapar uma pintura mais recente que lhe estava superposta. Vendido em Lisboa no outono de 1940 em péssimas condições, esse quadro pagou nossa viagem da Europa para o Brasil.

As estradas estavam abarrotadas, os oficiais em fuga requisitavam os automóveis particulares para transportar suas famílias, a gasolina era cada vez mais rara, e pessoas desesperadas, imobilizadas por falta de combustível, ofereciam pagar dez, cem vezes, e mesmo mais seu preço oficial. Tivemos a sorte de ser poupados de bombardeios, a não ser uma ou duas vezes. Certa feita, correndo para a floresta próxima da estrada, ouvi um homem parado no meio do calçamento nos dizer: "Por que estão fugindo? De qualquer maneira, cada bomba conhece seu destinatário". Uma filosofia como outra qualquer.

De etapa em etapa, deslocando-nos para o sudeste do país, chegamos a Drohobycz, uma cidadezinha que vivia de seus poços de petróleo. Ao menos, estávamos certos de poder nos abastecer de gasolina: encher o tanque e, de quebra, encher as malas dos carros com os galões. Corríamos o grande risco de explodir ao menor acidente, e foi preciso sacrificar quase toda a bagagem; mas nossa liberdade de movimento estava garantida.

A cerca de cem quilômetros de Drohobycz, um colega e amigo de meu avô possuía uma suntuosa residência de férias. No dia 14 de setembro desembarcamos, quinze pessoas e três carros, nesse *havre* de paz e luxo. Os donos estavam ausentes, mas os empregados tinham ordens de acolher os amigos da casa.

Convencida de que nosso périplo chegara ao fim, minha mãe foi no dia seguinte nos matricular, a meu irmão e a mim, na escola rural do vilarejo. As crianças não deviam se atrasar em seus estudos! Ficou combinado que nosso primeiro dia de aula seria na segunda-feira, 18. Mas na véspera, quando estávamos à mesa para o café da manhã, a empregada, ao servir o café, nos anunciou que os policiais haviam desertado a aldeia de manhãzinha, pois os bolcheviques — era o termo empregado na época — tinham cruzado a fronteira para ocupar as províncias orientais da Polônia. O pacto Molotov-Ribbentrop passava a fazer todo o sentido.

Partimos imediatamente para Zaleszczyki, ponto de passagem entre a Polônia e a Romênia, a apenas trinta quilômetros da aldeia onde estávamos.

As barreiras dos dois lados da ponte sobre o Dniestr, o rio que separava os dois países, estavam abertas, e a ponte, atulhada de gente — alguns carros, bicicletas, muitos pedestres com sacolas nas costas. Um senhor vestido todo de preto se mantinha no meio da ponte, sem dizer uma palavra, com o chapéu na mão. Os passantes se sentiam obrigados a depositar um dinheiro no chapéu. Os espertos se livraram do dinheiro polonês que, nesse momento, já não valia quase nada, os mais em pânico se separaram das raras divisas que possuíam.

Chegando ao território romeno, fomos atacados por um bombardeio em regra, o mais severo dessas duas semanas de êxodo. Depois fomos encaminhados para um campo cercado de arame farpado. Ofereceram-nos uvas e vinho. No dia seguinte, na cidade vizinha de Tchernovitz, a comunidade israelita local se desdobrou para receber bem os refugiados de guerra que nós éramos. Não desconfiavam que a história lhes conferiria uma trégua de poucos anos e que a maioria deles morreria nos mesmos campos da morte que os judeus poloneses.

O mundo de minha infância desmoronou em duas semanas, sem retorno possível.

Depois de atravessar o país com alguma dificuldade, de carro, chegamos a Bucareste, onde passamos uns poucos dias, o tempo de cumprir as formalidades e partir para a França. Minha avó paterna vivia em Paris e meu pai tinha relações profissionais com uma empresa francesa. Além disso, o governo polonês no exílio estava se formando em Angers. A escolha da doce França se impunha para ali esperarmos pelo fim próximo das hostilidades — sempre essa ilusão tenaz e, confesso, incompreensível.

3. O entreato francês: a *drôle de guerre* e a *débâcle*

Pelo Orient-Express, chegamos em outubro de 1939 a Cannes, cidade abandonada pelos turistas nesses tempos de guerra, e longe da frente de batalha, portanto propícia a uma estadia.

No caminho, fomos surpreendidos por um incidente que poderia ter acabado mal. Ao ver nossos sobrenomes judeus, a polícia italiana nos fez recuar até a passagem da fronteira iugoslava. Retornamos a uma pequena aldeia eslovena, Rakek. No albergue local, conhecemos dois judeus alemães que estavam na mesma situação que nós, agravada pelo fato de seus passaportes estarem carimbados com um grande J. Disseram-nos que tencionavam gastar seu último centavo ali mesmo e depois se suicidar.

Não sei por qual meio de persuasão, meu pai conseguiu do cônsul italiano em Ljubljana vistos de trânsito, aos quais os poloneses normalmente não estavam sujeitos. Pegamos novamente o Orient-Express em Rakek e, mais uma vez, fomos instados a descer alguns quilômetros adiante, na fronteira italiana. Dessa feita, nos repreendiam por termos um visto, quando não precisávamos ter. A discussão se eternizou ali na plataforma. Terminou quando minha mãe, que era loura de olhos azuis, se aproximou do oficial italiano e lhe disse: "Olhe bem para mim. Será que não tenho jeito de polonesa?". "Tem razão", o oficial lhe respondeu, nos permitindo subir de novo no trem.

Em Cannes alugamos um apartamento ao lado do colégio municipal de meninas, que se tornara misto durante a guerra. Portanto, fui matriculado nesse estabelecimento.

Meus pais falavam francês mas eu não. Isso se devia à pressa deles em me impor aulas de francês desde os cinco anos de idade, o que eu não apreciara nem um pouco, e o que deixara muito desanimada a minha professora, uma rigorosa e distinta emigrada russa que não tinha a menor ideia de como ensinar uma língua estrangeira a uma criança. Mais adiante, eles alternaram aulas de inglês e de francês, contratando governantas com as quais mantive relações execráveis. O ambiente de chauvinismo na escola não favorecia o aprendizado de línguas estrangeiras, para imenso desespero de meus pais, que falavam correntemente francês, alemão e russo. O pouco de inglês que aprendi na infância, devo-o a um engenheiro desempregado que vinha me buscar na saída da escola para me levar para casa e transformava esse passeio numa aula de conversação. Descobrimos uma paixão comum, o boxe, assunto de todas as nossas conversas.

Ainda me lembro do meu primeiro dia de aula na França. Eu estava encostado num muro e cercado por algumas centenas de meninas excitadas ao verem o primeiro refugiado de guerra em carne e osso, e de quebra um polonês, esse povo por conta de quem a França fora impelida a entrar em guerra — essa a razão de não gostarem muito de nós, a julgar pelo número de vezes que tive de ouvir isso durante o ano que passei na França. As meninas me crivavam de perguntas às quais eu não sabia responder, pois não as entendia, até que de vez em quando eu captava uma. Perguntavam meu nome. Todo orgulhoso, dizia me chamar Ignace, e logo as ouvia cantar aos gritos o sucesso de Fernandel, cujo filme acabava de ser lançado no cinema.

Meu percurso escolar foi organizado de modo insólito. Tal como Gulliver entre os liliputianos, munido de uma carteira para o meu tamanho — eu tinha doze anos e era bastante alto para minha idade — fui despachado para a turma do primeiro ano. À medida que meu francês melhorava, eu transitava para uma turma superior, sempre levando a minha carteira, e acabei aterrissando, cinco meses depois, no quinto ano.

Meus progressos em francês foram rápidos. Custei mais a me habituar com as aulas de tricô; devíamos tricotar cachecóis para nossos soldados na frente de batalha. Ao acolher os meninos, o colégio não considerara necessário modificar o que quer que fosse no programa. Nas aulas de higiene, aprendi a dar banho em um recém-nascido, o que em seguida me foi muito útil. Não falo das aulas de ginástica!

Por vários meses prolongou-se a *drôle de guerre** em que nada acontecia na frente de batalha. Pegávamos girinos nas trincheiras antiaéreas, transformadas em lagos; tinham sido abertas num terreno cujo lençol freático aflorava à superfície. O sinal mais aparente do conflito era a instalação de um hospital militar inglês dentro do cassino. Pela via férrea que margeava nosso prédio, comboios militares circulavam dia e noite rumo à fronteira italiana.

Depois, no mês de maio, a história enlouqueceu. Os alemães contornaram a linha Maginot pela Bélgica e seguiram desabalados para Paris. Meu pai, que acabava de ser convocado, partiu

---

* Nome dado à primeira fase da guerra na França, de setembro de 1939 a junho de 1940, pela calma que reinava nas frentes de batalha. (N. T.)

para Coëtquidan, na Bretanha, onde se formava o exército polonês na França. A Itália entrou em guerra.

Os amigos de minha mãe a convenceram de que era perigoso ficar em Cannes. Em busca de um canto mais calmo, fomos parar em Vernet-les-Bains, ao pé do Canigou, nos Pireneus Orientais. Não guardo nenhuma lembrança dessa travessia da Provence e do Languedoc, feita de táxi. O estado de espírito não estava para turismo.

No hotel local funcionava um hospital para soldados senegaleses. Seus cantos pungentes se ouviam de longe. Encontramos um refúgio muito decente numa pequena pensão mantida por uma inglesa. Dois oficiais republicanos espanhóis, escapados de um campo de concentração próximo, serviam a mesa. Ninguém deveria conhecer a identidade deles. No entanto, dizia-se: "Coronel, me dê mais um pêssego". Durante o verão de 1940, os pêssegos foram nosso prato de resistência. Faltava pão, a manteiga tinha desaparecido e só se comia carne de carneiro em raras ocasiões.

Entre os clientes havia o grande pianista Brailowski e uma senhorita de... — não guardei seu sobrenome —, uma dama muito distinta para quem foi questão de honra me educar. "O que está lendo, meu jovem?", ela me perguntou um dia. Mostrei-lhe o ensaio de Emil Ludwig sobre os três ditadores, Stalin, Hitler e Mussolini. "Nada mau para a sua idade. Já leu Montaigne?" Confessei minha ignorância; foi então que me ofereceu um volume dos *Ensaios* de seu autor preferido. Pus o livrinho sobre a mesa de cabeceira e mergulhei de novo na biografia dos ditadores. No dia seguinte, indagou no jantar se eu tinha gostado de Montaigne. Respondi que sim, naturalmente, e nisso ela me pediu para resumir os ensaios que eu tinha lido! Depois resolveu que, dali em diante, me indicaria diariamente dois ensaios de Montaigne para que eu lhe relatasse no dia seguinte. A brava senhora, já de sessenta e tantos anos, se preparava para a morte lendo os ensaios estoicos de Montaigne e me associava à sua decisão.

Vernet-les-Bains era sossegada demais para o gosto dos amigos de minha mãe, os mesmos que nos fizeram partir de Cannes. Como não podíamos confiar nos comunicados oficiais, corríamos o risco de ver os alemães chegarem aos Pireneus sem que soubéssemos: era melhor se deslocar para lugares onde fosse mais fácil ter uma ideia do rumo dos acontecimentos.

Portanto, fizemos uma longa e penosa viagem, dessa vez de trem, de Perpignan a Toulouse, e depois para Biarritz, misturados a uma multidão de peregrinos que iam a Lourdes.

REENCONTROS MILAGROSOS

Em Biarritz, os parisienses tinham tomado de assalto todos os quartos de hotel. E era quase tão difícil encontrar um lugar para dormir sobre o carpete de um restaurante ou de um café.

Circulavam os boatos mais alucinantes sobre o destino reservado ao exército polonês na Bretanha — dizimado pelos bombardeios, cercado e feito prisioneiro, evacuado para a Inglaterra. Nossos amigos resolveram sair da França. Na ausência de notícias de meu pai, minha mãe se negou a acompanhá-los. Depois, o armistício foi assinado e recebido com alívio por muita gente. Os soldados desmobilizados iam voltar para casa a tempo de fazer a colheita. Soubemos que os alemães iam ocupar toda a costa atlântica. No último momento, recuamos para Pau. O teatro municipal nos servia de alojamento, bem como a centenas de refugiados.

Diariamente eu ia ao correio para enviar mensagens às pessoas com quem meu pai podia entrar em contato e cujos endereços nós tínhamos, e também para verificar se havia alguma resposta nos aguardando na caixa. Foi assim que um dia dei de cara com meu pai na porta giratória da agência dos correios! Um minuto de diferença bastaria para que esse encontro não ocorresse, o que teria consequências dramáticas.

Evacuado até Bordeaux sob intensos bombardeios, meu pai fora desmobilizado como todos os que tinham família na França. Então se dirigira para Vernet-les-Bains, nosso último endereço que ele possuía. Ali soube que tínhamos ido para Biarritz e se preparava para cruzar a linha de demarcação no sentido errado,* arriscando a própria vida, a fim de tentar nos encontrar. Fizera uma parada em Pau.

Quando lemos uma história dessas num romance, tendemos a achar que o autor facilitou a própria tarefa... Meu mestre Kalecki gostava de dizer que com frequência a realidade ultrapassa a ficção...

Voltamos para Vernet-les-Bains. A pensão era agradável e barata. Por patriotismo, a dona só queria receber em libras esterlinas, muito desvalorizadas, pois os alemães tinham inundado o mercado com notas falsas.

Para sair da ratoeira que se tornara a França para os poloneses, era preciso tomar múltiplas providências junto a consulados estrangeiros e obter, de quebra, um visto de saída na polícia. Estava fora de questão que os homens de dezoito a 45 anos o obtivessem. Os alemães queriam impedir que eles fossem se juntar às fileiras do exército polonês na Inglaterra, e as autoridades francesas, na zona livre, eram coniventes com os alemães. Felizmente, os agentes do Intelligence Service britânico se encarregavam de mudar muito profissionalmente as datas de nascimento que figuravam nos passaportes. Para isso, bastava contatá-los num bar de

---

* Entre 1940 e 1942, uma linha de demarcação (fronteira) delimitava na França a zona ocupada pelos alemães e a chamada zona livre. (N. T.)

Toulouse. Assim, meu pai foi "envelhecido" em cinco anos. Seu ano de nascimento, 1899, passou a ser 1894.

No entanto, tendo verificado que a pirâmide etária dos homens poloneses que viviam na França apresentava um buraco suspeito na faixa de dezoito a 45 anos, os departamentos de polícia começaram a exigir que os candidatos a um visto de saída se apresentassem pessoalmente, de modo a avaliar pela aparência a idade do titular do passaporte. Desconheço quantos jovens, apanhados por conta desse procedimento, acabaram por pagá-lo com a própria vida.

Acrescente-se a isso que a validade do visto de saída era limitada a uns poucos dias e que era preciso reunir no mesmo passaporte três vistos estrangeiros — um visto de permanência num país ultramarino e vistos de trânsito espanhol e português. Ora, era difícil saber quem eram os cônsules legítimos no meio dos charlatães que vendiam em Marseille, Toulouse e Perpignan vistos falsos e passaportes exóticos. Para complicar ainda mais, volta e meia as autoridades espanholas e portuguesas anulavam os vistos já expedidos, a fim de lutar contra as fraudes.

Uma última prova esperava o feliz colecionador de vistos autênticos nos postos de fronteira, frequentemente fechados sem razão aparente. A expiração da data limite de um dos quatro vistos obrigava a refazer a ronda dos consulados e a temível visita à polícia. O romance de Anne Seghers, *Le transit*, descreve essa paranoia dos vistos e a angústia dos refugiados apanhados na França.

RUMO AO BRASIL

Por vários meses meu pai circulou entre Perpignan e Toulouse para reunir todas as assinaturas e todos os carimbos necessários. Enfrentamos desilusões, a ponto de pensarmos, em dado momento, numa solução perigosa: a travessia clandestina da fronteira com Andorra. Finalmente a sorte nos sorriu. No posto de fronteira de Bourg-Madame, topamos com um valente policial que aceitou fechar atrás de nós a barreira da fronteira francesa, sabendo que a fronteira espanhola, a dez metros dali, estava fechada. Assim, nos vimos no *no man's land*, em cima de uma passarela que cruzava uma torrente, fora da França mas ainda não na Espanha. Um oficial espanhol nos mostrava por gestos que a barreira de seu lado estava realmente fechada e que ele não tinha a menor intenção de abri-la.

O desfecho foi inesperado. Meu pai percebeu que o olhar do funcionário demorava-se no belo relógio que ele usava no pulso. Imediatamente o tirou e o estendeu ao funcionário. Em Puigcerdà, cidade fronteiriça deserta por causa da guerra civil, fomos submetidos a prisão domiciliar; uma sentinela postou-se na porta do hotel para onde nos levaram. Os soldados marchavam de pés descalços, as lojas estavam vazias, selos postais triangulares com a efígie de Franco e o onipresente *Arriba España* substituíam o dinheiro miúdo.

O resto da viagem para Lisboa foi mais fácil. Alguns telefonemas, o telegrama de recomendação de um diplomata americano casado com uma amiga polonesa muito chegada, e, à custa de algumas chicanas policiais no caminho, fomos autorizados, três dias depois, a pegar o trem parador para Barcelona. O pavor de meu pai, que imaginava que seria objeto de sanções por ter sido sondado pelo governo republicano para se tornar o cônsul honorário da Espanha em Varsóvia, acabou não tendo fundamento. Em compensação, meu irmão caçula pôs à prova os nervos de nossos pais quando pegou o carretel de linha dentro do qual estavam escondidos alguns dólares e se divertiu em desenrolá-lo e depois enrolá-lo durante todo o trajeto de Puigcerdà a Barcelona. A travessia das Ramblas em plena noite num carro fúnebre puxado por dois percherões — não havia táxis, ou melhor, estavam imobilizados por falta de gasolina — não deixou de nos impressionar.

Em Madri, onde tínhamos algumas horas de espera entre dois trens, meu pai — pouco importavam as circunstâncias — nos levou ao museu do Prado ver os Velásquez, um de seus pintores prediletos. Depois partimos para Portugal. O trem parou na estação de fronteira, tempo suficiente para os passageiros almoçarem no restaurante. Precipitei-me sobre a manteiga, que fazia meses eu não via, e a comi de colher.

Portugal fazia as vezes de Terra Prometida; era a ponta ocidental da Europa e, portanto, de certo modo o último refúgio. Mas tanto Espanha como Portugal eram governados por fascistas que mantinham excelentes relações com a Alemanha hitlerista. Não era possível prejulgar a atitude adotada por esses países frente aos refugiados judeus, sem falar da eventualidade de que entrassem em guerra do lado das potências do Eixo. Para se sentir verdadeiramente ao abrigo, cumpria dar o grande salto por cima do Atlântico. Era impensável permanecer em Portugal. Tínhamos a possibilidade de ir para os Estados Unidos, mas meu pai não via como poderia ganhar sua vida por lá. Um amigo fiel, instalado no Rio de Janeiro havia alguns anos, se desdobrava para nos conseguir um visto de imigração. O Brasil de Vargas não via com bons olhos a chegada de imigrantes judeus.

Enquanto isso, instalamo-nos em Estoril, uma praia perto de Lisboa, conhecida por seu cassino. Em tempos de guerra, Estoril estava deserta, com exceção da família real romena que escolhera a cidade para o exílio. Incitados pela esperança de ganharem na roleta o dinheiro necessário para a grande viagem, os refugiados poloneses tinham se organizado para inventar uma tabela de combinações para o jogo. Esse projeto alucinante exigia anotar todos os números vencedores e depois examiná-los para descobrir a frequência com que certas sequências se repetiam. Servi de mão de obra, passando longas horas a verificar quantas vezes tal número se seguia a outro. Na época eu ainda não conhecia o cálculo das probabilidades. Mas outros, mais velhos que eu, poderiam ter pensado nisso!

Eu dividia o resto do tempo entre a praia, o futebol e o aprendizado da língua portuguesa. A lembrança mais marcante dessa temporada de alguns meses foi a visita, nos arredores do maravilhoso mosteiro dos Jerônimos, à exposição do mundo criado pelos portugueses e concebida à imagem das exposições coloniais francesas. Percorri uma rua de Macau com seus comerciantes chineses, outra de Goa, a indiana, depois observei as aldeias transplantadas de Moçambique e Angola, lastimáveis jardins antropológicos.

No Natal embarcamos, com destino ao Rio de Janeiro, no S/S *Quanza*, um navio português que, em tempos normais, fazia a ligação com as colônias portuguesas na África.

4. A descoberta do Brasil

Depois de uma travessia de duas semanas, nosso navio entrou na baía de Guanabara ao nascer do sol. Foi costeando as praias. Copacabana me surpreendeu por seus cerca de quarenta prédios de mais de dez andares; em Varsóvia, só havia um edifício de uns quinze andares. Era o nosso "arranha-céu". Avistei muitos carros nas ruas. O Brasil se apresentava sob sua face moderna, mergulhada numa vegetação luxuriante. As paisagens que surgiam diante de nossos olhos eram as mais bonitas que eu já vira.

Começa para mim uma aventura que terá durado toda a minha vida: o "jogo de espelhos", isto é, a descoberta de um país a partir do referencial formado pela experiência acumulada na vivência em outro país. No caso, descubro o Brasil do alto dos doze anos de minha infância polonesa. Tudo me assombra. De um lado, é incontestavelmente novo e, de outro, não corresponde à ideia que eu tinha do Brasil por meus livros poloneses.

Desde nossa chegada, recebemos na cozinha do apartamento onde nos instalamos a visita de um inseto muito venenoso, a lacraia, digna rival dos escorpiões — e logo no primeiro dia, quando na verdade nunca mais revi uma lacraia, nem mesmo nos cantos perdidos pelo Brasil afora. Isso correspondia perfeitamente ao nosso imaginário de europeus: estávamos num país repleto de animais selvagens e perigos que nos espreitavam. Psicologicamente, era sobretudo a confirmação de todos os preconceitos que eu carregava dentro de mim e que eram os da superioridade de um pequeno europeu em relação àquele país exótico.

Tínhamos talvez mais conhecimentos sobre o Brasil do que outras crianças da mesma idade na Europa, pelo fato de que desde a segunda metade do século xix houve uma emigração bastante forte de camponeses poloneses para o Brasil e de que uma das grandes figuras da literatura polonesa do século xix, Maria Konopnicka, até chegara a compor um poema épico sobre um colono polonês que foi parar no Paraná. Na escola, falavam-nos desses colonos poloneses que desbravavam a duras penas a floresta hostil e viviam em condições muito precárias. O nacionalismo polonês dessa época era alimentado por diversos grupos de pressão, entre eles a Liga Marítima e Colonial que sonhava em fazer do Paraná uma colônia polonesa, quando os alemães afagavam esse projeto para o estado de Santa Catarina e Mussolini cobiçava o Rio Grande do Sul. Pouco antes da Segunda Guerra Mundial, o presidente Vargas dera uma freada nesses desígnios, fechando as escolas estrangeiras que funcionavam no sul do Brasil, inclusive uma rede bastante desenvolvida de escolas rurais polonesas.

Eu lia muito em criança e guardo uma boa lembrança dos livros de um *globe-trotter* polonês, Arkady Fiedler, que mais tarde se tornou herói da Segunda Guerra Mundial como piloto da Royal Air Force britânica. Eu adorava *Os peixes cantam no Ucayali*, título inspirado no nome de um afluente do Amazonas.

O primeiro choque era a distância entre o que eu pensava conhecer — por essas leituras — sobre a realidade brasileira e o que os meus olhos viam: os sinais aparentes da modernidade, da civilização. O Rio de Janeiro era muito adiantado em relação a Varsóvia. Grandes e belos imóveis, carros, e tudo isso, como já disse, num cenário de sonho, os morros, a baía tão generosa, as praias, o mar...

E depois, segundo espanto: o modo diferente de se comportar na vida cotidiana, a começar pelo hábito de andar de calção de banho pelas ruas da capital! Outro exemplo: na época, era proibido subir descalço num bonde. Mas "calçado" não significava estar com sapatos nos dois pés. Pois os moradores das favelas que desciam para a cidade tinham um tênis para dois! Estavam em perfeita conformidade com a regra. Mais tarde, descobri que nos bons cinemas o porteiro alugava por alguns tostões uma gravata, justo o tempo de passar pela roleta e assistir à projeção... Pensar que todos os alunos de todas as escolas em Varsóvia usavam no braço esquerdo do uniforme o número do estabelecimento a fim de serem facilmente identificados pelo primeiro adulto que pegasse o bonde e achasse que o estudante não lhe tinha prontamente oferecido o lugar sentado!

A PEQUENA FRANÇA

Minha família estava à margem da sociedade brasileira, pois pertencíamos oficialmente à colônia polonesa, não a dos camponeses do Paraná, mas a dos refugiados de guerra. Estes, na sua maioria, se conheciam de Varsóvia e todos estavam convencidos de que se tratava de uma estada temporária, esperando o fim bastante próximo das hostilidades. As notícias que se sucediam das diversas frentes de batalha eram cada vez piores, mas ninguém esperava ficar morando no Brasil.

Com essa colônia polonesa eu teria muito pouco convívio. Contentava-me em preparar, a partir de 1944, paralelamente ao meu *baccalauréat* francês, um diploma polonês: se até os meus dezoitos anos a guerra não tivesse terminado, eu seria convocado pelo exército polonês na Inglaterra, e nesse caso mais valeria a diplomação polonesa. Isso vai me obrigar a novo mergulho na literatura e na história de meu país natal. Eu não partia do zero, pois graças à generosidade de um tio que me dotara de uma fantástica biblioteca de autores clássicos poloneses quando eu tinha nove anos, saíra de Varsóvia tendo lido a maioria dos "clássicos". Retomá-los aos dezessete me auxiliaria no meu conhecimento da cultura polonesa, sem que eu soubesse, nesse momento, como brevemente ele me seria útil.

Portanto, estive muito pouco presente na colônia polonesa, a não ser durante as longas noites em casa, divididas entre a angústia com as notícias que o aparelho de rádio anunciava e as longas sessões escutando música. Por simpatia pela União Soviética, depois de sua entrada em guerra, Tchaikovski estava no programa quase todos os dias. Jogava xadrez, primeiro com meu pai em casa, depois num clube, e então se organizava involuntariamente uma espécie de rotina: música, xadrez, rádio, liceu... Não esqueço o Teatro Municipal de São Paulo, equipado com uma discoteca com cabines onde era possível ouvir gratuitamente o concerto de nossa escolha. Às vezes a rotina se modificava um pouco, como quando comecei a fazer remo. O cotidiano se reproduzia incansavelmente tendo o liceu e as informações sobre os horrores da guerra como elementos estruturantes.

O Brasil dos anos 1940 divide com a Polônia o mesmo minucioso chauvinismo; assim, para nossa grande surpresa ficamos sabendo que não posso ir à escola do bairro, na turma que corresponde à minha idade, pois não me beneficio de equivalência. A única solução é juntar-me à "pequena França" e me matricular no liceu Pasteur, que me concede uma bolsa.

É um liceu suntuoso, com uma biblioteca que honraria qualquer universidade atual. Aparentemente, as autoridades francesas da época eram muito generosas: ali encontramos edições maravilhosas em papel velino, as obras completas de Victor Hugo — que devoro durante um verão —, Anatole France e alguns outros. O liceu está completamente desorganizado: entro na *cinquième*,* mas não há nem *quatrième*, nem *troisième*, nem *seconde*, por insuficiência de alunos franceses; há uma *première* e uma *terminale*.

Em compensação, a pequena equipe de professores é muito competente. Meu professor de francês foi Roger Gouze, futuro inspetor-geral das Alianças Francesas e cunhado de François Mitterrand. A mulher dele era professora titular de matemática. Há também Georges Franck, que ensina história e geografia. O liceu é administrado por um diretor muito distinto mas com visões conservadoras, Georges Raeders, autor de um livro fundamental sobre Gobineau, *Le Comte de Gobineau au Brésil*, de 1934.**

Muito depressa as relações entre os professores, alunos e diretor ficam tensas, pois este se mantém leal ao regime de Vichy, enquanto o conjunto do corpo docente é favorável a De Gaulle. O diretor, privado das dotações do governo de Vichy, resolve vender em leilão a biblioteca para conseguir pagar as contas. Recebemos dos professores a instrução de subtrair um volume de cada coleção de obras completas, a fim de deixá-las desemparelhadas e invendáveis. E foi assim que em 1954, em Varsóvia, me vi, para minha grande surpresa, detentor de um volume de uma enciclopédia francesa.

Embora fosse aluno do pequeno liceu francês, as autoridades brasileiras nos obrigam a seguir as aulas de português, história e

---

* Turma para alunos de doze ou treze anos. (N. T.)
** *O inimigo cordial do Brasil*, trad. de Rosa Freire d'Aguiar, Rio de Janeiro, Paz e Terra, 1988. (N. T.)

geografia do Brasil ao lado da massa de alunos da seção brasileira do mesmo liceu. Caio com um professor de história do Brasil que é fascista, o que provavelmente terá como efeito não estimular meu interesse pelo país. Ele obriga os poucos alunos estrangeiros a ouvirem de pé a epopeia dos heróis brasileiros, ao lado de quem, a seu ver, Joana d'Arc parece sem graça e bocó. Tratava-se da ocupação do Nordeste brasileiro pelos criadores de gado! Quanto às aulas de geografia, consistem sobretudo em memorizar os nomes das cadeias de montanhas e dos rios que separam o Brasil dos países vizinhos, quando não são os afluentes do Amazonas. O pouco contato que temos, então, com a cultura brasileira é um tanto rebarbativo.

Isso, e mais o desmoronamento do mundo que era o meu, me leva a identificar-me ainda mais com a descoberta que faço no liceu Pasteur da cultura e da literatura francesas, mal e mal abordadas no ano anterior na França, no início da guerra. Beneficiamo-nos de uma educação de príncipe. Somos pouquíssimos, temos excelentes professores, todos muito exigentes, e apreciamos o conteúdo das diferentes aulas. Gouze nos manda compor — não resolver — palavras cruzadas em latim! Conhecemos bem a literatura francesa que, para falar a verdade, nos encanta. Quando, no final de 1945, Pierre Clarac, editor de Jean de La Fontaine na coleção La Pléiade, vem como inspetor ver o que está acontecendo no liceu, sou chamado ao quadro para traduzir versos de Horácio. Já não lembro qual verso traduzi, mas me recordo de ele ter me dito: "Você não tem o direito de traduzir *invidia* por *jalousie*". Recito então um verso de Racine que é a tradução textual desse verso, e no qual Racine emprega a palavra *jalousie*. Recebo um carão, Racine tem direito de fazer más traduções, mas um aluno de latim do liceu não tem! Era preciso traduzir *invidia* por "olhar com olhos malévolos". Eis o tipo de educação que recebíamos.

Some-se a isso uma geografia da França com forte colorido gastronômico. Não sei mais quantas cepas de vinho e quantas espécies de queijo tínhamos de conhecer de cor, sem falar das ameixas de Agen e dos aspargos de Argenteuil! E tudo isso, como se diria hoje, de modo virtual, pois na verdade nenhum de nós tinha provado os aspargos de Argenteuil ou bebido um copo de chiroubles... Independentemente desses produtos desconhecidos para nosso paladar, uma outra geografia igualmente aberrante nos era imposta: a das colônias do império francês. Por exemplo, devíamos memorizar os nomes das principais cadeias de montanhas de Madagascar.

Disso resultavam absurdos totais, como esse tema de geografia no *baccalauréat*: "O sistema de irrigação na Tunísia romana". Felizmente, quem me interrogava não esperou que eu respondesse, e tratou de se virar para o público — a prova era pública e se transformava numa pequena festa para os membros da colônia francesa, com todos os pais e amigos dos pais presentes, enquanto eu era interrogado — e deu uma aula magistral. Em história, o mesmo examinador me fez a seguinte pergunta: "Quais eram os jornais de Paris que Bonaparte lia durante a campanha do Egito?". De novo, felizmente, virou-se para a sala e explicou que Bonaparte recebia todos os jornais, já que os ingleses, que tinham estabelecido o bloqueio ao largo da costa egípcia, deixavam passar as lanchas com o correio, na esperança de que, lendo os jornais de Paris, o intrépido general se inquietasse com a evolução da situação política e voltasse para casa. Acertaram em cheio!

Tivemos paradoxalmente uma educação de príncipes porque no meu último ano letivo o liceu parou de funcionar. Foi substituído pelos professores da universidade, membros da missão francesa que ajudava a fazer deslanchar a jovem Universidade de São Paulo. Assim, tivemos a felicidade de ter como professor de filosofia o eminente sociólogo Roger Bastide, cuja filha era nossa colega de turma.

Pequena história divertida, o famoso matemático André Weil — que acabava de deixar Princeton, onde trabalhara ao lado de Einstein, para criar a faculdade de matemática em São Paulo — me deu para resolver, como dever de férias, uma coleção de problemas apresentados no concurso para professor titular do ensino secundário. Dois meses depois, muito envergonhado, confessei que só conseguira resolver um. "Mostre-me a sua solução." Ele olha e me diz: "Onde está escrito no enunciado que se trata de um bilhar retangular com quatro tabelas? É preciso resolver esse problema para um bilhar com n tabelas que se cortam em ângulos diferentes". Voltando para casa, passei outro mês no problema, sem resultado. Vou vê-lo de novo. Ele me diz: "É muito simples". E em seguida passa quinze minutos refletindo, depois me explica que basta cobrir o espaço com o bilhar virando-o sucessivamente sobre cada tabela.

Ao que parece, o decano Jacques Hadamard, autor da coleção, deu um problema idêntico no concurso de professor titular, e depois foi proferir conferências nos Estados Unidos. Mas o júri do concurso não conseguiu resolvê-lo. Finalmente, decidiram mandar um telegrama ao autor, nos Estados Unidos, em vão. Enviaram-lhe outro telegrama e dessa feita a resposta não tardou: "Olhem na minha escrivaninha, na segunda gaveta à esquerda".

Weil chamou a São Paulo seu colega do grupo Bourbaki, Jean Dieudonné. Os dois formavam um espetáculo inesquecível, porque Weil era miúdo, franzino, e Dieudonné pesava 110 ou 115 quilos e media quase dois metros. Quando andavam juntos pela rua, os estudantes os acompanhavam a certa distância, imitando seus trejeitos.

Com Dieudonné, houve aborrecimentos no início, pois, claro, ele dava suas aulas em francês e o quadro-negro estava pendurado muito baixo, portanto na altura de sua barriga. Além disso, tinha o hábito desagradável de falar virado para o quadro, escrevendo as equações com a mão direita e apagando-as com a esquerda. Isso produziu um efeito fulminante na primeira turma de estudantes brasileiros que seguiu suas aulas. Creio que alguém acabou por aconselhá-lo a se virar para esses pobres estudantes, não apagar o que escrevia no quadro e, sobretudo, pôr-se de lado para que eles conseguissem copiar o que escrevia.

Devo acrescentar o geógrafo Pierre Monbeig, que ainda não tinha publicado seu estudo magistral *Pioneiros e fazendeiros de São Paulo*. Mas confesso, para minha grande vergonha, que na época eu desconhecia Braudel e Lévi-Strauss. Conhecia muito bem Jean Bonzon, que era professor de literatura francesa, e assisti às maravilhosas conferências de Roger Caillois, que passou parte da guerra em Buenos Aires. Lembro-me também de uma inesquecível conferência de um dominicano — quem era? — que deixou de respiração suspensa por mais de duas horas mais de mil pessoas reunidas no Teatro Municipal. Em seguida, houve logo depois da guerra a trupe de Louis Jouvet, uma enorme exposição de pintura francesa, a missão científica de Valéry-Radot. A cultura francesa estava bem presente no Brasil e os professores franceses desempenhavam papel de protagonistas na recém-criada Universidade de São Paulo.

MEU PRIMO TAD

Três vezes passei férias no Rio, na casa de meu primo por afinidade Tad Szulc. Tad saíra do liceu antes do *baccalauréat* para ser garimpeiro, sem sucesso, depois improvisou-se como jornalista, profissão com que sonhava desde os oito anos. Tínhamos morado na mesma casa em Cannes no primeiro ano da guerra e eu ajudava Tadzio a publicar um boletim semanal destinado a nossos pais. Na época, nos apresentamos para o concurso de um semanário, mas nossa carta de uma noiva para um soldado no *front* finlandês não conquistou a simpatia do júri.

Durante uma temporada no Rio, resolvemos escrever um dicionário universal da literatura. Demos um jeito para escrever duas páginas sobre a literatura do Afeganistão, mas jamais conseguimos encontrar na Biblioteca Nacional do Rio documentação para redigir o capítulo seguinte, sobre a Albânia. Enquanto isso, Tadzio começou a trabalhar como free-lancer com o correspondente de uma agência que não existe mais, a Agência INS, que pertencia ao magnata americano Hearst. Esse correspondente viajava todos os fins de semana, deixando para seu free-lancer os telegramas "em branco" assinados; caso acontecesse alguma coisa importante, bastava enviá-los à agência matriz de Nova York.

Um sábado, estávamos refletindo sobre como organizar nossa tarde — as manhãs eram de estudo, em razão de nosso projeto literário, e as passávamos na biblioteca. O telefone toca e ficamos sabendo que um prédio em construção desabou, tragado por um lago subterrâneo. Vamos até lá, um bombeiro anuncia o número de quatro vítimas, outro, de cinco mortos, em suma, meu primo envia o seguinte telegrama: "O maior acidente na história da construção civil — stop — um prédio de oito andares engolido por um lago subterrâneo — stop — numerosíssimas vítimas". Um jornal de Nova York deu a notícia em manchete. O acidente poderia ter sido muito grave, mas houve poucas vítimas porque os operários não estavam no canteiro de obras no sábado à tarde. Tad foi demitido imediatamente, o que não o impediu de, anos mais tarde, depois de ter pelejado na agência France-Presse e num jornal local publicado em inglês, tornar-se correspondente do *New York Times*, e depois um jornalista free-lancer muito famoso nos Estados Unidos, autor de vários livros, entre eles um best-seller sobre Fidel Castro e uma biografia muito detalhada de João Paulo II.

UMA VISITA DE CORTESIA COM GRAVES CONSEQUÊNCIAS

Eu me virava bastante bem nos estudos. Meus professores franceses queriam que eu entrasse para a École Normale Supérieure, e se não tentei fazer o concurso foi por ter sido vítima de um *catch twenty two*, como se diz em inglês, da burocracia. Havia uma cota polonesa, a título de cota estrangeira, na École Normale Supérieure, mas como eu era polonês do Brasil não havia hipótese de poder me beneficiar.

De qualquer maneira, minha vida deu uma guinada por causa de uma visita de cortesia.

A guerra tinha recém-terminado. Estávamos em 1946. Eu cursava o último ano do segundo grau e, como a situação financeira em casa estava difícil, dava aulas por todo lado. Por exemplo, ensinava português aos poloneses recém-chegados, aritmética ao filho de Weil, latim a quem quisesse aprender latim.

Continuava a me interessar por muitas coisas e soube que o primeiro vice-cônsul do novo governo instalado na Polônia, com o apoio da União Soviética, estava chegando a São Paulo.

Eu tinha participado, por ocasião da libertação de Paris, de minha primeira passeata, reprimida pelo regime autoritário brasileiro. Admirava o heroísmo dos povos soviéticos. O liceu me impregnara dos ideais da Revolução Francesa. Tinha lido *Les Thibault*, de Roger Martin du Gard, os romances de Malraux, Romain Rolland, Céline, os ensaios de Julien Benda. As palavras de um homem engajado como Jean Guehénno tinham me impressionado muito. Algumas brochuras, um volume de Politzer e o Manifesto do Partido Comunista haviam me iniciado no marxismo. Em suma, era de sensibilidade de "esquerda" sem ter uma real consciência política.

É nesse estado de espírito que vou ver o vice-cônsul. E digo: "Venho lhe oferecer meus serviços, estou disposto a traduzir textos de autores poloneses para que sejam publicados no Brasil". Cito dois em particular, *A cidade indômita*, de Kazimierz Brandys, o primeiro e talvez melhor romance desse escritor, descrevendo Varsóvia em tempos de guerra, e *Campo di Fiori*, um belo e pungente poema de um poeta desconhecido, que descreve a liquidação do gueto de Varsóvia. Na verdade, esse poema tinha sido escrito por Czestaw Mitosz, um dos grandes poetas poloneses do século XX, laureado mais adiante com o prêmio Nobel de literatura. Minha tradução desse poema foi publicada em *Paralelos*, uma revista efêmera de jovens, criada por um amigo fiel e da mesma idade que eu, Jorge Wilheim, eminente arquiteto de origem húngaro-italiana, várias vezes secretário de governo do estado de São Paulo e principal artesão da Cúpula Mundial das Cidades organizada pelas Nações Unidas em Istambul, em 1996.

O vice-cônsul me pergunta como vivo, quanto ganho com as aulas, e eu não o engano a respeito da quantia. E anuncia que me oferece o dobro para um meio expediente de trabalho no consulado. É um maná. Torno-me o primeiro e único funcionário do consulado. O meio expediente se transforma num expediente integral muito intenso, o que não é ideal no ano do *baccalauréat*, mas me organizo para não faltar a nenhuma aula de Bastide. Graças ao meu domínio do português, enviam-me, quando necessário, ao palácio do governador, mas minhas funções consistem também em colar selos nas cartas e levá-las ao correio. Passo ali alguns meses que se revelam instrutivos do ponto de vista humano.

O fato de que eu trabalhe no consulado polonês provoca uma reação extremamente violenta em pessoas que tinham me preparado para a diplomação polonesa e eram politicamente da facção contrária. Eu me beneficiara das aulas da esposa do ex-presidente do Senado polonês. Essa senhora, vendo-me um dia num bonde, desceu no primeiro ponto para manifestar seu desprezo. Não se deve esquecer que na época funcionava em paralelo, em Londres, um governo polonês do exílio e que a maioria dos poloneses vivendo no Brasil continuava a apoiá-lo. Entre os dois campos, ergue-se depressa uma barricada.

Em minhas funções no consulado, convivo pela primeira vez com as misérias das pessoas presas na engrenagem da burocracia. Eis uma delas. Um belo dia, alguém aparece na sala e me diz: "Preciso de um atestado provando que meu filho é meu filho". Peço detalhes, trata-se de um certo Rozenberg, cujo nome se escreve com *z*, quando na certidão de nascimento de seu filho o sobrenome está escrito com *s*. Na escola onde quer matricular o filho dizem-lhe que Rosenberg com *s* e Rozenberg com *z* não pertencem à mesma família. Eu me informo com o cônsul sobre o que se pode fazer num caso desses. Ele me responde que devo escrever à prefeitura do local de nascimento da criança. Essa localidade não mais se encontra na Polônia. Com a mudança das fronteiras, está na Ucrânia, portanto na União Soviética. Pergunto ao cônsul quanto tempo isso levará. Ele me retruca sem rir que é preciso contar entre seis meses e dois anos! De fato, há que se dirigir a Varsóvia, Varsóvia deve enviar um pedido a Moscou, Moscou a Kiev, Kiev ao lugarejo, e depois os papéis devidamente carimbados devem efetuar o caminho de volta! Informo ao pai. Ele fica desesperado e grita que precisa daquele certificado para a semana seguinte. Durante oito dias fez o cerco ao escritório, depois voltou com a mulher e o filho e nos explicou, mostrando o rosto do menino, que a parte de cima era a mãe, escarrada e cuspida, e a de baixo, igualzinha a ele. Acabou conseguindo seu atestado.

Mas essa história ubuesca inaugura uma longa série de casos humanos, de pessoas que ficam sem documentos, que perderam tudo na guerra, que querem voltar para a Polônia ou querem ajudar sua pátria.

Um dia, chega um pintor muito considerado — por suas imagens sacras — pelos poloneses que vivem no Paraná, e amigo do cônsul. Este lhe propõe, em troca de casa e comida no consulado, pintar um quadro, *Chopin sur les ruines de Varsovie*, que a colônia polonesa do Brasil ofereceria ao Museu Nacional de Belas-Artes da capital em reconstrução. Ao fim de vários meses o pintor termina sua obra, que é despachada para Varsóvia. Mas os responsáveis do museu não manifestam empenho em acusar recebimento e menos ainda em pendurá-lo, pelo que, tendo eu visto o quadro, não os critico! A burocracia ignora que o ser humano possui um coração e que uma palavrinha serve de bálsamo.

Mas que responder quando se recebe uma proposta como esta: "Visto que as abelhas são insetos muito úteis, mas só trabalham de dia, visto que os pirilampos circulam à noite, proponho cruzar o pirilampo com a abelha para obter um inseto que produzirá mel 24 horas por dia, e ofereço graciosamente essa invenção à Academia Polonesa de Ciências"? Vá tentar conseguir do secretário perpétuo da Academia uma carta de agradecimento!

Logo depois da guerra, as Nações Unidas criaram um sistema de repatriamento das pessoas deslocadas pelo conflito. O fato é que havia alguns poloneses que queriam voltar para a Polônia, e tentamos utilizar esse sistema. E foi assim que topei um belo dia com um homem de quarenta e poucos anos que me explicou que era professor numa escola polonesa no Paraná, antes que todas fossem fechadas em 1937. Ele se reciclara como agricultor e se tornara bastante radical em suas convicções políticas. Por ocasião das primeiras eleições democráticas para a Constituinte de 1946, o pároco da aldeia intimou os paroquianos a não votar nos comunistas, que se candidatavam pela primeira vez legalmente no Brasil. Nosso homem então ameaçou enforcar o padre, ajudado por seus cinco filhos, no pinheiro que havia defronte da igreja se ele persistisse em se meter em política. A réplica veio no domingo seguinte. O pároco declarou que se nosso professor e seus cinco filhos não desaparecessem imediatamente da cidadezinha, atrás da igreja havia seis pinheiros que poderiam ser usados. Foi por isso que o homem apareceu no consulado de São Paulo pedindo que o ajudassem a voltar para a Polônia. Pergunto a ele: "O que vai fazer na Polônia?". Ele me responde: "Nenhum problema, durante todos esses anos me ocupei escrevendo uma história da Polônia. Vou editá-la". Comunico-lhe minhas dúvidas a respeito e, muito malicioso, ele me conta: "Escrevi essa história de um ponto de vista que nenhum outro historiador adotou antes de mim. Coloquei-me a seguinte questão: Qual poderia ter sido a política de todos os reis da Polônia desde o século x se tivessem sido marxistas?". O fim dessa história é bastante trágico. Voltando para a Polônia, o homem tornou-se funcionário do Partido Operário Polonês em algum lugar do interior do país. Foi encarregado, como outros, da coletivização abortada, e as últimas notícias que tive dele eram de que fora preso por excesso de zelo nessa operação.

Esses episódios podem parecer desconchavados, mas de repente eu me via confrontado com as situações mais inacreditáveis. Um dia, vejo chegar um mendigo polonês que me afirma que numa vida anterior foi o filho de um marajá, que depositou seu peso em ouro em todos os bancos do Brasil, e que eu devia convencer os banqueiros a lhe restituir seu dinheiro! O pobre homem era maltratado pelos porteiros toda vez que tentava entrar num banco.

É uma profusão de dramas humanos nos quais de repente nos vemos envolvidos. O mais perturbador ocorreria bem mais tarde, quando eu já trabalhava na legação da Polônia no Rio de Janeiro. Referia-se à história inacreditável, da qual os jornais fizeram um tremendo escarcéu, de um russo preso como espião soviético na Amazônia quando estava fazendo desenhos do litoral brasileiro em asas de borboletas. Ao ler isso na imprensa, lembrei-me de que, em criança, tinha lido as memórias de Baden Powell, o criador do escotismo. Na juventude Baden Powell fora espião inglês na Turquia. Passeava ostensivamente para caçar borboletas e fazia desenhos das fortificações otomanas em suas asas.

Nessa época, as relações entre o Brasil e a União Soviética estavam rompidas, e os poloneses garantiam a proteção dos cidadãos soviéticos no Brasil. O Ministério das Relações Exteriores soviético manifestara ao governo polonês seu grande interesse em que esse prisioneiro fosse extraditado e embarcado num navio polonês sem escalas, do Rio a Gdynia. Acompanhei o cônsul à prisão, pois tínhamos, depois de difíceis tratativas, obtido a extradição do preso. Nós lhe oferecemos chocolates e cigarros, presentes que ele recusou. Tinha medo de ser envenenado. Pediu dinheiro. Aceitava ser expulso, mas pelo itinerário de chegada, ou seja, passando pelos Estados Unidos. Era evidente que não queria voltar para a União Soviética. Acabou sendo embarcado num navio belga que ia para a Antuérpia. Como os camaradas soviéticos se viraram para recebê-lo na Antuérpia? Não sei. O homem dava a impressão de alguém que não estava em pleno gozo da razão. O que ia fazer na Amazônia, quem o mandara para lá, por que caminho? Vá saber! De repente, você se sente metido num pequeno episódio da grande história, sem ter a menor influência no desenrolar dos fatos.

SEGUNDA VISITA DE CORTESIA

Depois do *baccalauréat* e do primeiro ano no consulado, minha saúde não estava muito boa e voltei para o Rio, para me recuperar. Lá, nova visita de cortesia à legação da Polônia — pois ainda não havia embaixada —, de graves consequências, e como! O adido de imprensa, um combatente da guerra da Espanha, por certo tempo empregado na embaixada da França, propôs que eu o assistisse por um salário duas vezes maior do que aquele que eu ganhava no consulado. Foi assim que fiz minha estreia no serviço diplomático polonês como datilógrafo e tradutor no serviço de imprensa da legação.

Instalar-me no Rio me convinha, tanto mais que eu ia me casar e que minha futura mulher e eu tínhamos a intenção de nos matricular na universidade. Mas antes precisávamos homologar nosso *baccalauréat* francês no Brasil, pois ele não era reconhecido pelas universidades brasileiras. Foi então que vi num grande jornal do Rio o anúncio de um advogado que se ocupava dos problemas de matrícula na universidade. Perguntei-lhe o que podia fazer por mim: "Posso matriculá-lo em qualquer universidade, contanto que não seja no primeiro ano nem no último". Não nos decidimos.

Foi um ano de pausa, mas não perdido. Ao contrário, estudei muito filosofia, encorajado por Paul Hignette, professor do liceu francês do Rio, que tinha sido meu examinador no *baccalauréat* em São Paulo. Nosso convívio começou por uma violenta altercação. Hignette era um neotomista. Desconfiando de minhas simpatias à esquerda e de minhas leituras marxistas, pediu-me no oral para falar de Heráclito como filósofo do imóvel, sabendo perfeitamente que eu estava preparado para apresentá-lo como pai da dialética. Encarei o desafio. Como eu era leitor de Montaigne, Hignette me propôs estudar Pascal. Pôs-me em contato com um brasileiro que se interessava por Descartes. Encontrávamo-nos toda semana na Biblioteca Nacional para lermos juntos as *Méditations* de Descartes. Meu parceiro fez uma brilhante carreira de diplomata e ocupou o posto de embaixador do Brasil em Pequim.

A MORTE DE GANDHI

Na época eu estava mergulhado na leitura da filosofia oriental e isso me serviu maravilhosamente para a publicação do primeiro artigo de minha vida, no dia seguinte do assassinato de Gandhi, em 1948. Em Varsóvia, antes da guerra, eu tinha ficado impressionado com as "Actualités Pathé", que mostravam a imagem daquele homem frágil, vestido com um *dothi* do qual saíam pernas nuas, descendo de um Rolls-Royce para parlamentar em Londres com ministros britânicos, chefe de um movimento de resistência não violenta que fazia tremer o império mais poderoso do mundo. Essa imagem se gravara em minha memória, ao lado da de Hailé Sélassié, igualmente miúdo, desembarcando em Genebra para defender junto à Sociedade das Nações a causa da Abissínia agredida pela Itália fascista.

Depois li o livro que Romain Rolland lhe dedicou. A independência da Índia, obtida em 1947 de uma forma sem precedente na história, comoveu a opinião pública, mesmo no distante Brasil. A capitulação do império mais poderoso do mundo diante de um movimento de resistentes não violentos contrastava com os horrores da guerra mundial, ainda que a partição da Índia e do Paquistão tivesse dado lugar a massacres de civis. Não foi por acaso que os estivadores de Salvador resolveram chamar sua associação de "Os filhos de Gandhi". Ainda hoje, desfilam no carnaval da Bahia.

Muito afetado pela notícia da morte de Gandhi, entrei na primeira cabine e telefonei para o maior jornal do Rio na época, o *Correio da Manhã*, para lhe propor um texto sobre Gandhi. Disseram-me que se eu o levasse antes das nove da noite, tudo bem. Foi assim que levei, por volta das oito, um pequeno artigo intitulado "Nosso santo de lá". No dia seguinte, meu chefe na legação da Polônia me chamou e perguntou se Ignacy Sachs, autor do artigo sobre Gandhi, era de minha família. Respondi que era eu. Ele me repreendeu: "Como ousou publicar um artigo na imprensa sem autorização?". Isso não parecia coisa dele. A razão de sua reprimenda era que uma apologia de Gandhi não ficava bem para um funcionário, mesmo modesto, da representação diplomática de uma democracia popular alinhada com a União Soviética. As publicações soviéticas da época apresentavam Gandhi como um agente do imperialismo britânico por causa de sua oposição à luta de classes. Seria preciso esperar ainda uma boa dezena de anos para que aparecessem as obras de Hiren Mukherjee e E. M. S. Namboodiripad, ambos dirigentes do Partido Comunista indiano, reabilitando Gandhi aos olhos dos marxistas.

Mais tarde, chegando à Índia em 1957, e alimentado pela leitura de várias obras dedicadas a Gandhi e de sua autobiografia, pensei seriamente em escolher como tema de tese de doutorado as relações entre a ética, o político e o econômico em Gandhi. Não o fiz porque na época suas obras eram pouco acessíveis. Trabalhando em tempo integral na embaixada, eu só conseguia me dedicar à tese nos fins de tarde, à noite e aos domingos, sem acesso às bibliotecas. Ora, nessa época os textos de Gandhi estavam dispersos. Desde então foram reunidos numa centena de volumes! Gandhi escrevia um a dois artigos por dia. Aí se encontra de tudo um pouco. Um dia ele explica que devemos nos mirar no exemplo dos animais e só copular quando desejarmos a reprodução; outro dia, que se devem boicotar os produtos industriais ingleses e não mais usar uma escova de dentes, já que um bambuzinho basta. Mas também se encontra uma reflexão que levanta um problema central para nossa civilização: nossa capacidade de autolimitação das necessidades. Quanto é o suficiente?

A sublimação das considerações éticas traduziu-se em Gandhi por um engajamento incondicional em favor dos oprimidos, inclusive dos párias da sociedade indiana, e da massa camponesa de pequenos lavradores, operários agrícolas e artesãos. Seu pensamento coincide, sob vários aspectos, com o dos populistas russos. Não é por acaso que o jovem Gandhi escreve a Tolstoi e este, pouco antes de morrer, o felicita pelo êxito do movimento de resistência não violenta que ele anima na África do Sul. Inúmeros estudos foram dedicados ao método de resistência não violenta. Em compensação, não encontrei explicação satisfatória para a ausência, na parte econômica da obra de Gandhi, da noção de produtividade do trabalho, o que tinha consequências desagradáveis, tais como a falta de interesse pelo progresso técnico.

O eminente economista polonês Oscar Lange, com quem conversei a esse respeito, levantou uma hipótese interessante: o pensamento econômico de Gandhi era a tal ponto anacrônico que se situava numa visão idealizada de um passado feliz por ser pré-mercantil. A única coisa que conta nos serviços que os homens prestam uns aos outros é o valor essencialmente ético desse dom e contradom; os detalhes materiais não têm importância. Encontrei mais tarde a mesma concepção em Kropotkine, mas não penso que Gandhi o tenha lido.

Aliás, segundo Gandhi, a simplicidade voluntária (a autolimitação das necessidades) permitia produzir o necessário com técnicas ancestrais. Será preciso esperar os trabalhos de P. N. Dhar, A. Lydall e a tese de doutorado de A. K. Sen, dedicada à escolha das técnicas, para se mostrar que, paradoxalmente, a famosa roda de fiar de Gandhi (*ambar charkha*), que todos os patriotas eram estimulados a usar, tinha uma relação capital-produto muito mais alta que as fiações de algodão industriais, de tal forma a produtividade dela era baixa.

Quando, bem mais tarde, uma revista publicada pelas Nações Unidas me pediu para fazer a resenha de um filme muito visto sobre Gandhi, escrevi que não tinha gostado. Mas sugeria que fosse exibido obrigatoriamente a todos os jovens europeus, a fim de que tivessem uma ideia da renúncia, da contestação pacífica, da desobediência civil. Creio que Gandhi não foi suficientemente internalizado na nossa cultura como um fenômeno maior. Toda a minha vida lamentei não ter podido escrever um livro sobre ele. Mas esse trabalho é gigantesco, se se quer fazê-lo honestamente. A bem da verdade, ainda não desisti de vez.

ESTUDOS NO RIO

Conheci Viola, minha futura mulher, no liceu, em condições bastante peculiares, pois eu estava de férias no Rio, onde ela vivia e acabava de levar bomba no oral ao prestar seu primeiro *baccalauréat*. Alguém tinha lhe dito que eu podia ajudá-la para uma outra tentativa. Fizemos juntos o segundo *baccalauréat* em São Paulo. Quando nos casamos, não somávamos, os dois, 38 anos! Faz sessenta anos! Durante o ano do *bac*, vivíamos cada um com nossas respectivas famílias. Minha sogra iria acompanhar o segundo marido numa viagem aos Estados Unidos e, de lá, voltaria para a Polônia, deixando a filha sozinha no Brasil. Isso acelerou o casamento.

Viola se matriculou na faculdade, em literatura inglesa. Devo dizer que, tendo passado parte da infância na Inglaterra, o inglês era para ela uma língua quase materna. Quanto a mim, tive de escolher um curso. Trabalhando em tempo integral no serviço cultural da legação da Polônia, não estava em condições de fazer estudos regulares. Precisei me concentrar em faculdades que ofereciam cursos à noite. Na verdade, só tinha a escolha entre direito, que não me atraía porque eu não pretendia ficar necessariamente no Brasil, e economia, contabilidade ou gestão. Então escolhi economia porque era a matéria mais ligada a meus interesses políticos. Meu tio, com quem eu mantinha excelentes relações, me disse: "O importante não é o que você vai escolher, mas que aprofunde a matéria escolhida até o ponto em que ela se tornar interessante". Penso que tinha razão.

Cumpri o programa mínimo desses estudos lamentáveis: deixo-os imaginar um ensino noturno numa faculdade particular no Rio, entre 1947 e 1950, tendo porém a exigência da presença obrigatória em 75% das aulas, o que me fazia ir ao centro da cidade entre sete e onze da noite, cinco vezes por semana. Eu trabalhava de oito a dez horas por dia, de segunda a sábado, e fiquei sem tirar férias por sete anos; ainda tinha as aulas na faculdade, mas sempre encontrei tempo para dedicar a nossos dois filhos, nascidos no Rio em 1950 e 1951. A única folga era a praia no domingo. Eu também ia à praia profissionalmente, porque uma de minhas funções consistia em propor artigos aos críticos de cinema; ora, esses críticos se reuniam toda manhã sob uma mesma barraca de praia. Para mim era mais cômodo vestir o calção e ir encontrá-los na praia do que correr atrás deles na vasta cidade...

Meus professores não eram muito brilhantes e, por conseguinte, eu estudava basicamente sozinho. Nesse momento, a produção dos economistas não era original nem entusiasmante, pelo menos nos manuais. Comecei a aprender espanhol a fim de ler a tradução das obras que me impus para completar minha formação e remediar as insuficiências locais. Na Argentina e no México, praticamente todos os autores clássicos estavam traduzidos. O mesmo acontecia com os livros dos principais economistas ingleses e americanos de entre as duas guerras. As traduções feitas no Brasil ainda eram raras, mas li em português os livros de dois eminentes economistas italianos, Pareto e Pantaleoni.

Minha primeira aula na faculdade foi dedicada à história econômica e começava assim: "Nossos ancestrais andavam descalços e viviam nas árvores; temos casas, temos roupas, temos calçados, que progresso!". Eis uma aula inaugural, o primeiro contato com a universidade! Imaginem-se as outras disciplinas, se bem que nem todas no mesmo nível! O limite foi ultrapassado pelo professor de doutrinas econômicas. Ele nos disse que o programa exigia que nos falasse de Marx, mas que depois de ler *O capital* decidira nos poupar. Podíamos confiar nele: esse livro não tinha nada de interessante. Podíamos pular esse ponto do programa.

A única lembrança afetuosa que guardo é de meu professor de estatística, Saldanha, que cumulava as funções de professor com o posto de delegado de polícia encarregado de assuntos políticos, e uma de suas missões era vigiar a legação onde eu trabalhava. Já era o início da Guerra Fria e o Partido Comunista acabava de ser posto na ilegalidade. A estatística era seu hobby. Eu era praticamente o único na classe a me interessar por sua disciplina. Ele me era grato por isso. Quando não aparecia para dar aula, eu supunha com razão que a polícia montava uma operação contra os comunistas, sem excluir a eventualidade de uma operação dirigida contra as representações dos países do bloco comunista: as legações da Polônia e da Tchecoslováquia.

Meus colegas e eu, todos assalariados, contadores, empregados do comércio e de escritório, ficávamos horrorizados com as aulas. Fui designado para pedir ao diretor que nos liberasse da obrigação de estarmos fisicamente presentes nas aulas, embora admitindo perfeitamente seu direito de reter uma quantia razoável de dinheiro todo mês... Essa conversa, como é de imaginar, azedou.

Assim que terminei meu curso superior, saí em busca de estudos complementares, e aí tive uma boa surpresa. A Sociedade Brasileira para o Progresso da Ciência, que existe até hoje, acabava de nascer. Oferecia cursos de ótimo nível, encontros com especialistas e pesquisadores em diferentes áreas. É uma instituição que irá desempenhar um papel maior durante os anos do governo autoritário (1964-85), tornando-se o único foro mais ou menos tolerado de debates políticos.

Decidi seguir as aulas de estatística por duas razões: primeira, gosto de dados numéricos; segunda, entrei em contato com Oscar Lange, que na época era o reitor da Escola de Planejamento e Estatísticas de Varsóvia. Pedi conselho a ele, esclarecendo que gostaria de ir trabalhar na Polônia. Ele me respondeu que eu devia adquirir uma boa base em métodos estatísticos de controle de qualidade dos produtos em pó! Mandei buscar nos Estados Unidos manuais sofisticados de estatísticas matemáticas e mergulhei em seu estudo. Minha sorte foi ter como professor um refugiado antifascista italiano, grande estatístico, Giorgio Mortara, que pôs de pé o Instituto Brasileiro de Geografia e Estatística. Aprendi enormemente ouvindo-o. Também seguia as aulas de especialização de estatística matemática na universidade, a cargo de ótimos matemáticos brasileiros. Tudo isso não me serviria estritamente para nada, pois quando chegasse à Polônia iria me ocupar de algo totalmente distinto, e Lange, ao me contratar para a Escola de Planejamento de Varsóvia, nem mais se lembrava de seu conselho um tanto insólito.

Simultaneamente, submeti-me à formação de quadros, na legação. Isso consistia em ler trechos selecionados dos textos dos fundadores do materialismo histórico: Marx, Engels, Lênin e Stálin. Uma noite por semana, nos reuníamos em torno desses textos e ouvíamos um de nós recitar, numa linguagem de chavões, seu catecismo. Claro que, nessas condições, o jeito era contar consigo mesmo, o que me forçou a ler imensamente. Comecei a frequentar com assiduidade uma pequena livraria francesa que ficava ao lado da faculdade de filosofia, no centro da cidade. Era mantida por um francês que vivia havia muitos anos no Brasil, Jean Etchéverry, que primeiro conheci como adido cultural da embaixada da França. Bem no início de meu trabalho na legação da Polônia os comunistas ainda estavam presentes no governo francês, e portanto havia funcionários comunistas nas embaixadas, como ele. Meu chefe na legação era um ex-auxiliar de Etchéverry na embaixada da França. Foi assim — a uma distância de cinquenta anos, posso revelar esse segredo — que os serviços culturais poloneses se beneficiaram de toda uma lista de endereços de jornais, revistas e estações de rádio locais, transmitida pela embaixada da França. Essa lista constituía nosso principal patrimônio. Etchéverry foi despedido quando os comunistas foram excluídos do governo. Para viver, abriu uma livraria. Ao lado dos clássicos marxistas, vendia um leque bastante amplo de ensaios e romances. Ali encontrei também, para minha grande alegria, duas obras de Charles Bettelheim sobre o planejamento soviético e a teoria e prática do planejamento. Tornamo-nos amigos, o que me valeu minha primeira menção na imprensa brasileira como agente de Moscou!

O Partido Comunista brasileiro conheceu um curto período de legalidade entre 1945 e 1947. Seu lendário chefe, Luís Carlos

Prestes, foi o senador eleito com maior votação nas eleições de 1946, e o partido obteve 10% dos votos na eleição presidencial. Mas desde o início da Guerra Fria o partido caiu na ilegalidade. As relações do Brasil com a União Soviética foram rompidas, a legação da Polônia tornou-se alvo desse anticomunismo. Assim, um belo dia, vejo, do bonde, numa banca de jornais, a foto enorme de meu embaixador ocupando toda a primeira página de um jornal. Pulo do vagão e compro esse jornal ligado à polícia política, creio que se chamava *Vanguarda*. A foto vem coroada pela seguinte legenda: "O rato vermelho de Copacabana". O texto anuncia uma campanha de imprensa sobre a fortaleza do Kremlin no Brasil, com muitas fotografias da nossa legação.

Era uma casa bastante modesta, na rua Saint-Roman, num morro de Copacabana. Convém esclarecer que, dias antes, alguém tocara a campainha fora do horário de expediente. Era um jornalista, que me disse: "Recebemos a notícia de que vocês estão organizando uma volta maciça de poloneses do Brasil para a Polônia, gostaria de saber a opinião do embaixador". Peço-lhe para esperar um momento, vou acordar o embaixador, homem de certa idade que costumava fazer sesta. Conversamos e consideramos que a informação, destituída de qualquer fundamento, poderia nos prejudicar, pois o Brasil prosseguia uma política de estímulo à imigração. Portanto, era preciso desmenti-la. O embaixador recebe o jornalista e contesta a notícia. Passam-se duas semanas e uma pequena nota de quatro linhas é finalmente publicada. Diz que o jornal recebeu tal notícia mas que o embaixador, interrogado, a desmentiu categoricamente. E então, duas semanas depois começa a campanha contra o "rato vermelho". O jornalista em questão aproveitara sua passagem inocente pela legação para fotografá-la de tal maneira que fosse possível compará-la a uma verdadeira fortaleza, encarapitada no alto de uma rocha.

O embaixador era o alvo direto dessa campanha. Tratava-se de uma personalidade muito sedutora, um físico, professor universitário, que na juventude trabalhara como engenheiro na construção das estradas de ferro no Paraná. Falava português correntemente e era bastante culto. Desde sua chegada, em 1946, não hesitara em se misturar com os círculos intelectuais e tomar a palavra. Interveio, em português, durante uma conferência sobre a teoria da relatividade e causou sensação. A Polônia, pátria de Chopin e país mártir durante a Segunda Guerra Mundial, angariava a simpatia dos brasileiros. Como ele tinha bons contatos com o ministro das Relações Exteriores, pediu uma entrevista e lhe disse: "São mentiras, calúnias, que devo fazer? Um processo contra o jornal?". O ministro o desaconselhou e explicou que se o jornal fosse condenado, só deveria pagar uma indenização insignificante, a menos que decidisse publicar na primeira página a mesma foto, coroando-a com uma frase dizendo que o chefe da representação diplomática da Polônia "não é o rato vermelho de Copacabana". O embaixador acatou sua opinião e não reagiu. O jornal prosseguiu suas insinuações absurdas. Apresentaram-me como um ex-combatente da guerra da Espanha, falando português com forte sotaque espanhol, quando na época da Guerra Civil Espanhola eu tinha nove anos! Fabricaram para mim uma biografia cem por cento falsa, afirmando, por exemplo, que eu financiava campanhas na imprensa brasileira e que os tostões eram entregues aos jornalistas nos fundos da livraria de *seu* Etchéverry. O caso esvaziou muito depressa, murchou como um suflê. Fazia parte das inúmeras peripécias da Guerra Fria. Mas foi muito instrutivo sobre o poder da imprensa. Fabricam para você uma biografia, e o que você pode fazer? Ir para uma esquina e gritar: "Olhem para mim, não posso ser um ex-combatente da guerra da Espanha!". Tanto mais que vão lhe dizer: "Ex-combatente ou não, o problema não é esse; os tostões de Moscou que deu aos jornalistas vendidos prova que você é falso!". Viverei uma história similar, de modo muito mais dramático, na Polônia, em 1968, quando inventarão para mim uma biografia completamente descabida acusando-me de coisas alucinantes. Então, esse gostinho antecipado me será útil...

5. Soldado da Guerra Fria

A Guerra Fria faz, em 1948, mais uma vítima na pessoa do adido de imprensa polonês, declarado *persona non grata* pelos brasileiros, talvez por causa de seu passado de militante e ex-combatente da guerra da Espanha. Perco um chefe sempre sorridente, pronto para me iniciar no trabalho de redator de boletins e corrigir, sem dizer uma palavra, meus excessos de zelo juvenil. Varsóvia não o substitui. Ainda não tenho 21 anos quando me torno, para todos os aspectos práticos, responsável pelo serviço cultural e pelo de imprensa da legação da Polônia. Um secretário de embaixada me chefia, mas me deixa muita liberdade. Por causa de minha idade e da desconfiança provocada por meu currículo — neto de banqueiro, sem estágio de militante, recrutado localmente e com laços familiares no Brasil — entre os responsáveis pelos recursos humanos no Ministério de Relações Exteriores em Varsóvia, está fora de questão conferir-me o estatuto de diplomata. Mas me arrumam um título voluntariamente ambíguo: "Encarregado do escritório de informações polonesas junto à legação". Um escritório de informações polonesas funciona então em Paris; será fechado quando as relações entre a França e a Polônia popular se envenenarem.

Trabalho sobretudo com o telefone. Quando me apresento nas redações, a idade me atrapalha. Lanço-me de corpo e alma em minhas funções. Sinto-me útil e envolvido numa tarefa concreta: contribuir para o desenvolvimento das trocas culturais e intelectuais entre a Polônia popular e o Brasil, projetar na mídia a imagem de nosso país que, qual fênix, renasce das ruínas da guerra e prossegue um ambicioso programa de reformas sociais, guardando sua identidade cultural e histórica, e, acessoriamente, informar aos poloneses que vivem no Brasil as novas realidades de sua pátria e tentar subtraí-los da influência do governo polonês no exílio, instalado em Londres.

Portanto, publico três vezes por mês um boletim destinado aos oriundos da Polônia; também devo trabalhar com um jornalista uma vez por mês para fazer uma revista mensal em polonês que editamos no formato do *Reader's Digest*. Para editá-la, precisamos obter o equipamento tipográfico necessário. Os tipos chegam de navio da Polônia e os transportamos ilegalmente, a bordo de barcos de pescadores. Além disso, escrevo todo mês uns dez comunicados, distribuídos à imprensa brasileira, e depois lançamos um boletim mensal em português.

Sou ajudado por Luiz Vasconcellos, refugiado português antifascista, historiador — ele fará um doutorado em demografia com Alfred Sauvy, em Paris —, redator da editoria econômica de um grande jornal e, de quebra, excelente tradutor do francês e do inglês. Mais tarde, Luiz ajudará o eminente economista Celso Furtado a criar a SUDENE, no Recife, depois trabalhará na FAO e em Portugal, antes de assumir uma cátedra na Universidade Federal do Rio de Janeiro. Ao longo de todos esses anos Luiz foi um de nossos amigos mais chegados.

Também abasteço com programas as rádios do interior. Isso me leva a escrever peças para rádio, de trinta minutos, sobre os amores de Chopin ou histórias do gênero, já que a única recomendação é pronunciar ao menos uma vez a palavra "Polônia"! Não temos a menor ambição de fazer propaganda política no sentido corrente do termo. Trata-se mais de marcar a presença polonesa.

Uma ocasião excepcional se oferece com o centenário da morte de Chopin, em 1949. Esse centenário assume no Brasil uma amplidão absolutamente inesperada. Primeiro, organizamos um concurso para pianistas, cujo júri é presidido pela grande pianista brasileira, mundialmente conhecida, Magda Tagliaferro, que em seguida aceita ser presidente do júri em Varsóvia. Depois haverá uma profusão de iniciativas culturais como a seguinte.

Um belo dia, um representante da Câmara de Vereadores de Nova Iguaçu, uma cidadezinha a trinta quilômetros do Rio, se apresenta na legação e sugere uma semana Chopin. Não seja por isso, vamos organizá-la. O conhecido escritor brasileiro Guilherme de Figueiredo, que tem uma peça de teatro sendo representada em Paris, e era irmão do general que mais tarde se tornará o último presidente da República do regime autoritário, aceita fazer uma conferência sobre os amores de Chopin. Alugamos um piano no Rio e o levamos para o concurso das moças da região; na escola, expomos manuscritos de Chopin e a rádio local programa música popular polonesa ao longo de toda a semana. Chega então o momento culminante, quando a Câmara de Vereadores dá o nome de Frederic Chopin a uma pracinha ao lado da linha de estrada de ferro Rio-São Paulo. O encarregado de negócios polonês, emocionado com essa manifestação, promete à cidade um busto de Chopin.

De volta ao Rio, enviamos a Varsóvia um telegrama explicando que precisamos de um belo busto de Chopin. Passam-se um ano, dois anos, e finalmente recebemos uma máscara mortuária de Chopin de um metro de diâmetro, realizada pelo grande escultor polonês Xawery Dunikowski. Enquanto isso, a Câmara de Vereadores elegeu novos membros e não sabe o que fazer com uma máscara mortuária naquela praça; a máscara é posta no pátio da legação, onde um cachorro se apropria dela. Um ano depois, o cônsul polonês em São Paulo vê a máscara e pergunta: "O que é isso?". Respondemos em coro: "Chopin!". Ele a quer. Não é que é uma boa ideia? Embarcamos a máscara para São Paulo, onde o cachorro do consulado-geral prossegue o trabalho de seu colega do Rio, pois o cônsul também não sabe o que fazer com a máscara. Ele vai embora e um amigo meu o substitui. Uma noite, em 1953, conversando ao fim de uma noitada bem regada a bebida, ponderamos que, pensando bem, como 1954 será o ano do quarto centenário de São Paulo, o povo polonês poderia oferecer uma máscara de Chopin ao povo de São Paulo. Bruno Giorgi, o conhecido escultor, casado com uma polonesa e simpatizante de esquerda, faz o pedestal, e hoje pode-se admirar a máscara mortuária de Chopin à sombra da Biblioteca Municipal de São Paulo! Eis como a história segue meandros nem sempre previsíveis.

 O ano Chopin foi para mim o ano de outra estreia. Na verdade, fizemos o primeiro livro de bolso do Brasil. Infelizmente, sem sucesso... Estávamos em 1949 e iniciamos, em parceira com a editora que pertencia à Casa dos Estudantes do Brasil, uma coleção chamada Cidadãos do Mundo. Tratava-se de curtas biografias de grandes figuras da humanidade. O primeiro volume foi dedicado a Chopin e escrito pelo musicólogo polonês Karol Stromenger, e depois traduzido por Viola, minha mulher, e por mim. O clima da época nos obriga a mudar o título, que de *Chopin* torna-se, na edição brasileira, *Chopin para o povo*. A série deveria ser vendida nas bancas de jornais a um preço bem acessível, mas a editora não conseguiu assinar um contrato de distribuição com as empresas que monopolizavam as bancas, e foi um fracasso. Mais tarde, durante o processo dos médicos* em Moscou, o último grande processo stalinista, a palavra "cosmopolita" tornou-se sinônimo de "judeu" e me vi, como autor do projeto de uma série de livros chamada Cidadãos do Mundo, duplamente cosmopolita, na qualidade de judeu e na qualidade de editor.

Passamos um "ano Chopin" absolutamente suntuoso, com diversos contatos e encontros surpreendentes, como aquele que fizemos com a esposa de um banqueiro riquíssimo. Tratava-se de uma família de positivistas. Ela era poeta e escreveu um belo poema sobre Chopin, mas também era autora de uma história da matemática em alexandrinos franceses. Não conseguimos evitar a leitura desse texto na casa dela, num magnífico salão. No embalo, fomos convidados para o casamento de um dos filhos do casal — os filhos se chamavam Rômulo, Régulo e Joana d'Arc. O casamento foi celebrado no templo positivista do Rio, sendo certamente um dos últimos casamentos positivistas do mundo.

O ano de 1950, que se seguiu à comemoração de Chopin, foi dedicado à paz. O Congresso Mundial dos Partidários da Paz foi organizado em Varsóvia e me valeu uma proeza esportiva. Passei cinco dias e cinco noites praticamente sem dormir, pois tinha de escutar de noite a rádio Moscou — que era possível sintonizar no Brasil e que por conta do congresso transmitia como rádio Varsóvia — para pegar notícias do congresso, de modo a fazer os comunicados de imprensa que eu tinha de enfiar por baixo da porta do apartamento do secretário de redação do jornal comunista às sete e meia da manhã; ele morava perto. De-

---

* O chamado complô dos médicos soviéticos — onze médicos, sendo sete judeus — desencadeou, em 1952, uma violenta campanha antissemita na União Soviética. Esses médicos teriam supostamente assassinado dois dirigentes soviéticos e previsto assassinar outros. Tratava-se de um caso armado pelo regime de Stalin, e o processo foi abandonado em 1953, ano de sua morte. (N. T.)

pois começava um dia de trabalho normal. Estávamos em plena Guerra Fria, mas a legação continuava a ser um ponto de encontro dos intelectuais brasileiros.

OS INTELECTUAIS DO RIO DE JANEIRO

Isso me valeu ter conhecido muito moço e em condições privilegiadas a fina flor dos escritores, artistas e intelectuais brasileiros da época, na maioria militantes ou simpatizantes de esquerda. A começar pelos grandes romancistas do Nordeste — Graciliano Ramos, Jorge Amado, José Lins do Rego, Rachel de Queiroz. A esposa do embaixador, ex-professora de polonês, traduziu romances dos dois primeiros, sucessos de livraria na Polônia. Eu frequentava o fundo da livraria de José Olympio, onde Graciliano, funcionário da Câmara Municipal do Rio de Janeiro, recebia no final da tarde seus admiradores. Fizemos amizade com Ricardo Ramos, seu filho, também escritor, e com Joelson, irmão de Jorge Amado. Era pediatra e a ele devemos ter salvo a vida de nosso filho. Ele levou Viola, horrorizada, para visitar o hospital público onde trabalhava: os meios eram irrisórios diante de tanta miséria.

Havia também os poetas, Cecília Meireles, muito elegante, e Carlos Drummond de Andrade. Este me concedeu uma entrevista em sua pequena casa entre Copacabana e Ipanema. Tornei-me um *habitué* da redação de *Leitura,* revista mensal que lançou os jovens talentos e cujo diretor, Barboza Mello, mantinha toda tarde um salão literário. Cândido Portinari, admirado por seus retratos, seus quadros expressionistas de forte conteúdo social e seus afrescos monumentais como os dos mexicanos Diego Rivera, Orozco e Siqueiros — suas obras enfeitam a sede da ONU em Nova York e a da Unesco em Paris — nos fez visitar seu ateliê.

Explicou-me que era fascinado pelas mãos e pelos pés descalços dos operários na labuta, a quem prestava homenagem em suas pinturas. Com o poeta Ary de Andrade traduzimos os poemas de um pedreiro polonês, Domeradzki, stakhanovista como convém. O folheto teve como título *Poemas das mãos calosas*.

Não conseguimos convencer Cândido Portinari e Oscar Niemeyer, ambos comunistas, a visitar a Polônia durante o Congresso Mundial de Intelectuais em Wroclaw, em 1948, e nem durante o Congresso Mundial dos Partidários da Paz, em Varsóvia, em 1950. Ambos tinham horror a avião. Tivemos mais sorte com o compositor Claudio Santoro. Os jovens arquitetos que trabalhavam com Niemeyer se apaixonaram pela reconstrução de Varsóvia.

Um visitante frequente da legação era Gilberto Freyre, autor de *Casa-grande & senzala*, sem dúvida uma obra fundadora da sociologia brasileira. Ainda possuo o exemplar de sua *Interpretação do Brasil*, com dedicatória dele.

Gilberto Freyre era, na época, deputado federal da UDN, partido de centro-direita, e trabalhava na sua teoria do luso-tropicalismo que lhe valerá sólidas críticas da esquerda, pois ele colaborava de perto com o regime fascista de Salazar. No entanto, devemos a ele intuições muito importantes sobre a necessidade de reavaliar e reabilitar o clima tropical. Longe de ser um obstáculo, este podia se tornar um trunfo precioso na construção de civilizações originais. Portanto, era preciso criar uma disciplina nova, a tropicologia. Gilberto fundará um seminário de tropicologia na universidade do Recife, cujos trabalhos, alguns apaixonantes, outros de qualidade desigual, são hoje continuados pela Fundação Joaquim Nabuco. Alessandro Candeas, jovem e brilhante diplomata brasileiro, defendeu em Paris uma bela tese sobre a contribuição de Gilberto Freyre para a tropicologia.

Lendo a obra que Gilberto Freyre me ofereceu, eu certamente não desconfiava que a reabilitação dos trópicos como "terras da boa esperança", para empregar a imagem de Pierre Gourou, iria se tornar um dos eixos principais de minhas pesquisas quase quatro decênios mais tarde. Expliquei-me sobre minha dívida intelectual com a tropicologia de Freyre numa conferência proferida na Fundação Joaquim Nabuco em 2001.

Outro cientista, Josué de Castro, cuja *Geografia da fome* publicada em 1946 lhe valeu notoriedade mundial, me pediu para lhe preparar um dossiê sobre a Europa do Leste para o volume que escrevia sobre a geopolítica da fome. Nós nos reencontraríamos em Genebra, em 1963, na Conferência das Nações Unidas sobre a Ciência e a Técnica a Serviço do Desenvolvimento. Josué era embaixador do Brasil e presidia a delegação de seu país. Eu era secretário científico da delegação polonesa. Solicitou-me que o ajudasse a organizar um apelo dos cientistas presentes a essa conferência em favor da paz. Encarregou-se de levá-lo à Conferência sobre o Desarmamento que se realizava simultaneamente no Palais des Nations. Reunimo-nos, seis pessoas, num canto da sala dos passos perdidos, a ampla galeria de passagem: Josué de Castro, Michal Kalecki, presidente da delegação polonesa, Abba Eban, ex-ministro das Relações Exteriores de Israel e, na época, presidente do Instituto Weizman, um acadêmico soviético, Gabriel Ardant, e eu. A redação do texto não criou nenhum problema. Os secretários da embaixada brasileira coletaram mais de duzentas assinaturas e Josué o apresentou aos delegados da Conferência sobre o Desarmamento. Passaram-se umas semanas e os diplomatas brasileiros em Genebra começaram a sondar as embaixadas amigas sobre a oportunidade de apresentar Josué de Castro para o prêmio Nobel da Paz. Fui reencontrá-lo, exilado, em Paris, em 1968, como professor na Universidade de Vincennes e diretor do Centro Internacional para o Desenvolvimento, preparando uma grande conferência no Irã. Em 1973, pouco antes de morrer, propôs-me escrever um livro com ele, pois estava seduzido pelo conceito de ecodesenvolvimento.

Calvino Filho, médico e editor de livros marxistas, outro *habitué* dos salões da legação, me disse um dia que acabava de dar início a um projeto ambicioso: publicar quatro volumes de citações de Marx, Engels, Lênin e Stálin. Para tanto, comprara recentemente no exterior três coleções das obras completas desses autores, que, juntas, somavam quase duzentos volumes. Duas coleções para recortar as citações, e a terceira para poder controlar as traduções. Interroguei-o sobre o perfil que pretendia dar a essa escolha de trechos dos clássicos. Respondeu-me que sua intenção era oferecer a qualquer um as citações que pudessem ajudar nas diferentes circunstâncias da política e da vida cotidiana. Calvino inventava *avant la lettre* o pequeno livro vermelho de Mao, com a diferença de que previa quatro volumes. Dedicou muito tempo e dinheiro a isso. Apesar do respeito que tinha por ele, trinta anos mais velho que eu, esbocei uma dúvida. Não seria preferível aplicar esses recursos para um estudo de campo a fim de tentar melhor compreender as relações sociais no mundo rural brasileiro? Era a minha primeira revolta contra o dogmatismo e a "citatologia" com que, mais tarde, seria confrontado em Varsóvia. Começava a entrever uma diferença entre o pensamento marxiano e as querelas estéreis dos marxistas. A teoria redutora não é capaz de se substituir ao conhecimento real do terreno. Ele não gostou muito de minha impertinência! No entanto, deve ter falado com os responsáveis do Partido, pois este iniciou pesquisas sobre o meio rural. E verificou-se que havia, na periferia imediata do Rio de Janeiro, uns quinze tipos de relações entre o proprietário da terra e aquele que a cultivava. E isso, o Partido Comunista ignorava.

Lembro-me de longas conversas com Ary de Andrade, alto funcionário, mas também poeta, militante e míope. Um dia, chegou todo ofegante e declarou que não queria mais colar cartazes, pois quase fora pego pela polícia, quebrara os óculos e não estava enxergando nada; era preciso lhe atribuir tarefas ao seu alcance! Era uma época de ideologização ao extremo e de enfeudação no PC soviético. Um dia, o Partido Comunista brasileiro reuniu, na mais estrita ilegalidade, seu comitê central, arriscando a vida ou a prisão de seus membros, com o único objetivo de discutir o realismo socialista na literatura. De fato, Jdanov acabava de publicar seu texto sobre o realismo socialista na União Soviética. Como resultado dessa reunião, outro notável poeta, Osvaldino Marques, que eu também conhecia muito, foi excluído do Partido. Seu erro: ter traduzido poemas de juventude de Ezra Pound. Como Osvaldino podia saber que o escritor americano se tornaria mais tarde um colaborador dos países do Eixo?

Nenhuma universidade conseguiria me oferecer o que me proporcionou essa imersão na vida intelectual brasileira... Tanto mais que eu trabalhava dobrado para preencher minhas lacunas no conhecimento da literatura e da cultura brasileiras e portuguesas, de um lado, e polonesas e russas de outro. A legação tinha uma boa biblioteca. Eu estabelecia paralelos interessantes entre os romances realistas do século XIX desses quatro países. Descobri a literatura soviética, *O dom tranquilo*, de Cholokov, os romances de Alexei Tolstói, a poesia de Maiakovski e Ahmatova me encantaram. No caminho, empaturrei-me dos best-sellers da época stalinista, de autoria de Spanov, sobre os espiões e os fautores de guerra.

Era mais difícil assistir às obras-primas do cinema soviético. Não tinha acesso a uma cinemateca. Em compensação, volta e meia organizava sessões de apresentação de filmes de diretores poloneses: os de Alexander Ford e Wanda Jakubowska, sobre o levante do gueto de Varsóvia e a resistência interna no campo de concentração de Oswiecim (Auschwitz) eram muito apreciados. O mesmo acontecia com os curtas-metragens de propaganda política. Uma noite, exibimos num auditório lotado, na Associação Brasileira de Imprensa, no Rio, um documentário sobre o 1º de maio de 1950 em Varsóvia: um oceano de bandeiras vermelhas, retratos de Stálin em profusão, pombas da paz, contra as quais atiravam a marionete gigantesca de Churchill, tudo isso ao som da *Internacional*. O público entusiasta aplaudiu e cantou. Prudentemente, retirei os rolos da cabine de projeção assim que terminou a exibição. A polícia chegou vinte minutos depois e saiu de mãos vazias. No dia seguinte, fui convocado pelo presidente da ABI, Herbert Moses. Ele me disse: "Se reincidir, não terá mais acesso à nossa Associação. Passe bem". A ABI tinha as melhores salas de reuniões e salões de exposição, em pleno centro da capital!

A GUERRA FRIA SE INTENSIFICA

Na época, eu ainda não era membro do Partido Operário Unificado Polonês (POUP), o partido comunista; só me tornei mais tarde, na Polônia, depois das mudanças de 1956. Minha situação era, no mínimo, ambígua. Esses anos de Guerra Fria acompanharam-se de uma primeira onda de antissemitismo institucional, com o processo dos médicos em Moscou. As autoridades de tutela em Varsóvia desconfiavam de mim. Tinha tudo o que havia de pior em matéria de antecedentes, sendo neto de um banqueiro conhecido, portanto socialmente mais que burguês, e judeu. Nessa época, na Europa do Leste fazia-se diferença entre a cidadania e a nacionalidade. Por exemplo, nos documentos oficiais soviéticos você era cidadão soviético de nacionalidade "judia", "ucraniana", ou "bielorrussa".

Na legação, inundavam-nos de longos questionários sobre os antecedentes familiares e inúmeros detalhes biográficos. Tínhamos de responder às perguntas na própria legação, e a técnica da polícia política consistia em comparar as diferentes respostas aos questionários sucessivos a fim de detectar eventuais discordâncias e, assim, pôr o dedo numa eventual mentira. Para me proteger contra isso, eu não deixava de anotar "origem burguesa" e "nacionalidade polonesa de origem judaica". Portanto, burguês e judeu e, para completar, com toda a família no estrangeiro, naquele país, e por conseguinte sujeito a todas as pressões e às maquinações do inimigo. Durante certo tempo fui o único da legação a falar uma língua estrangeira, porque a maioria de meus colegas desertou. Não suportaram os golpes teatrais políticos em Varsóvia, como o da nomeação do marechal soviético Rokossowski para ministro da Defesa polonês. A notícia sobre Rokossowski surpreendeu o ministro plenipotenciário polonês quando ele estava descendo em Buenos Aires do navio que o trazia da Europa. Não fora prevenido por Varsóvia da mudança que acabava de ocorrer. Os jornalistas o interrogaram sobre a eventualidade da nomeação de um marechal soviético à frente do Ministério da Defesa polonês. E ele respondeu, indignado, que se tratava de uma piada de mau gosto. Quando o ministro se informou, demitiu-se e pediu asilo ao governo argentino.

A primeira geração de diplomatas do pós-guerra foi recrutada entre a intelligentsia. O ministro plenipotenciário no Rio de Janeiro era um professor de física, e o primeiro secretário era um arquiteto competente. Ali havia pessoas cultas que falavam várias línguas, que conheciam o mundo. Uma parte se esfacelou por não ter se identificado com a evolução do regime, com sua estalinização. Outros foram chamados de volta, considerados pouco fiáveis, e substituídos por "novos quadros". Vivíamos no obreirismo mais aberrante, e em poucos meses o regime transformou os operários de choque em cônsules. É possível ser um excelente operário têxtil, mas para ser cônsul, precisa-se de mais de um ano e, no caso específico a que me refiro, o futuro cônsul fora atropelado por um bonde. Os seis meses que passou no hospital foram, porém, considerados período de formação. Assim, estávamos com funcionários absolutamente incompetentes e, sobretudo, incapazes de dizer duas palavras numa língua estrangeira. Mais que nunca, tornei-me o homem-orquestra porque falava a língua do país e tinha condições de acompanhar a evolução política do Brasil através da leitura da imprensa e de informar meus superiores locais e em Varsóvia. A cada três meses escrevia relatórios sintéticos, de dezenas de páginas, o que representava uma experiência bem maior do que a que me traria a redação de uma dissertação de mestrado.

Toda vez que expressava o desejo de ir para a Polônia me instalar com minha mulher e meus dois filhos, a hierarquia resmungava e me pedia para esperar mais um pouco. Minha mulher improvisou-se professora de português para os novos funcionários recém-desembarcados.

O único dicionário polonês-português existente, compilado por um padre do Paraná, era muito ruim. Resolvemos fabricar um vocabulário polonês-português de cerca de 4 mil palavras, com as explicações gramaticais de base. Fazíamos isso como um "trabalho social", fora do expediente e não remunerado. Os outros membros da legação também deram sua contribuição. Reuniam-se à noite para copiar o vocabulário.

Ao chegarmos à Polônia, em 1954, levamos um exemplar desse vocabulário para o diretor do serviço cultural do Ministério das Relações Exteriores. Ele nos encorajou a transformá-lo em verdadeiro dicionário e nos pôs em contato com uma editora especializada. Assim, mergulhamos no que seria uma das aventuras mais consumidoras de tempo em nossa vida, a redação de um dicionário, que está na terceira edição. Essa empreitada envenenou nossa vida durante cerca de dez anos, por três razões: primeiro, porque é penoso produzir um dicionário quando não se é especialista nessa arte; segundo, porque optamos pela solução mais difícil, a saber, não nos servimos dos dicionários bilíngues passando de uma língua à outra. Pegamos um bom dicionário brasileiro — do Antenor Nascentes —, marcamos as palavras e procuramos sua tradução num bom dicionário polonês. Isso representou, por baixo, dez anos de lazer sacrificado; terceiro, porque sequer foi rentável, pois significou algo como cinco centavos por hora de trabalho para cada um de nós. Mas que orgulho, reconheçamos, ter feito um dicionário que, esclareço, foi publicado depois de iniciado nosso exílio na França, e que a editora polonesa fez questão de publicar com nossos nomes.

A partir do momento em que comecei a trabalhar no serviço cultural polonês no Brasil fui forçado a mergulhar de corpo e alma no país. É esse o paradoxo. Aluno do liceu francês, eu era completamente indiferente à sociedade brasileira; pertencia a uma pequena colônia fechada em si mesma, ou melhor, para ser exato, a duas colônias. Quando me tornei funcionário de um país estrangeiro, mergulhei no país que me acolhia. Vivemos sete anos extremamente ricos no Rio, banhando-nos no que havia de mais representativo da cultura brasileira num momento em que ela estava em pleno desabrochar, depois de assumir sua identidade mestiça durante os anos 1920 e 1930. De quebra, sem pensar necessariamente nisso, me dediquei todos os dias a uma leitura cruzada da trajetória dos dois países, à comparação de suas culturas, à construção de um diálogo.

Em minha cabeça começava a germinar o projeto intelectual maior do estudo comparado e pluridisciplinar do desenvolvimento (ou eu deveria dizer dos desenvolvimentos?). A percepção artística da dimensão social fazia parte disso, assim como a da alteridade. Não foi por acaso que, tentando compreender alguns anos mais tarde, na Polônia, os limites do eurocentrismo, dediquei-me por alguns anos ao estudo da imagem do negro na arte europeia.

CEGUEIRA

Apesar de uma vida brasileira apaixonante em muitos aspectos, eu continuava com o projeto de ir para a Polônia. Pode parecer estranho. Pode-se fazer a pergunta: "Como uma pessoa que tem acesso a todas as informações que circulavam na mídia ocidental sobre a nova Polônia e o 'socialismo real' na União Soviética resolve, mesmo assim, ir para lá?". A resposta é complexa. Primeiro, é preciso se situar nos anos que se seguiram à Segunda Guerra Mundial, com muitas ilusões legítimas a respeito da União Soviética, país que contribuiu decisivamente para a vitória contra o nazismo. Segundo, é a promessa da mudança, a esperança de que o socialismo é portador. O Partido Comunista polonês de antes da guerra possuía um forte componente de judeus, convencidos de que a questão das minorias encontraria uma solução definitiva na emancipação social, na libertação da religião e na assimilação cultural. Depois, eu tinha diante dos olhos aquele menino escondido nos arbustos que dizia: "É bom ser um cachorro". Aquele mundo antigo desabara; construir um mundo novo demanda tempo e não se faz sem acidentes de percurso, escorregões, excessos, e até mesmo aberrações. Mas no momento em que devemos tomar partido, estamos forçosamente de um lado ou de outro.

E aqui intervém a estupidez da Guerra Fria. Durante o processo de Slanski, na Tchecoslováquia, enviavam-me por correio recortes do *New York Times*. E quando ele foi executado, recebi sua foto envolta numa tarja preta, com uma legenda que dizia: "Hoje é ele; amanhã será você". Houve um momento em que tivemos de trancar as crianças em casa, por precaução, pois havia "gente" rondando em torno delas no parque. A esposa de um de meus colegas recebeu um telefonema em que lhe diziam: "Seu marido acaba de ser atropelado por um bonde e morreu". Ela não acreditou porque, naquele dia, o marido saíra atrasado para o trabalho e ainda não podia estar no local do pretenso acidente. Enquanto é assediado por essas histórias, você se obstina. Quando pedi o visto de saída para voltar para a Polônia, fui convocado pelo Ministério das Relações Exteriores, onde um alto funcionário insinuou que podia nos ajudar a refazer nossa vida no Brasil, fora da legação da Polônia. Outra vez, um "amigo" anônimo me telefonou e me propôs um contato com o cônsul dos Estados Unidos.

As notícias que recebíamos da Polônia eram contraditórias. Havia uma parte de propaganda e uma parte de realidade. Sabíamos do entusiasmo com que os varsovianos tinham reconstruído sua cidade inteiramente destruída pela guerra. Sabíamos que as condições materiais de vida eram difíceis. Eu subestimava a hostilidade de uma grande parte da população frente ao que era visto como o controle soviético sobre a Polônia. Sem esquecer que a literatura, o cinema, a cultura europeia contavam então com muitos artistas e intelectuais engajados à esquerda. Eu tinha, nós tínhamos a impressão de estar do lado "certo". Diariamente folheava diversos jornais, por conta de meu trabalho. Não podia deixar de topar com todos os textos violentamente anticomunistas. E além disso iam sendo publicadas as obras críticas sobre o mundo soviético. Penso no livro, de grande repercussão na imprensa, de Victor Kravtchenko. Rejeitávamos isso como sendo propaganda anticomunista, embora houvesse verdade nessas denúncias e análises.

A verdadeira medida só a teremos muito mais tarde, em 1956, depois do xx Congresso do Partido Comunista soviético, durante o qual Kruschev pronunciou o discurso secreto denunciando os crimes de Stálin. Os soviéticos permitiram então que os antigos prisioneiros dos gulags, poloneses ou judeus poloneses, voltassem para Varsóvia. Foi um momento perturbador e apaixonante de minha vida. Posso dizer que entre o mês de março de 1956 e, no mesmo ano, a "primavera em outubro" em Varsóvia — foi o título do editorial do *Le Monde* dedicado a esse acontecimento que levou a uma mudança radical na Polônia —, não me lembro de ter dormido mais de três ou quatro horas por noite, porque discutíamos interminavelmente. Estávamos perplexos com as notícias e sobretudo com os testemunhos em primeira mão.

Ouvi pelo menos dois, que são absolutamente inacreditáveis. O primeiro diz respeito a Berg, que era professor primário em algum lugar no leste da Polônia nos anos 1920. Não era militante, mas suficientemente simpatizante para permitir que os mensageiros do Komintern que atravessavam a fronteira da Polônia com a União Soviética passassem de vez em quando a noite na casa dele. Armaram-lhe uma cilada, pondo literatura subversiva na sua granja, e depois a polícia chegou. Ele conseguiu escapar e se instalar como redator de um jornal para poloneses na Ucrânia soviética. Um belo dia foi preso como espião do governo polonês do marechal Pilsudski. Enviaram-no para algum lugar em Kolyma, perto do polo Norte. Como era corajoso, escrevia cartas de protesto dizendo que se tratava de um erro, de uma falsa denúncia. Uma manhã, o apanharam e levaram em compartimento separado até Moscou, onde o trancafiaram na prisão de Lubianka.

Quando anoiteceu, foi conduzido à presença do chefe todo-poderoso dos serviços de segurança, junto a quem reiterou sua queixa. O chefe falou com ele por meia hora, depois disse ao auxiliar: "Levem de volta o camarada Berg". Atravessaram vários corredores, até uma porta que se abriu. Ele a cruzou e a porta se fechou. Ficou mais de um ano sozinho numa cela, sem saber qual seria seu destino.

Depois, uma noite, a porta se abriu. Ele refez o mesmo caminho, encontrou outro personagem no gabinete do chefe da segurança. Este, em nome do partido e do governo soviético, lhe apresentou desculpas pela maquinação de que fora vítima, urdida pelo traidor que fora seu predecessor. Berg ouviu e perguntou: "Que será de mim agora? — Como? Você voltará a Kolyma para purgar sua pena como espião de Pilsudski".

Ele passou mais de quinze anos no *gulag* até ser libertado e reabilitado, contanto que eliminasse de seu currículo os anos passados na prisão. Berg escolheu viver na União Soviética porque suas filhas tinham se casado por lá. Passei uma noite a escutá-lo, na casa de um amigo.

O segundo testemunho é igualmente edificante. No instituto onde eu trabalhava, apresentam-nos um belo dia a um senhor com uma barbicha bem aparada, à Lênin, e físico típico do dirigente comunista dos anos 1920. O camarada Berger fundara, sob o pseudônimo de Barzillai, o Partido Comunista da Palestina, e, no momento da chegada de Hitler ao poder, era um dos principais representantes do Komintern em Berlim. Foi chamado a Moscou e condenado a vinte anos de *gulag*. Durante um ano Berger dividiu a cela da prisão com um franco-polonês, Jacques Rossi, autor de uma obra capital publicada na França, *Le Manuel du goulag*. Rossi, que foi colega de minha mulher na universidade de Varsóvia, onde ele ensinava francês, percorria o mundo nos anos 1930 como emissário do Komintern. Berger e Rossi, portanto, conviveram na mesma cela, mas como um tinha sido preso por causa do processo da seção alemã do Komintern, e o outro por causa do processo da seção francesa, não se deram conta de que tinham nascido na mesma rua em Varsóvia. Um pretendia ser alemão, e o outro pretendia ser francês.

Berger falava sete ou oito línguas, tinha um conhecimento muito fino da Alemanha dos anos 1930, mas de vez em quando me ligava e dizia: "Jovem, se puder me dedicar uma horinha, conte-me o que aconteceu na América Latina entre 1934 e 1956, porque durante esse período não li um só jornal...". Um dia, dei-lhe *O zero e o infinito*, de Arthur Koestler, curioso de saber como ele reagiria. Devolveu-me o livro três dias depois e me disse: "É um bom romance, mas vê-se que ele não sabe como as coisas se passavam nas prisões soviéticas". De vez em quando surgia um fiapo de confissão. Guardei um, por seu caráter insólito.

Ele estava num campo, em algum lugar na Sibéria, cortando madeira. Descobriu-se uma grande malversação. O comandante do campo arriscava a pele por ter desviado dinheiro. Ele toca o alarme, reúne todos os prisioneiros e ameaça matar um em cada dez se não lhe encontrarem uma solução. Dois sujeitos se adiantam e dizem que sabem o que fazer. Ele pergunta do que precisam. Solicitam quatro contadores e dois engenheiros, que são facilmente encontrados entre os prisioneiros do *gulag*. Em seguida, fazem a planta de construção de uma casa, cujo custo é idêntico à quantia desviada, e a partir daí fabricam toda a papelada necessária para a compra de materiais, tantas tábuas, tantos pregos, isso, aquilo... Paralelamente, fabricam um laudo de incêndio atestando que a casa pegou fogo no verão anterior. Vá encontrar, sob a neve da taiga, os traços de uma casa incendiada! Berger emigrou para Paris, onde vivia seu sobrinho. Creio que publicou um livro de memórias na França e que acabou a vida em Israel.

* * *

Não foi pelas minhas raízes polonesas que quis voltar à Polônia, em nome de um patriotismo qualquer, mas porque tinha me tornado um socialista convicto, um internacionalista. Para mim, era claro que devia voltar para a Polônia. Era lá que podia ser mais útil, mais operacional, bem mais que no Brasil. No meu espírito, voltava para um país socialista, não para a minha pátria. Não imaginava que seis ou oito meses depois de minha volta eu me tornaria um antirrusso, como a maioria dos poloneses.

Dos intelectuais poloneses no Brasil, penso ter sido um dos raros a fazer essa viagem, com exceção de alguns artistas conhecidos que voltaram tão logo terminara a guerra, como a cantora de ópera Wanda Werminska ou a atriz Irena Eichler, para reencontrar seu público e poder se expressar na língua materna. Em compensação, muitos poloneses, sobretudo comunistas que viviam na França, voltaram para a Polônia logo depois da guerra, em parte por convicção e em parte, também, porque eram expulsos, vítimas da Guerra Fria.

Entre as personalidades que serão meus chefes estava Oscar Lange, que passou a guerra nos Estados Unidos. Fora professor de economia da Universidade de Chicago antes de ser nomeado embaixador nas Nações Unidas e depois em Washington. No momento de minha volta, era reitor da Escola de Planejamento e Estatísticas de Varsóvia. Meu *maître à penser*, Michal Kalecki, passara a guerra no Instituto de Estatísticas da Universidade de Oxford, na Inglaterra, e depois ingressara no secretariado das Nações Unidas em Nova York. Voltaria para a Polônia em 1955.

Quanto a meus pais, não queriam voltar para a Polônia, mas não tivemos conflitos a esse respeito. Minha mãe jamais se manifestou, embora deva ter sofrido. Meu irmão era muito garoto para que sua opinião pesasse. Quanto a meu pai, no fundo sempre me apoiou. É muito difícil dizer se era por convicção política ou por amor incondicional. O reencontro milagroso de Pau criara entre nós um vínculo muito especial.

Assim, embarcamos num belíssimo navio italiano, em abril de 1954, e navegamos para Gênova. De lá, iríamos para Milão, Veneza, Viena, e depois Varsóvia.

Reencontrar Varsóvia mutilada — as feridas da guerra, as ruínas ainda estavam muito presentes — foi para mim uma imensa emoção e ao mesmo tempo um choque, embora eu estivesse preparado por filmes, fotos e relatos. Mas digamos que reencontro, ainda assim, a trama da cidade e me sinto imediatamente em casa. Não foi o caso de Viola, que não tinha esse passado varsoviano. Ela sente mais que eu o contraste entre o sol, a luz e a gentileza do Brasil e o cinza polonês. Não simplesmente o céu cinza, mas o cinza que se encontra nas roupas, nas lojas, na cidade tão pouco iluminada e sem nenhum néon. Ela tem um primeiro choque numa mercearia, onde fica na fila como todo mundo. Quando chega sua vez, emprega uma dessas belas fórmulas à brasileira, muito gentis, que começa com um "Por favor, senhorita, eu gostaria...", e nesse instante todas as pessoas da fila lhe gritam: "Já falou muito!". As pessoas estão apressadas, rabugentas, e a civilidade não é de rigor.

Instalam-nos num grande hotel de antes da guerra, onde nos beneficiamos de um aposento de cinquenta metros quadrados, que dividimos, nós quatro, por vários meses, tendo ocasionalmente alguns camundongos. Nossas janelas dão direto para o maior canteiro de obras de Varsóvia. Um bairro bombardeado acaba de ser destruído para ali se erguer o famoso Palácio da Cultura, dádiva de Stálin à nação polonesa. Construção gigantesca, imponente, no meio da imensa praça dos Desfiles cuja travessia, quando sopra o vento de inverno, é uma façanha esportiva. Trata-se de um prédio no mais puro estilo "realismo socialista", com pequenas decorações recolhidas aqui e ali nos monumentos históricos do Renascimento polonês, e objeto de sentimentos muito negativos e de deboche por parte da maioria dos varsovianos, tanto por sua origem como por sua feiura. A seu respeito circulam inúmeras anedotas, como esta: promove-se um concurso de alta-costura, vamos ver quem vai fazer a melhor capa para esconder o arranha-céu! Mas aquela vista pela janela é, mesmo assim, muito instrutiva. E as ruínas ainda são tão presentes em Varsóvia que, três anos depois, quando a caminho da Índia paramos em Roma, propomos aos meninos visitar as ruínas do Fórum e eles retrucam que já viram demais em Varsóvia.

6. O retorno à Polônia

Preparei-me para o retorno durante os três últimos anos que antecederam a partida: reuni uma impressionante documentação sobre o Brasil, enchi oito caixotes com recortes de jornais, documentos, livros, porque queria, quando chegasse à Polônia, aproveitar essa experiência de catorze anos vividos no Brasil e fazer desse país um objeto de pesquisas mais aprofundadas.

As coisas não se passaram como eu esperava. No plano material, vivemos durante praticamente um ano, nós quatro, num quarto de hotel. Não foi nada cômodo, sobretudo com duas crianças pequenas. A burocracia reapareceu, tornei-me objeto de uma disputa entre militares e autoridades civis. Estas pediam meu documento militar para me dar uma carteira de identidade, e as autoridades militares exigiam minha carteira de identidade para resolver meu estatuto no exército. O dossiê acabou indo parar no gabinete do primeiro-ministro. O primeiro encontro com a pátria foi um tanto escandaloso, porque na fronteira tentaram desviar nossas bagagens, com o pretexto de que não tiveram tempo de controlá-las durante a parada do trem. Era uma operação dos alfandegários locais, agindo por conta própria. Não me deixei enganar.

No dia seguinte à nossa chegada a Varsóvia vou ao Ministério das Relações Exteriores e anuncio que não desejo continuar a trabalhar nessa instituição, pois creio que serei mais útil como pesquisador e penso numa carreira acadêmica. A chefe do pessoal fica radiante. Eu lhe facilito a tarefa, pois tendo em vista minhas origens sociais, não era feito para ser diplomata da Polônia socialista, o que sem dúvida ela se preparava para me explicar. Logo marca para mim um encontro com o diretor do Instituto Polonês de Relações Internacionais, Juliusz Katz Suchy, ex-embaixador nas Nações Unidas, que eu tinha conhecido no Rio, onde ele parara ao voltar de uma missão na CEPAL, em Santiago do Chile. É um personagem singular, que terá grande influência em minha vida. Um comunista de antes da guerra, judeu, ex-prisioneiro do campo de concentração de Bereza Kartuska — onde o regime polonês de tendências fascistas trancava os elementos julgados subversivos — e, depois, estudante de direito em Praga. Passa a guerra na Inglaterra, torna-se a estrela ascendente do Ministério das Relações Exteriores e, muito moço, é nomeado delegado polonês junto às Nações Unidas. Temido polemista, conhecido pelas respostas afiadas, seu senso de humor e seu repertório inesgotável de anedotas judias lhe valem, no círculo diplomático internacional, e depois jornalístico, amizades sólidas e inimizades virulentas. Sua carreira brilhante é interrompida por um golpe de azar, um acidente de carro nos Estados Unidos, em excelente companhia, que não era a de sua esposa.

Em Varsóvia, os mais altos responsáveis do governo o consultam por seu conhecimento da cena internacional. Ele dirige o instituto, tem assento na direção coletiva do Ministério das Relações Exteriores e ensina na Academia Diplomática, antes de se tornar professor de relações internacionais na Universidade de Varsóvia. Um sindicalista, aluno da Academia, que era feita para fabricar em poucos meses diplomatas fidedignos para o regime, lhe pergunta um dia: "Camarada professor, quais são os atributos que deve ter um embaixador da Polônia popular?". Katz Suchy olha para ele e responde: "Ele deve contratar um excelente cozinheiro e aprender a se calar".

Assim, ele me recebe e diz: "Conheço o seu *curriculum vitae*, sei quem era o seu avô. Mais cedo ou mais tarde vão lhe criar aborrecimentos por causa disso. Não se preocupe, venha para cá, vou ajudá-lo. Você está empregado a partir de segunda-feira". Respondo-lhe igualmente seco: "Espere, tenho sete meses de férias a recuperar. — Está brincando?, ele me retruca. Para sete meses seria preciso a autorização do primeiro-ministro, e de qualquer maneira nunca se viu isso num país socialista; no máximo, três meses de férias, que você tirará aos pouquinhos. Preciso de você. — Mas por que precisa de mim? — Porque no outono (estamos em maio), devemos publicar um volume sobre as origens da Segunda Guerra Mundial. Você lê francês, lê inglês, lê português, preciso de gente que me constitua a documentação para esse volume. Você vai começar na segunda-feira". Ele estava decidido, era determinado e afirmativo. Por mais que eu lhe dissesse que queria trabalhar sobre o Brasil, que estava trazendo oito caixotes de documentos a explorar, ele não quis saber de nada. Disse-me até que pagar um assistente de pesquisa para trabalhar sobre um só país do Terceiro Mundo era um luxo que a Polônia não podia se permitir! Para me amaciar, anunciou-me que quando tivéssemos publicado o volume sobre as origens da Segunda Guerra Mundial eu poderia me ocupar da América Latina, da Ásia e da África, mas nada de me concentrar no Brasil.

Apesar desse pequeno contratempo, as coisas se arranjam, ao menos profissionalmente. De seu lado, Viola, graças a seu excelente inglês, é contratada pela responsável do departamento de letras anglo-americanas na Universidade de Varsóvia, Margaret Schlauch. É uma pesquisadora conhecida mundialmente por seus trabalhos sobre as sagas islandesas, ex-professora de literatura da Universidade de Nova York. Emigrou para a Polônia em 1950, seguindo seu cunhado, o físico Leopold Infeld, que colaborou de perto com Einstein e foi autor de um livro traduzido em várias línguas sobre a teoria da relatividade, e que decidira sair dos Estados Unidos em sinal de protesto contra o macarthismo. Sua volta para a Polônia, onde a Academia de Ciências o cobriu com todas as honras, teve tanta repercussão na imprensa como a do compositor Hans Eisler, de volta a Berlim Oriental.

O diretor do instituto me recomenda a diversos jornais, começo a escrever para revistas, e o principal diário de Varsóvia me chama quando ocorrem acontecimentos importantes na América Latina. Houve no Brasil o suicídio de Vargas e, no ano seguinte, serei solicitado por ocasião da queda de Perón, na Argentina. Portanto, quanto a trabalho vai tudo bem. Para nossos filhos é mais complicado porque só falam português. Têm quatro e dois anos e frequentam a escola maternal do Ministério das Relações Exteriores, que, porém, está habituada com crianças que não falam muito bem o polonês. Um belo dia, minha mulher é convocada pela diretora do estabelecimento, que lhe diz: "Que língua esquisita esse português! — Por quê? — Porque todas as palavras acabam com o mesmo sufixo". Ela mostrava objetos aos nossos meninos, perguntando como se chamavam em português, e eles debochavam designando-os de "mesa-cu", "cadeira-cu" etc. A diretora deduzira que "cu" era um sufixo presente em todas as palavras portuguesas. Depois de um breve momento de constrangimento para explicar as diferenças entre as duas línguas, tudo entrou nos eixos.

Como era de esperar, o livro para o qual Katz Suchy precisava imperativamente de mim nunca foi publicado, porque jamais encontramos a maneira de evitar abordar o pacto germano-soviético de agosto de 1939. Mobilizamos juristas, historiadores, diplomatas, em vão, pois não podíamos passar em silêncio um acordo desses nem nos desacreditar publicando a interpretação oficial soviética. No que me diz respeito, não perdi meu tempo, li numerosos relatórios de diplomatas e aprendi muita coisa.

FOTOS DE FAMÍLIA

Meus artigos nos jornais poloneses tiveram um efeito inesperado. Certa manhã, meu antigo preceptor me telefona. Era um *boxeur* decadente, que posava de professor de ginástica. Dera aulas de ginástica a meu pai, e depois fora contratado para acompanhar a meu irmão e a mim, cuidando de nossas atividades esportivas durante as férias. Acompanhou-nos até a fronteira romena, e quando saímos da Polônia foi ele que recebeu as chaves da casa a fim de cuidar das coisas e pôr em lugar seguro as obras de arte. Em 1954, quando cheguei à Polônia, não havia rastro dos quadros da coleção de meu pai, pilhada ou destruída pelos alemães. As buscas feitas pelo governo não tinham dado em nada. De qualquer maneira, na época não havia nenhum processo de indenização. E além disso, eu voltava para a Polônia por motivos ideológicos, e não para recuperar o patrimônio familiar.

Ele me telefona e pede para me encontrar. Marcamos um encontro. Começo a me preocupar, o que vai exigir de mim? No meio do almoço faço a pergunta: "Como vive?". Ele responde, com voz queixosa: "Mal. — O que anda fazendo? — Sou inspetor das fazendas particulares que criam animais para a fabricação de peles". Na época, uma ocupação um bocado insólita. Interrogo-o sobre seu salário. "Uma miséria", ele diz, revelando uma quantia quatro vezes maior que meu salário de assistente!

Põe-se a me contar histórias inacreditáveis. Como salvou 146 pessoas do gueto, não sem me esclarecer que possui as cartas de agradecimento! Como foi ferido por ocasião do levante de Varsóvia e, qual Mao Tsé-tung (ele não conhecia essa história), atravessou o Vístula a nado, tendo uma bala no fígado. Finalmente me diz: "Quer que eu lhe dê o endereço do camponês em cuja casa, perto de Cracóvia, escondi os quadros de seu pai, e que passou a mão neles?". Respondo com um ditado polonês: "O que era e já não é não mais figura no registro". "Mas — ele me diz —, arrumamos um abrigo especial para guardar os quadros, que custou uma fortuna... — Isso não me interessa!" E nos despedimos.

Dois meses depois, novo telefonema: "Ao arrumar meu sótão, encontrei fotos de sua família, venha buscá-las". Ele morava num bairro mal-afamado, onde se podia cruzar com um bandido que, com um tijolo na mão, propunha que o passante o comprasse. Caso o passante recusasse, o tijolo aterrissava sobre sua cabeça. Era a modalidade local para aliviá-lo de sua carteira. Tive medo de ir lá sozinho, e um colega me acompanhou.

Bati à porta indicada, no quinto andar, bloco dos fundos. A porta se entreabriu, uma voz feminina pronunciou o diminutivo pelo qual me chamavam quando eu era bem pequeno. Supus que se tratasse de minha antiga governanta. Ela disse: "Um momento", fechou de novo a porta, depois voltou e me entregou um embrulho grande. Voltando para casa, abri o pacote, que continha certo número de fotos e duas tapeçarias. Foi o preço de meu comportamento. Estou convencido de que se tivesse manifestado o menor interesse pelos quadros, hoje não estaria vivo. De fato, muito mais tarde fiquei sabendo que esse sujeito vendera os quadros que pertenciam a meu pai. Junto com as duas tapeçarias havia um pequeno vaso russo. Essas tapeçarias, depois de muitas peripécias, estão penduradas no nosso apartamento parisiense, onde o pequeno vaso também encontrou seu lugar...

Alguns anos depois, quando já morávamos em Paris, meus pais foram nos visitar e me desculpei com eles por minha ausência no jantar, pois devia ir à casa de um certo Monsieur de Rosen, líder dos industriais franceses do açúcar e conselheiro do papa. Ele organizava uma recepção para Maurice Strong, diretor do Programa das Nações Unidas para o Meio Ambiente (PNUMA), com quem eu trabalhava. Acrescento que De Rosen tinha origens bálticas. Meu pai então escreve numa folha um endereço em Estocolmo e me encarrega de perguntar a De Rosen se o conhece. Foi lá que meu avô adquiriu aquele pequeno vaso, ao comprar, em 1916, o apartamento do primeiro secretário da embaixada czarista, que também se chamava De Rosen. Horas depois, num palacete em Versalhes, pergunto ao nosso anfitrião: "Desculpe minha impertinência, mas conhece este endereço? — Conheço, sem a menor dúvida, foi onde nasci!".

PRIMEIRAS PUBLICAÇÕES

Em 1954, um colega — aquele que foi cônsul em São Paulo — e eu recebemos a encomenda de escrever em poucos meses dois livrinhos. Um devia descrever como viviam os camponeses na América Latina, tendo-se em vista uma campanha para eleições municipais na Polônia. Pensaram que os camponeses poloneses adeririam ao socialismo se soubessem em que miséria viviam as massas camponesas da América Latina. No entanto, se havia algo duro de engolir nessa época era a verdade sobre o mundo capitalista. Aos olhos da opinião pública, o capitalismo tinha todas as qualidades! O livrinho teve uma tiragem de 18 mil exemplares, que venderam muito mal. Por dois ou três anos ainda estava disponível nas agências de correio rurais.

No país das plantações de café era a continuação, centrada no Brasil. Esses dois livros foram escritos enquanto estávamos, nós dois, morando no hotel, ele com mulher e filho num quarto, e nós em outro. Escrevemos no banheiro, para não incomodar as crianças. Um se sentava na privada e outro na banheira, e fabricamos assim esses dois livros que foram os primeiros que publiquei na Polônia.

Pouco a pouco, no Instituto tornei-me o primeiro "Senhor Terceiro Mundo", ao lado de Zofia Dobrska, uma colega que se ocupava da África e que, como eu, breve se tornaria colaboradora de Mikhal Kalecki, ocupando-se do secretariado científico de seu seminário. Dobrska escreveu um livro importante sobre a escolha das técnicas, suscitando um debate frutuoso com Amartya Sen, indiano, futuro prêmio Nobel de economia, autor de uma tese sobre o mesmo tema, defendida em Cambridge. Ela aprofundou seus conhecimentos acerca da África ao se ligar, como professora, à Universidade de Dar Es-Salaam, na Tanzânia. Ao longo de toda a minha temporada na Polônia, foi para mim uma interlocutora preciosa e uma amiga dedicada.

A expressão Terceiro Mundo foi inventada por Alfred Sauvy e Georges Balandier em 1952 e logo aceita e popularizada. Por conseguinte, creio que já a utilizávamos nessa época, mas a terminologia oficial, ou seja, a linguagem do blábláblá, preferia o termo "países fracamente desenvolvidos da Ásia, África e América Latina". Em relação aos "países atrasados" já era um passo adiante. Seguíamos a evolução da "diplomacia por terminologia", segundo a expressão de Gunnar Myrdal, em que as Nações Unidas ditavam a moda. Devo dizer que, contrariamente ao que se poderia pensar, os pesquisadores como nós recebiam toda a literatura mundial sobre nosso assunto, fosse qual fosse a origem. Eu lia as principais revistas americanas, inglesas e francesas e punha tudo em fichas, que em seguida ninguém consultava. Isso era uma de minhas tarefas. Minha produtividade como pesquisador era avaliada pelo número de fichas preenchidas no mês.

Não era por acaso que contávamos a história dos dois leões levados do jardim zoológico para substituir os porteiros do Instituto, cujos salários pesavam muito no orçamento do Estado. Tudo corre bem durante duas semanas, até o momento em que um dos leões devora uma faxineira. Então é preciso levar os leões para a jaula no zoológico. Durante a viagem, o motorista do caminhão ouve as recriminações que o segundo leão faz a seu companheiro flagrado em erro: "Seu idiota, perder assim um posto na administração pública com direito a aposentadoria! O que foi que te deu de comer uma faxineira? Eu comia dois pesquisadores por dia e ninguém notava!".

Outra função consistia em ser "bombeiro"— é o termo apropriado. Em caso de extrema urgência, o serviço do diretor exigia de mim, dali a duas horas, por exemplo, quatro citações da imprensa ocidental que dissessem isto ou aquilo. Não me pediam para reproduzir o que a imprensa ocidental escrevia sobre este ou aquele assunto, mas para encontrar na imprensa citações com o significado desejado. Eram exercícios muito perigosos, e várias vezes me contive para não fabricar citações. Se eu produzisse um belo parágrafo sobre a necessidade de reconhecer definitivamente a fronteira ocidental da Polônia, atribuindo-o a uma *Voix du Périgord* de 15 de setembro de 1955, inventada do início ao fim para a ocasião, aposto que ninguém iria verificar se tal artigo existiu algum dia. Mas nunca fiz isso.

O segundo tipo de encomendas era ainda mais temerário, porque me diziam, por exemplo: "Encontre-me esta e aquela citações de Lênin". Ora, por uma razão que não explico, enquanto no mundo inteiro houve gente que fabricasse concordâncias da Bíblia e de outras obras, nunca se produziu — o que teria sido uma ferramenta extraordinária para os citatólogos — uma concordância das obras completas dos clássicos do marxismo. O autor da encomenda se lembrava de um pedaço da citação mas não se lembrava onde a pinçara nem como encontrá-la. Infelizmente, ainda não existiam os computadores.

Eu completava meu orçamento escrevendo muito, mas também traduzindo, pois as traduções eram muito bem remuneradas. Tudo o que era escrito e publicado era bem pago na Europa do Leste. Instalou-se um sistema de corrupção institucional dos intelectuais incitando-os a uma autocensura permanente para não entrar em conflito com a censura, mais ou menos meticulosa dependendo das épocas, mas onipresente — só escapavam as publicações do Comitê Central do Partido. Até mesmo os textos mimeografados para uso dos estudantes deviam ser submetidos à censura. Os trabalhos escritos eram pagos pelo número de palavras, portanto os matemáticos não conseguiam ganhar a vida, enquanto pessoas tão prolixas como os pesquisadores em ciências sociais iam muito bem, obrigado.

Eu também dava conferências. Havia uma espécie de universidade aberta que funcionava nas fábricas. Enviavam você para lá com um tema político; para mim, eram evidentemente os movimentos de libertação nacional e o Terceiro Mundo. De vez em quando, pediam-me para escrever um folheto. Uma vez escrito, era habitualmente avaliado pelos funcionários da seção de propaganda do Comitê Central, rabinos muito bem cotados em matéria de citatologia. Um dia, fiz uma brochura sobre os movimentos de libertação nacional. O avaliador considerou o trabalho perfeito, mas lamentava que nas páginas xis e ípsilon faltavam a citação de Marx que dizia isto e aquilo. Consultei todos os outros "bombeiros" e todos os citatólogos da cidade e não consegui encontrar essa citação. Com cara e coragem, telefonei para esse funcionário do Comitê Central. "Camarada, desculpe, não consigo encontrar a citação que deseja que eu coloque no texto." Ele me respondeu que não podia falar naquele momento e bateu o telefone. Fiquei perplexo. Uma hora depois, a rádio anunciava a morte do primeiro-secretário do POUP, Boleslaw Bierut, ocorrida em Moscou, durante o XX Congresso do Partido Comunista soviético, vítima de um infarte ao ouvir as revelações de Nikita Kruschev sobre Stálin. Com certeza eu tinha caído no funcionário que devia escrever o necrológio.

As fichas de leitura nem sempre eram apaixonantes, mas me ensinaram a escrever depressa. Impus-me nessa época uma regra de higiene intelectual, a saber, publicar tantas resenhas de livros quanto conseguisse. Os redatores das revistas acolhem de bom grado colaboradores benévolos para a seção das resenhas. E é um magnífico aprendizado para desenvolver a capacidade de análise e expressão. Sem falar dos conhecimentos que, assim, recolhemos. Quando soube que Nehru devia ir à Polônia, preparei vários resumos de livros sobre a Índia, a começar por *A descoberta da Índia*, de sua autoria — uma obra capital — e *Conversações com Nehru*, de Tibor Mende. Além disso, trabalhei na edição polonesa da Constituição indiana. E como antes tinha sido encarregado de editar um volume de documentos sobre a Conferência de Solidariedade Afro-asiática, reunida em Bandung em 1955, a Índia tomou um lugar importante no meu horizonte intelectual. Tanto mais que eu começava a elaborar a problemática de minha tese de doutorado, que devia ser sobre o papel do Estado no desenvolvimento dos países do Terceiro Mundo, e na qual eu pensava em opor o "modelo indiano" ao "modelo japonês" para delimitar o campo das diferentes modalidades da intervenção do Estado.

Nessa época, Varsóvia se soergue de suas ruínas. Em certos bairros custo a encontrar minha cidade natal. Os cafés, por exemplo, não são os mesmos. É verdade que a animação continua — as moradias são desconfortáveis e volta e meia divididas entre várias famílias, por isso as pessoas vão conversar nos bares — mas o ambiente não é mais o de antes da guerra. No local do gueto, um novo bairro é construído sobre as ruínas transformadas em aterro, novas vias monumentais são abertas, imóveis surgem aqui e acolá, em geral no estilo do realismo socialista. Cocteau, de passagem por Varsóvia, se espantará com esse mau gosto, ao passo que a cidade velha, totalmente reconstruída, é, para ele, comovente. Trata-se de um *remake*, mas executado com talento. Então ele se vira para o arquiteto-chefe de Varsóvia, apontando-lhe com o dedo um bairro novo em folha, no estilo realismo socialista, e o interpela: "Por que vocês reconstruíram esse horror?". Essa viagem do poeta me lembra outra história. Servem-lhe um excelente jantar, e Cocteau pede para encontrar o *chef* e felicitá-lo. Este, muito idoso, começou sua carreira na corte dos Romanov, em São Petersburgo, antes da Primeira Guerra Mundial. Fala um francês rebuscado e antiquado. No final da conversa, Cocteau se vira para os convivas e diz, com graça: "Estranho país este em que os cozinheiros falam francês e o ministro da Cultura não fala".

Varsóvia é uma cidade que gosta de seu rio, o Vístula, mas não soube aproveitá-lo. Ele corre por mil quilômetros, dos Cárpatos ao Báltico, e atravessa Cracóvia, Varsóvia e atinge o golfo de Gdansk. Varsóvia fica numa das margens, e seus arredores, chamados de Praga — como a capital da República Tcheca —, na outra. Praga sempre teve um jeito meio suburbano, e a cidade jamais se virou para a água, o que poderia ter feito abrindo passeios na beira do rio. E embora o Palácio Real domine o Vístula e ofereça uma linda vista para a paisagem fluvial, só cuidaram das margens do rio muito recentemente. Aliás, há pouquíssimas pontes. Na história recente de Varsóvia, o Vístula tem um papel trágico, pois os soviéticos que estavam em Praga, na outra margem, nada fizeram para atravessar o rio e ajudar o levante de Varsóvia em 1944. Deixaram os alemães destruir a cidade, matar centenas de milhares de pessoas, alegando que o levante, decidido pelo governo polonês do exílio em Londres, era prematuro, mal preparado, e que as condições militares não eram boas para cruzar o Vístula. Em todo caso, essa tese é fortemente contestada no imaginário das pessoas. O ódio que muitos poloneses sentem pelos soviéticos é, entre outras razões, motivado por esse episódio. Para mim, a travessia do Vístula era o caminho que levava ao zoológico. Sempre gostei de ir ao jardim zoológico, em criança, e mais tarde com meus filhos.

A vida cotidiana era muito difícil em razão da escassez de certos produtos, das más condições de abastecimento e da feiura incômoda da maioria dos artigos industriais. Aconteceu-nos várias vezes, sobretudo à minha mulher, sermos parados na rua por alguém que propunha comprar o vestido ou o mantô que ela usava, trazidos do Brasil. Havia muita penúria! Não chegávamos aos uniformes à Mao, mas não estávamos longe disso! O abastecimento no dia a dia era irregular e complicado.

Instalados no hotel, demos em seguida um trocadinho à camareira, que imediatamente nos trouxe seis rolos de papel higiênico, dizendo-nos: "Vai ser útil". Tratava-se, como iríamos ficar sabendo, de um artigo raro. Uma bela manhã, Viola foi à universidade e passou defronte de uma loja repleta de papel higiênico. Não hesitou e comprou doze rolos, que prendeu com um barbante. Chegando à universidade, cruzou com o decano e não soube muito como se comportar. Ele a cumprimentou e lhe perguntou: "Onde os encontrou?". Se por falta de sorte os sapatos correspondendo ao tamanho dos que seu filho calçava tivessem sido enviados a Cracóvia e não a Varsóvia, você precisava encontrar alguém em Cracóvia para que os comprasse lá e lhe mandasse pelo correio. Ao comprar um artigo industrial, um aparelho de rádio, por exemplo, era prudente checar se não tinha sido fabricado nos últimos dias do mês, quando os operários faziam o trabalho malfeito e o controle técnico ficava indulgente, para atingir a todo custo a cota da produção mensal da qual dependia a gratificação. Felizmente, a data de fabricação era indicada em cada aparelho.

Havia uma profusão de anedotas sobre o mau abastecimento, algumas ferozes. Uma delas: estamos em Moscou, faz muito frio, as pessoas reunidas diante do açougue tiritam. O açougueiro abre a loja e anuncia: "Hoje haverá pouca carne", e pede aos judeus que saiam da fila. Em seguida, torna a fechar o açougue. Duas horas depois, reaparece para anunciar que haverá pouquíssima carne e somente para os membros do partido. Passam-se mais duas horas e o açougueiro anuncia aos camaradas que nesse dia não haverá carne. Comentário do último grupo de fregueses decepcionados: os judeus sempre se dão bem. Na verdade, nem todos os camaradas devem ficar mofando nas filas. Para os mais iguais, aqueles que pertencem à nomenclatura, funcionavam lojas especiais conhecidas como "cortinas amarelas", cujas vitrines se escondiam pudicamente atrás das cortinas fechadas para que os passantes menos iguais não sentissem muita inveja.

Era, ainda assim, um cotidiano muito diferente daquele que tínhamos conhecido e contrastava com a vida mais fácil, a luz, o sol de um país tropical e, sobretudo, com a gentileza dos brasileiros. O que vai nos ajudar a suportar esses contínuos contratempos é o trabalho. Ele é apaixonante; os jovens, como nós, têm todas as chances, pois há falta de intelectuais. Viola é recebida de braços abertos na universidade. Desde o início temos, ela e eu, um trabalho interessante e uma vida intelectual rica. Os teatros são numerosos e de qualidade — o que difere do Brasil — e a preços que desafiam a concorrência; os livros também são baratos. Muita gente se beneficia, por seu sindicato, de uma casa de repouso para passar férias a preços acessíveis. Em compensação, se os serviços públicos não são onerosos, os bens particulares são raros e quase sempre caros. Quanto ao apartamento, é mesmo um privilégio. Quando finalmente se consegue um, é modesto. Por exemplo, atribuíram para nós quatro um quarto e sala de 46 metros quadrados. Na verdade, ali vivem cinco pessoas, pois tivemos de empregar alguém para cuidar das crianças e da casa durante nossas ausências. Essa pessoa dorme numa cama dobrável, na cozinha. Somos objeto de todas as invejas e de todas as cobiças, porque obtivemos esse apartamento em um ano, quando há gente que espera mais de cinco, e mesmo dez! O aluguel é ridículo, já que a moradia é, na época, um serviço social. Nos anos seguintes, muito depressa voltarão atrás nessa ideia, pois a demanda era bem superior à oferta. Em certos canteiros de obras da nossa vizinhança, os operários eram prisioneiros trazidos toda manhã da prisão. Construíam prédios para os funcionários do Ministério da Segurança, vigiados por policiais; era, no mínimo, chocante.

A moça que empregamos não era muito bem paga. Não muito, mas o salário de minha mulher ia inteiro nisso. Era uma camponesa, uma pessoa maravilhosa, bastante responsável, e que cuidava bem de nossos filhos. Mas quando eles pediram um bichinho, ela se recusou a aceitar um gato ou um cachorro, que faziam muita sujeira, embora aceitasse uma cabra, que poderia ficar morando na varanda! Esse episódio nos revelou determinada mentalidade. Aliás, ficamos sabendo que, em certos grandes conjuntos habitacionais, os banheiros abrigavam porcos... A moça era oriunda de um campo vizinho a Varsóvia, mas a quarenta, cinquenta quilômetros da capital já começava um mundo.

O que nos ajuda, sobretudo, é a formação de uma rede de conhecimentos e amizades. Encontro uma prima, uma das raras sobreviventes da guerra. Ela é jornalista e casada com Klemens Szaniawski, filósofo e professor universitário, que mais adiante se tornará uma das figuras de proa da dissidência polonesa. Na época, ele divide o tempo entre a universidade e uma editora. Wladyslaw Czajka, meu antigo chefe na embaixada do Rio, onde era primeiro-secretário — em Varsóvia, é diretor adjunto do Instituto da Construção de Moradias —, e sua mulher nos recebem de braços abertos. É quase uma troca que fazemos, pois o filho único deles ficou no Brasil, onde se casou, e nossos pais também ficaram no Brasil e começam a agir quase como pais substitutos! Encontro também alguns raros amigos de meus pais, e depois estabelecemos contatos nos locais de trabalho, com os colegas, e também com os raros primos de minha mulher que escaparam às torpezas da guerra. Assim, temos finalmente relações diversificadas e um tanto calorosas. A única sombra é o domingo, esse dia triste em que Viola, sobretudo, pensa no Brasil e fica melancólica. Em 1955 ela consegue, não sem dificuldade, convencer as autoridades a concederem um visto para sua mãe, que vem passar dois meses conosco. Em 1957, é Viola que vai ao Brasil com nossos dois meninos. Volta com uma doação de mil obras brasileiras para a universidade de Varsóvia, já que, na época, ela também ensinava português. As autoridades brasileiras ficaram contentes de oferecer uma biblioteca que, imagino, ainda deve existir.

Muito depressa me reconcilio com Varsóvia. Evidentemente, vou olhar o que aconteceu com o prédio em que nasci. Foi reconstruído, mas amputado de suas varandas e de um andar, e abriga a sede de uma editora. Um pequeno bar, no térreo, permite aos escritores se encontrarem e conversarem. O prédio em que moramos nos três anos antes da guerra ficou incólume, e por isso foi requisitado para a embaixada soviética. O prédio ocupado pelo banco familiar não existe mais, pois o local, totalmente destruído, foi transformado numa praça. Os arredores de Varsóvia continuam a ter alguns pontos particularmente atrativos, em especial um maravilhoso pequeno Palácio Real, em Wilanow, construído no fim do século XVII, que é um lugar de passeios dominicais.

Frequento novamente os museus. O do Exército faz a felicidade de meus meninos como fez a minha quando eu era criança.

A reconstrução exige grandes meios. O novo governo deve agir em várias frentes e o consegue, puncionando o povo, mas na base de um voluntariado obrigatório! Explico-me. Por exemplo, ao lado do museu de Varsóvia ergue-se a Casa Branca, sede do Partido Comunista. Doamos "voluntariamente" um mês de salário, todo ano, para sua edificação. As solicitações de atos "voluntários" são inúmeras. Assim, por exemplo, eu e meus colegas do Instituto somos requisitados e devemos contribuir para a reconstrução da cidade. Escavamos buracos num parque, de manhã, e, ao que parece, as turmas da tarde são encarregadas de aterrá-los, já que os construtores do parque não sabem o que fazer com uma mão de obra inexperiente; e isso parece pura e simplesmente um rito. Sobre os trabalhos voluntários também correm muitas histórias. Como os estudantes devem ir para os campos no momento das colheitas, conta-se que uma turma deles chega a uma aldeia e o presidente da cooperativa local lhes pede para refazer uma cerca. Os estudantes começam e terminam numa manhã. O presidente fica muito satisfeito. No dia seguinte, leva-os a um celeiro e pede que selecionem as batatas, as boas à direita e as ruins à esquerda. À noite, o trabalho não está terminado. O presidente se espanta, os estudantes explicam que, naquele caso, era preciso tomar decisões!

A bem da verdade, esses estágios de estudantes nos campos são improdutivos, mas sem gravidade. Em compensação, mais destrutivos são os cursos de marxismo, ou melhor, de uma vulgata sem interesse. As pessoas um pouco mais qualificadas, como eu, são enviadas para assistir a aulas magistrais na Oficina Central de Planejamento, num anfiteatro de trezentos ou quatrocentos lugares. Ali, professores universitários contam coisas um pouco menos caricaturais. Mas, de qualquer maneira, é obrigatório e detestado por todo mundo!

Fora isso, há uma profusão de conferências sobre os mais diversos assuntos, o que me permite ganhar um dinheirinho extra. Logo me torno um conferencista muito apreciado sobre os problemas do que hoje se chamaria o Terceiro Mundo, os movimentos de libertação nacional, o imperialismo etc. E ocasionalmente houve episódios um tanto curiosos, como a vez em que a Escola dos Oficiais de Polícia me convidou e mandou três policiais fardados irem me buscar. Os vizinhos ficaram convencidos de que eu estava sendo preso e foram indagar minha mulher sobre qual era a minha situação... Assistir a essas conversas, além das horas de trabalho, não encantava ninguém. Em contrapartida, havia um conferencista muito popular que atraía multidões: um mágico!

É difícil imaginar modos de vida mais contrastados que aquele que conhecemos no Brasil e o que conhecemos na Polônia.

A "PRIMAVERA EM OUTUBRO"

Para entender o que alguns chamam de "primavera em outubro", isto é, os acontecimentos de 1956, é preciso recuar a pelo menos dois anos antes. É em dezembro de 1954 que uma reunião interna do Partido começa a questionar muitas coisas. Em 1955, há o famoso poema de Wazyk, que mostra que por trás da propaganda flamejante do novo regime, da construção do socialismo, da cidade industrial moderníssima de Nowa Huta (ao lado de Cracóvia), há muitas coisas que andam mal, e que a transplantação dos camponeses para o meio urbano provoca traumatismos inacreditáveis. Em suma, publicam-se sobre a realidade cotidiana reportagens negras que nos aproximam um pouco mais da verdade. Há reuniões tumultuadas na Associação dos Escritores Poloneses, as línguas se soltam, a contestação se afirma, a antiga ordem vacila.

Isso não impede que alguns fiquem totalmente alheios ao que está se operando na sociedade, como Parandowski, esse eminente especialista da cultura italiana que interpela os colegas escritores: "Vocês ouviram, vocês ouviram! Parece que esse russkoff — ele sequer conhece o nome de Kruschev — disse maldades sobre Stálin". Ele acabava de terminar a redação de uma biografia de Petrarca e estava mergulhado no luto de seu herói... Mas outros, ao contrário, esforçam-se para controlar o curso dos acontecimentos.

No verão de 1956, os altos dignitários do Partido fazem uma pequena peregrinação a Beijing, onde conseguem o apoio de Mao Tsé-tung. É a fase liberal do líder da Revolução Chinesa, quando ele encoraja seus compatriotas a fazer que cem flores floresçam e o pluralismo de opiniões se afirme. Uma heresia ideológica na Polônia não pode desagradá-lo, sobretudo porque enfraquece o domínio da União Soviética sobre seus aliados.

E assim, em outubro, dá-se a convocação do Comitê Central, que deve mudar tudo. Preparam-se para nomear Gomulka como primeiro-secretário. Ele é um dos fundadores do POUP, a agremiação que, depois da guerra, sucedeu ao Partido Comunista; depois de ter sido o seu primeiro-secretário, foi afastado por desviacionismo de direita e encarcerado. Sobre seus desvios, contava-se a seguinte piada: três pessoas se encontram numa cela de prisão e se apresentam dando o motivo do encarceramento. Uma diz: "Gritei cedo demais: abaixo Gomulka!". A outra diz: "Gritei tarde demais: viva Gomulka!". E a terceira diz: "Eu sou Gomulka".

Instala-se um novo regime, não exatamente aquele desejado pelos soviéticos, mas com com a duvidosa bênção deles. A história se passa assim: um avião pousa no aeroporto de Varsóvia e desse avião descem Kruschev, praticamente todo o gabinete político do Partido Comunista da União Soviética (PCUS) e uns vinte marechais e generais, que logo pegam o caminho das diversas guarnições soviéticas, na época muito numerosas na Polônia. O gabinete político polonês é convocado com urgência e os recebe no galpão do aeroporto. Entre eles está Gomulka. Kruschev o aponta com o dedo e pergunta: "Quem é?".

Começa então uma negociação que dura o dia inteiro, e os soviéticos aceitam que os poloneses façam sua experiência. Ao olharmos o mapa, logo compreendemos a razão. A Polônia está numa ratoeira. Há os alemães orientais de um lado, a União Soviética de outro, a Tchecoslováquia ao sul. A marinha soviética domina o Báltico, e sempre terá tempo de fazer uma intervenção militar. Aliás, dias depois um engraçadinho publica, num jornal de Varsóvia, o seguinte anúncio: "Posição geográfica a trocar por uma melhor". Nessa época de penúria de moradias, os classificados estão repletos de propostas de trocas, do tipo "Troco um cômodo com banheiro por quarto e sala pagando a diferença" etc.

Mas o paradoxo é que essa posição geográfica é que salva a Polônia em 1956 e em 1981, ao passo que os húngaros são invadidos em 1956 e os tchecos em 1968, porque têm a infelicidade de possuir uma fronteira ocidental. Portanto, os soviéticos se retiram. Enquanto isso, as tropas polonesas tinham tomado posição para barrar o caminho ao exército russo, e estávamos à beira de uma carnificina. Os poloneses não teriam hesitado em lutar contra os russos. Entre as inúmeras anedotas polonesas há uma, bastante sinistra, que traduz muito bem o estado de espírito da população: pergunta-se a um polonês se prefere lutar contra os alemães ou contra os russos. Ele responde: "Primeiro o dever, depois o prazer". Isso decorre de uma tradição de mil anos de guerras e conflitos.

Portanto, as coisas se arranjam. Algo absolutamente inacreditável: à noite circula uma edição extra dos jornais e as pessoas dançam nas ruas de Varsóvia às duas horas da madrugada. É nessa ocasião que *Le Monde* publica o famoso editorial de Philippe Ben — correspondente do jornal em Varsóvia, e originário da Polônia —, com o título "A primavera em outubro em Varsóvia". Para compreender os sentimentos dos poloneses na época, convém saber que uma das palavras de ordem que circulava na rua era: "Abaixo o pequeno Estado-tampão entre a Polônia e a China". Mas enquanto os chineses tinham apoiado as mudanças na Polônia, Chu En-lai, em visita à Alemanha do Leste, evocava a contrarrevolução húngara. No dia seguinte o exército soviético intervinha em Budapeste.

Estávamos eufóricos, sem dúvida mais do que seria conveniente. A revolta na Hungria começara por uma manifestação de solidariedade com a Polônia. Pode-se imaginar como a invasão da Hungria nos abalou, sem que nada pudéssemos fazer para ajudar os húngaros. Lembro-me de que, na época, eu era muito solicitado para dar conferências. No momento do levante húngaro, estava numa das escolas do Partido — ao qual ainda não pertencia — para um curso de reciclagem destinado aos antigos comunistas de antes da guerra. E eles me questionavam sobre a Hungria. Tinha havido duas intervenções sucessivas. Portanto, respondi que a primeira intervenção na Hungria era um erro trágico e que a segunda já era uma trágica consequência da primeira. E recebi um recado de uma mulher idosa que estava sentada na primeira fila: "Saia daqui o quanto antes, temo por sua segurança". De fato, os antigos comunistas que recusavam o "erro trágico" fizeram um escarcéu.

A margem de manobra de Gomulka é grande, tendo em vista, de um lado, o que acontece no seio do aparelho soviético, e de outro, a contestação generalizada ao stalinismo, e sobretudo o apoio entusiasta que lhe dão os poloneses de todo bordo. Até mesmo a Igreja católica, com a qual o regime mantinha relações execráveis, lhe manifesta seu apoio, negociado contra a aceitação, pelas autoridades, da volta do ensino do catecismo nas escolas públicas para os alunos que gostariam de segui-lo. Na manhã seguinte toda a população organiza manifestações nas grandes cidades. Gomulka faz uma viagem a Moscou para renegociar os acordos comerciais e econômicos considerados prejudiciais à Polônia. Vai pedir a anulação da dívida e termos de troca mais equitativos. Seu trem é parado em todas as estações pelos camponeses que vão aplaudi-lo e lhe dar cestas de mantimentos, a fim de que não coma nada no "Albergue Vermelho"; era assim que se chamava o Kremlin, como recordação de um jantar oferecido em 1945 por Stálin a uma delegação polonesa, que nunca mais voltou desse banquete.

Ele obtém ganho de causa e se inicia então na Polônia a grande mudança. Criação de conselhos operários dentro das fábricas, crítica da coletivização das terras, acompanhada de dissolução da grande maioria das cooperativas agrícolas de produção (colcozes), cujos membros recuperam seus lotes individuais de terra, acordo com a Igreja, criação do Conselho Econômico convocado a rever de fio a pavio os métodos de planejamento e gestão da economia.

A respeito da Igreja, penso que se vai longe demais, pois admitir o ensino do catecismo, mesmo facultativo, dentro das escolas consiste em estigmatizar os que não comparecerão, em designá-los como "judeus". O preconceito é tão forte que, mesmo se o aluno ou a aluna vem de uma família católica, recusar o catecismo equivale a endossar a identidade judia! Felizmente, a escola primária da vizinhança onde matriculamos nosso filho mais velho é uma das raras a manter o caráter laico.

Incontestavelmente, sopra no Leste uma gigantesca esperança. É a época em que os poloneses propõem a criação de uma zona desnuclearizada na Europa Central: o plano Rapacki, nome do ministro das Relações Exteriores, que tem grande repercussão no Ocidente.

É também aquela em que amadurece a ideia de um "socialismo de rosto humano". Denunciam-se o primitivismo da economia marxista tal como é ensinada e os males de uma gestão burocrática; fala-se de uma economia humana, discute-se o que é uma verdadeira democracia, os jornalistas já não temem a censura.

Oscar Lange assume a direção do Conselho Econômico. Mas acumula responsabilidades políticas no Parlamento e, depois, no Conselho de Estado — a presidência coletiva da República Popular da Polônia, da qual será um dos vice-presidentes. Viaja muito ao exterior, especialmente ao Terceiro Mundo, e não abre mão de uma atividade científica intensa. Czeslaw Bobrowski, primeiro vice-presidente do Conselho, é quem assegura seu funcionamento no dia a dia. Ele acabava de voltar do exílio na França. Membro do Partido Socialista antes da guerra, chefe da Oficina Central de Planejamento na libertação, é destituído no momento da unificação do Partido Operário Polonês com o Partido Socialista, em 1949, que acentua a stalinização do regime. É nomeado embaixador na Suécia, deixa suas funções e se estabelece em Paris onde ganha a vida trabalhando num posto de gasolina e dedica as horas de folga ao estudo da autogestão na economia iugoslava. Seu livro sobre esse tema fará época. Kalecki também assume uma vice-presidência do Conselho Econômico e se ocupa da reforma dos métodos de planejamento.

O debate é intenso. Todos concordam que é preciso dar mais lugar ao mercado, reformar o sistema de incentivos materiais, racionalizar o sistema dos preços, melhorar a qualidade dos produtos destinados ao consumo, suprir o quanto antes as lacunas do abastecimento — conta-se muito com a expansão da economia camponesa liberada da camisa de força da coletivização.

Mas surge a dificuldade em traduzir todas essas belas ideias em medidas práticas. Os grandes princípios devem ser adaptados a uma realidade multiforme e mal conhecida. O dogmatismo dos anos stalinistas dispensava o estudo fino do terreno. A Polônia paga por seu *aggiornamento* um preço alto sob a forma de compromissos com o antigo aparelho que defende suas posições e privilégios. Também é preciso evitar as suscetibilidades dos "países irmãos" que não escondem sua desaprovação.

Essa dificuldade em transformar as belas ideias em medidas concretas me marcou para o resto da vida. Desde então nunca cessei de dizer, tanto a meus antigos compatriotas poloneses durante os longos anos do *glacis* como a todos os meus amigos brasileiros, que não há nada mais importante que compreender a realidade ao redor. É muito fácil promover grandes debates maniqueístas entre o bem e o mal. Mas os verdadeiros problemas começam quando devemos formular propostas concretas de ação, portanto no exercício do que chamo voluntarismo responsável. Alguns chamam a isso pragmatismo. Que seja. A necessidade de colar no concreto. Explicá-lo em termos que não podem ser senão históricos. E ter a ambição de inflectir o curso da história, sabendo porém seus limites. Uma arte, mais que uma ciência, sem dúvida, uma arte que se apoia em conhecimentos mais ou menos elaborados cientificamente.

O fato é que, ao lado de meu jogo de espelhos, essa "arte" — o planejamento do desenvolvimento — torna-se um tema maior de minha pesquisa, que visa a entender a um só tempo os limites e as possibilidades de uma transformação social animada pelo voluntarismo responsável. Uma pesquisa que me faz sair do recorte absurdo das disciplinas.

Penso que refletindo sobre as razões do que foi finalmente o fracasso da experiência polonesa é que estabeleci um método de análise das mudanças sociais, econômicas e culturais e de seus bloqueios. Tomemos, por exemplo, uma solução aparentemente sedutora, como os conselhos operários inspirados no debate sobre a autogestão. Ao fim de três meses os operários se furtam às intermináveis reuniões do conselho de empresa, pois percebem que as coisas importantes para a condução da fábrica lhes escapam, e que se discute um pouco pró-forma, um pouco sobre coisas secundárias: qual a cor do botão? quem decide o modelo do uniforme? Sem falar da pregnância do simulacro de discussão herdado do stalinismo...

Foi nesse momento de renovação na Polônia que se colocou a questão de meu ingresso no Partido. Isso me parecia coerente com minha volta ao país, com meu engajamento ideológico, minhas funções profissionais. Mas em seguida ao xx Congresso do PCUS o partido polonês estava em pleno acerto de contas entre facções opostas. Concretamente, o diretor do Instituto era ligado ao antigo núcleo do poder, bastante abalado pelos acontecimentos, mas ainda influente. Em compensação, seu adjunto era muito ligado a um grupo nacionalista e razoavelmente antissemita. Em suma, fui acusado ao mesmo tempo de ser um desviacionista de direita e um desviacionista de esquerda. Como era possível ser os dois ao mesmo tempo? É uma história bastante complicada, esclarecida em parte por uma piada que circulava então em Varsóvia: mostrava-se o sinal do dólar e dizia-se que a linha do partido era o S e a linha reta que o corta eram os desvios. Tive algumas dificuldades na época, mas nada de muito grave.

Pouco depois, meu chefe — e isso foi mais um golpe de sorte em minha vida — foi nomeado embaixador na Índia. Clássica maneira de se livrar dele, assegurando-lhe uma promoção! Ele tinha excelentes relações pessoais com Khrisna Menon, na época ministro das Relações Exteriores da Índia. E em seguida me chamou e perguntou se queria acompanhá-lo. Ele estava disposto a pedir para mim o cargo de segundo secretário para a cooperação científica. Depois de consultar Viola, que achou essa perspectiva formidável, coloquei três condições: a primeira, não me tornar diplomata profissional; a segunda, limitar a três anos nossa temporada na Índia; e a terceira, permissão para me matricular no doutorado da prestigiosa Delhi School of Economics. As três condições foram aceitas e, a partir de outubro de 1957, estávamos prontos para novas aventuras.

7. A descoberta da Índia

A viagem foi um imenso prazer. Conseguimos fazer uma escala em Viena. E a Viena de 1957 não tinha mais nada de comparável com a de 1954, que ainda estava sob ocupação soviética. Também pudemos passar um dia em Veneza e uma semana em Roma. Como o acaso fez que nos tivessem reservado uma pensão perto do zoológico, fizemos um acordo com os dois meninos, de sete e cinco anos. Começaríamos cada dia com a visita ao zoo, onde acabavam de nascer dois leõezinhos que se podia pôr no colo, e em troca os meninos não fariam cara feia durante a visita aos museus... Magnífica temporada em Roma, e depois em Nápoles, onde pegaríamos um navio italiano com destino a Mumbai — sem falar de uma curta visita a Capri.

A travessia marítima foi calma. Atracamos em Port Said. Descemos por algumas horas e descobri o comércio árabe. Na verdade, um vendedor me propôs uma mala de couro por dez libras, e recusei. Fomos dar uma volta de fiacre pela cidade, que se ressentia do bombardeio recente. O vendedor correu atrás do fiacre durante toda a nossa visita, com a mala que acabei comprando por três libras, sem jamais ter pechinchado, antes de subirmos a bordo. Foi uma experiência muito curiosa para mim, que estava habituado com os preços planejados. Aliás, essa bonita mala substituiu nossas malas frágeis de papelão *made in Poland*.

Depois da parada em Port Said, visitamos Aden e Karachi. A mudança de paisagem era inacreditável. Em Karachi, observamos com espanto os tira-dentes exercerem em plena rua, próximos aos "limpadores de ouvidos", equipados com ferramentas metálicas pontudas. Diante de cada dentista, havia estendido um pequeno tapete onde eram exibidos como troféus todos os dentes arrancados por ele, prova de seu domínio da profissão. Enfim, avistamos a Porta da Índia, chegamos a Bombaim e pegamos o trem para Nova Délhi.

Por mais que eu estivesse preparado, por mais que tivesse lido, o choque da multidão, da pobreza e dos odores foi forte. Embora vivêssemos em condições muito confortáveis — tínhamos uma pequena casa —, a vida cotidiana, para quem não usava viseiras, era penosa por causa desse contato permanente com uma miséria pior que em qualquer favela do Rio. Ao mesmo tempo, eu observava uma hipocrisia que me indignava. Era inadmissível que no país de Gandhi as pessoas fossem tão indiferentes aos seres humanos. Um dia, vi um homem agonizar na porta do Bird Charity Hospital, sem que ninguém se comovesse. Esse hospital, mantido pela seita dos jainistas, cuida dos pássaros doentes e, ao curá-los, solta-os na natureza, onde se tornam a presa fácil de qualquer predador. O choque também de ver um bebê chorando deitado na calçada. Você para, alguém se aproxima e lhe propõe vendê-lo por dez dólares. E depois, aquela massa de leprosos que mendigam diante da sua casa. Se por infelicidade uma vez você lhes dá um centavo, é brindado por uma procissão de todos os leprosos da cidade durante um mês. Eles se arrastam pelo seu jardim, pelo seu terraço, e você gasta quantias consideráveis para comprar detergente porque tem filhos pequenos, sem poder dizer a essas pessoas que ficaria felicíssimo de lhes dar dinheiro, contanto que tudo fosse feito de modo mais civilizado.

E depois, com o tempo, você descobre processos mais insidiosos. Por exemplo, para se proteger contra as amebíases, paga exames de fezes para seus empregados (pois é obrigado a contratar vários deles, por causa da divisão do trabalho entre as castas que o sindicato dos domésticos faz respeitar), e fica sabendo que um deles, saudável, vende suas fezes para os outros que vão fazer o exame. Incontestavelmente, a vida cotidiana nessas condições é problemática. Ou ficamos impiedosos ou nos expomos a solicitações insólitas. Assim, um dia o aprendiz de um alfaiate, que trabalhava na garagem do meu vizinho, veio me propor, em troca da compra de uma máquina de costura, confeccionar roupas para mim e meus amigos, gratuitamente, durante um ano, se lhe déssemos uma ração de arroz, chá e açúcar!

Todo europeu que se instala em Délhi deve contratar um cozinheiro (uma profissão masculina), e em seguida alguém para limpar a casa; aquele que varre é um intocável, e por conseguinte não tem direito de tocar na alimentação: ninguém a comeria. Na primeira noite em que Viola e eu saímos, pedimos ao cozinheiro que ficasse acordado para que as crianças não se sentissem sozinhas. No dia seguinte, os militantes do sindicato bateram no cozinheiro, acusando-o de roubar o trabalho de uma babá. Portanto, foi preciso contratar uma babá, que não tinha muito o que fazer na casa, já que nossos filhos iam para a escola. Quando o nascimento de nossa filha era iminente, a babá nos explicou que de agora em diante haveria muito trabalho. Propôs tornar-se a babá-chefe e ser ajudada por uma auxiliar. O que, diga-se, não foi feito.

Mas tem mais. O cozinheiro traz ostensivamente o filho pequeno para ajudá-lo, na verdade para alimentá-lo. O *dhobi* (casta dos lavadeiros), que lava e passa a roupa, faz o mesmo. Tínhamos um jardim minúsculo, mas o jardineiro vinha sempre com um ajudante... E nos vimos vivendo numa casa pequena com um monte de empregados! Para escrever sua tese, Viola não tinha outro jeito senão trancar-se de dez da noite às seis da manhã.

    Há todo esse mundo ao seu redor e no entanto você não sabe o que é sossego. Um dia, fomos mobilizados, como todo o corpo diplomático, pela chegada de Kruschev ao aeroporto, onde ficamos durante cinco horas. Enquanto isso, os domésticos cuidavam de nossa filha pequena, de poucos meses, e lhe deram de comer um peixe que ficara quatro horas em pleno sol, a 46 graus, porque o cozinheiro esquecera de colocá-lo na geladeira e não tinha a coragem de admitir seu erro! Precisamos levá-la com urgência ao hospital, onde ela sofreu uma lavagem de estômago.

    Nunca se sabe em que momento nos veremos diante de um pequeno drama familiar. Um dia, a babá, achando que nosso cachorro estava doente, lhe deu de boa-fé oito comprimidos de aspirina. E outra vez, a mesma empregada instalou um papagaio no quintal. Não gostei muito, pois volta e meia essa ave é portadora de doenças transmissíveis às pessoas, e foi o que lhe disse. Um domingo de manhã, depois de uma noite bebendo na casa de amigos, vejo, ao tomar o café da manhã, dois papagaios. Levanto-me para ter certeza de que não me engano, ponho o dedo de uma das mãos num papagaio e o dedo da outra no outro papagaio. Não há dúvida, são dois. Era só o que faltava — penso eu —, agora ela está montando um comércio de papagaios. Pergunto-lhe o que está fazendo ali aquele segundo papagaio. "Não se preocupe, ela me diz, esse segundo papagaio não é meu. É um mestre papagaio. Como meu papagaio não fala, emprestaram-me um que fala para que ensine ao meu."

DÉLHI, PONTO DE ENCONTRO DIPLOMÁTICO

O embaixador, ex-delegado nas Nações Unidas, é amigo pessoal de Khrisna Menon, ministro das Relações Exteriores da Índia, o que facilita suas relações com Nehru. Este o recebe uma ou duas vezes por ano, a sós, para o café da manhã. De sua temporada em Nova York, ele conhece vários diplomatas e jornalistas. E tem um método de trabalho que é para mim simultaneamente muito incômodo e extraordinário como aprendizado. Praticamente toda tarde ele convida para um chá um ou dois políticos, jornalistas ou personalidades que estão de passagem por Délhi e o solicitam porque sabem que é muito bem informado.

Na embaixada trabalhamos de oito da manhã às duas da tarde, e esses chás se passam por volta das quatro. Assisto às conversas, por vezes apaixonantes, e em seguida redijo notas. Vejo passar presidentes e secretários de quase todos os partidos indianos, jornalistas do *New York Times* e personalidades como Dean Rusk, ex-secretário de Estado americano, Gunnar Myrdal, ex-secretário executivo da Comissão Econômica das Nações Unidas e futuro prêmio Nobel de Economia. A esposa de Myrdal, Alma — mais tarde, ela também terá um Nobel, o da Paz — é embaixadora da Suécia na Índia. Gunnar, de certa forma príncipe consorte, aproveita para escrever seu *opus magnus*, *Asian drama*. Tem vários colaboradores de peso, entre os quais o casal dinamarquês Morgen e Esther Boserup, ambos respeitados economistas. Encontrarei Esther dez anos depois, num centro da Unesco em Viena, onde dirigiremos juntos um projeto Leste-Oeste sobre a capacidade de absorção da ajuda estrangeira pelos países do Terceiro Mundo.

Evidentemente, as discussões são sempre centradas na Índia, no que ali acontece, no que pode acontecer, e em que consiste essa famosa terceira via reivindicada por Nehru e sua equipe. É um país que se dotou de um regime político copiado do sistema britânico, que dispõe de uma Constituição notável e que, ao mesmo tempo, acredita na possibilidade de um desenvolvimento econômico baseado em um planejamento muito elaborado. Em política externa, a Índia joga a fundo os dois sistemas um contra o outro, criando um espaço para os "não alinhados", movimento saído da Conferência de Bandung de 1955. Nova Délhi, capital de um país pobre recém-emancipado do jugo colonial, torna-se uma importante capital diplomática do mundo.

Vejo passar durante esses três anos em que vivo em Délhi praticamente todos os chefes de Estado, desde a rainha da Inglaterra até Chou En-Lai. Quando Ho Chi Minh vai em visita oficial à Índia, o consulado vietnamita pede à embaixada da Polônia que lhe empreste crianças para levarem flores a ele e a Nehru, no aeroporto. A escolha recai sobre nossos filhos, é e assim que, no dia seguinte, aparece na imprensa uma foto de Nehru ao lado de Ho Chi Minh pondo as mãos sobre as cabeças de nossos garotos, emprestados ao consulado vietnamita porque os vietnamitas não têm direito de ir acompanhados de seus filhos em missão ao estrangeiro. A esse país tão fraco, tão frágil, que tem tantos problemas a resolver, Nehru proporciona um real prestígio internacional. Penso que é uma lição que o Terceiro Mundo não assimilou o suficiente. No fundo, é um problema de confiança em si. Sob Nehru, a Índia tem confiança nela. O não alinhamento em relação aos dois blocos contribui inegavelmente para dotar a Índia de certa autonomia e a predestina a empenhar-se ativamente na resolução de conflitos, na Coreia, e depois no Vietnã.

Nehru é dotado de um charme e de uma elegância irresistíveis. É um grande escritor, um grande pensador, um homem perfeitamente a par da cultura europeia, um fino diplomata. Mantém grande admiração por Gandhi, embora em muitos temas se tenham oposto. Será preciso esperar mais vinte anos para que os intelectuais indianos façam uma síntese feliz entre a empatia de Gandhi pelo homem simples, o camponês, e o entusiasmo de Nehru pela ciência, por aquilo que ele chamava de espírito científico (*scientific temper*). E quando essas duas correntes tiverem se juntado, aparecerá uma nova geração de indianos, de grande fineza de análise e rara abertura de espírito. Conheci muitos assim na Índia, nas organizações internacionais e em Paris.

Quando morava na Índia, os gandhianos titulares, ou melhor, autoproclamados como tais, faziam o mesmo mal a Gandhi que as seitas marxistas fazem a Marx. Inventam uma religião com seu catecismo, e se dedicam à exegese talmúdica dos escritos do mestre. Como o mestre escreveu mais de cem volumes, ali se encontra material para todos os gostos. Todo mundo tem Gandhi nos lábios, não se pode fazer um discurso sem se referir a Gandhi, mas é puramente pró-forma. A síntese virá muito mais tarde.

Creio que na época a que me refiro os que estão nos negócios do Estado são muito mais marcados pelo fascínio frente à modernidade. O que não impede que vários dirigentes indianos, de diferentes níveis, recorram antes de cada decisão importante a um astrólogo. Enquanto lá vivíamos, o primeiro-ministro pediu a todos os ministérios, por motivos de economia, que reduzissem o número de assinaturas de jornais. A guilhotina caiu sobre as revistas de astrologia, o que provocou um pequeno escândalo, já que essas revistas eram muito apreciadas pelos ministros e altos funcionários. Um dos principais diários indianos, *The Hindu*, publicou um editorial exigindo a criação de um instituto universitário "de sânscrito e das ciências aliadas". Essa formulação, uma vez decifrada, significava pura e simplesmente "astrologia". Era também uma época em que a medicina tradicional indiana, a Auyrveda, estava em dificuldade, pois a Ordem dos Médicos indiana adotara diante dela quase as mesmas posições que nossos sectários com respeito à homeopatia. Por trás disso havia um cálculo, já que era preciso que as escolas de medicina indianas formassem médicos que seriam aceitos na Inglaterra: o sonho de todo médico indiano é substituir um médico inglês num hospital do interior da Inglaterra, o qual, por sua vez, partirá para os Estados Unidos. É assim que o contribuinte indiano financia a reprodução dos médicos nos Estados Unidos. É esse o mecanismo perverso da "fuga de cérebros". Será preciso esperar alguns decênios até que o êxodo maciço de estatísticos, matemáticos e engenheiros indianos para os Estados Unidos, onde fizeram carreiras brilhantes na informática, traga dividendos para seu país de origem. Sob o impulso deles, a Índia foi o primeiro dos países do Sul a perceber a vantagem comparativa de que goza nesse campo que exige muita mão de obra qualificada. Esta é abundante na Índia, e seus salários são muito inferiores aos de nossos informáticos. É assim que a Índia se projeta como grande exportador de sistemas e serviços informáticos.

Os costumes diplomáticos obrigam um segundo secretário a enviar seu cartão de visita a outros segundos secretários e a visitá-los. Entrar em contato com meu homólogo brasileiro não me constrange nem um pouco. Faço-o e, como falo português, ele nos convida para um coquetel. Entramos numa bela residência decorada com uma coleção maravilhosa de tapetes persas, pois o dono da casa passou dez anos em Teerã. Aproximamo-nos de um primeiro grupo de pessoas, que nos pergunta: "Desde quando estão aqui? Quantos filhos têm? O que acham do verão em Délhi?". Mesmas perguntas no segundo grupo e no terceiro e no quarto. No quinto, ao me apresentar vou logo dizendo: "Sou segundo secretário da embaixada da Polônia, temos dois filhos de cinco e sete anos, chegamos há três semanas, e por conseguinte não temos nenhuma experiência do verão em Délhi". Viro-me e saio da recepção.

No dia seguinte, peço ao embaixador que me poupe desses programas, embora tivesse investido na compra de um *smoking*, pois em Délhi, como em todo o Commonwealth, os coquetéis diplomáticos exigem *smoking*. "Tenho mais o que fazer — disse-lhe —, deixe-me aprofundar contatos com universitários, jornalistas, políticos, mas não me faça perder algumas horas por noite para discutir se tenho ou não experiência do verão em Délhi." Ele me compreende, me dá carta branca para estabelecer contatos e me envia a Lucknow para representar os economistas poloneses no congresso fundador da Associação Indiana de Economistas do Trabalho, onde travo relações com Daniel Thorner, americano, grande especialista da história econômica da Índia. Em maio de 1968, reencontro-o na École Pratique des Hautes Études, em Paris.

Como combinado, inscrevo-me para fazer minha tese na Delhi School of Economics. Viola inscreve-se para a sua, no departamento de literatura da Universidade de Délhi, tendo como tema *Leaves of Grass*, de Walt Whitman. Seremos os dois primeiros europeus a obter o diploma de doutor nessa universidade. Somos recebidos de braços abertos. B. N. Ganguli, diretor da escola, aceita ser meu orientador e me põe em contato com professores mais moços, os quais, vendo que não nos parecemos com os diplomatas habituais, não se fazem de rogados para ir à nossa casa. Foi assim que fizemos inúmeras amizades, algumas das quais durarão decênios.

É nessa época que conheço Amartya Sen, futuro prêmio Nobel de Economia, tecnicamente meu professor, embora seja cinco anos mais moço que eu, e alguns outros, como Topan Ray Chaudri, historiador que fará carreira na Universidade de Oxford, e Khaleg Naqvi, economista, muçulmano, casado com uma professora de literatura da universidade islâmica de Aligarh. Eles nos iniciam em muitos aspectos da cultura indiana e nos levam a várias festas populares, religiosas ou não. Aproveitamos essas amizades para completar nosso conhecimento da Índia e não hesitamos, durante os jantares em casa, em questioná-los sobre a filosofia indiana, o significado de tal rito, o sentido de tal prática. Às vezes há surpresas, como aquela em que o diretor de um museu, formado na Inglaterra, nos explica com a maior seriedade do mundo que os indianos foram os precursores da aviação. Cita-nos uma lenda sobre Hanuman, o deus macaco, que num pulo foi da Índia ao Ceilão e voltou voando.

VIAGENS: BARODA, KERALA, NAGPUR

Começo a viajar muito, pois sou convidado a dar palestras nas universidades indianas e travo novos conhecimentos, como com o politólogo Rajni Kothari, que mais adiante se tornará um de meus amigos chegados e com quem trilharei um longo caminho na Fondation Internationale pour un Autre Développement (FIPAD). Volta e meia essas viagens são cheias de surpresas; três, em especial, me vêm à memória.

A primeira é a Baroda, cidade principesca entre Délhi e Mumbai, onde o trem para no meio da noite. Eu viajava em companhia de um conselheiro da embaixada. Devíamos montar uma exposição de cartazes poloneses e eu faria palestras na universidade. Solicitamos os serviços de uma agência de turismo que, na véspera de nossa partida, nos informou que o melhor hotel de Baroda estava lotado. Descobrira-se petróleo na região, e uma missão de parlamentares fora despachada para lá. Mas a agência nos reservou quartos em outro estabelecimento com o pomposo nome de Coronation Hotel.

Na chegada a Baroda, uma divina surpresa: táxis novos em folha esperavam os viajantes defronte da estação — na maioria das cidades do interior não existia esse meio de transporte. Demos o endereço ao motorista de táxi, que nos pediu para repeti-lo três vezes, rodou algumas centenas de metros e nos deixou numa casa às escuras. Diante do portão, um guarda noturno dormia no chão. Pedimos para falar com o dono do hotel. Ele respondeu que era o dono e que de fato havia quartos em nosso nome. Indagamos o preço, ele nos citou uma quantia ridícula e, face a nossa consternação, tratou de dizer que esse preço incluía três refeições por dia. Depois nos conduziu a um quarto onde uma coluna de insetos começou a andar assim que ele acendeu a luz. Então percebemos a situação e passamos o resto da noite sentados em cadeiras.

De manhãzinha, saímos do hotel onde não dormimos e fomos para o grande hotel, que não tinha vagas. Serviram-nos um copioso café da manhã e, depois de perguntarem o que tínhamos ido fazer naquela cidade, indicaram-nos a *guest house* da universidade, uma charmosa mansão cercada de buganvílias. Ali, o guarda não falava uma palavra de inglês e se contentou em fazer, depois de cada pergunta nossa, a saudação militar. Face à nossa insistência, acabou cedendo, deixou-nos entrar e explicou por sinais que tínhamos de esperar. Dez minutos depois apareceu um rapagão louro de 1,95 metro, meio sonolento, a quem explicamos a razão de nossa vinda. Nosso interlocutor nos pediu para aguardar e foi tomar banho. Quando reapareceu, perguntou: "Como fizeram para me encontrar aqui?". Ficamos pasmos. Não o procuramos. Não sabíamos quem ele era. Na verdade, tratava-se do conservador de um museu de Nova York que fora a Baroda como consultor para reorganizar o museu local, onde estavam lado a lado obras-primas da pintura europeia e fotos do marajá local ampliadas muitas vezes, coladas em compensado e cuidadosamente recortadas. Ele pensou que o governo polonês o procurava para lhe entregar a organização de uma exposição!

Mais tarde nos tornamos ótimos amigos, e quando ele passava por Délhi ia nos visitar. Era casado com uma indiana e bebia vodca como só os russos sabem beber. Enfim, nossa missão em Baroda se passou bem.

Durante outra viagem, a Mumbai, pedi para encontrar D. D. Kosambi, matemático de grande renome e que se tornou o historiador marxista mais conhecido na Índia. Ao me receber, tirou do bolso um lencinho, abriu-o e me perguntou: "Está vendo o que tenho neste lenço?". Respondi: "Pedras". Ele indagou: "Que pedras?". Respondi que não sabia. "São instrumentos usados para castrar os camelos, e acabo de encontrá-los nas escavações que fiz no pátio de minha casa em Puna." Como acabava de chegar de uma missão na China, aonde fora convidado pelo Instituto de Estatística, explicou-me que todos os indicadores do crescimento econômico do país eram falsos, porque o sistema de transporte dos chineses era incapaz de transportar o volume de mercadorias que eles anunciavam ter produzido, a começar pelo carvão. Quando a conversa se encaminhou, enfim, para a história da Índia, Kosambi me deu indicações muito preciosas sobre as leituras que eu devia fazer para me iniciar na história do país.

Provavelmente a viagem mais extraordinária foi a que fiz ao Kerala na companhia do embaixador da Polônia. Era o primeiro embaixador de um país socialista que ousava propor uma visita oficial a um estado governado pelos comunistas, o único na época, depois de uma vitória nas eleições provinciais saudada pela imprensa mundial como um precedente histórico — a chegada dos comunistas ao poder pelo sufrágio democrático.

Foi um grande acontecimento. Ficamos hospedados na antiga residência do governador britânico e começamos por um almoço informal com o chefe do governo da província, E. M. S.

Namboodivipad, certamente a personalidade mais original entre os dirigentes do Partido Comunista indiano, autor de um livro corajoso e simpático sobre Gandhi. Uns vinte ministros estavam presentes. A única pessoa externa ao ministério era Shankar Pillai, redator-chefe de uma revista satírica muito popular em Délhi. Ele mesmo oriundo do Kerala, servira de intermediário na organização da visita.

A conversa corria bem. Nossos anfitriões nos disseram de saída que tinham cometido um erro de julgamento ao pensar que haviam chegado ao poder, pois na Índia um partido de oposição que ganha uma eleição provincial instalava-se, no máximo, no comando da administração local. O poder central conservava os meios de uma intervenção legal que pesava como uma espada sobre suas cabeças. (O que acabou acontecendo.)

No fim do almoço, houve os brindes. Diante de cada um de nós, belos copos venezianos escuros, deixados pelo último residente britânico. Estávamos na Índia, país onde o álcool é proibido, e portanto os brindes eram feitos com suco de fruta. Mas nos serviram uma infusão de pimenta. Os indianos a bebem lentamente, alternando com iogurte. Não prestamos atenção às taças que continham o iogurte. Tomei a infusão de um só gole e senti meus olhos pularem para fora das órbitas, vi na minha frente o embaixador no mesmo estado e nos precipitamos para a única coisa a evitar: um copo de água. Assistimos então a uma sessão de hilariedade coletiva, com dois ministros que caíram de suas cadeiras! Foi uma cena inesquecível, que prenunciou uma viagem absolutamente maravilhosa pelas reservas de elefantes, pelo interior da região, que é muito bonito, pelas lagunas, pela cidade de Cochim e suas antigas sinagogas.

Numa aldeia, fotografei uma velha que, com as mãos estendidas, andava atrás de um elefante para agarrar no voo o esterco do animal, que ela secaria para acender o fogo debaixo do fogão.

O Kerala estava decidido a avançar a reforma agrária. Subsidiou o arroz, deslanchou programas ambiciosos de educação e de saúde populares. Era um caso clássico em matéria de política social eficaz, apesar da renda *per capita* extremamente baixa.

No caminho de volta, como aliás no de ida, paramos no aeroporto de Nagpur. Na época funcionava na Índia um sistema muito engenhoso: toda noite os aviões decolavam das principais cidades para Nagpur, centro geométrico do país, onde chegavam duas, três horas depois. Ali se fazia a triagem do correio e horas mais tarde os aviões voltavam para suas cidades de origem, o que permitia no espaço de uma noite ir, por exemplo, de Délhi a Madras, ou de Mumbai a Calcutá. No aeroporto de Nagpur funcionavam um cinema e um restaurante para passageiros em trânsito.

Vimos nosso avião ser assediado por uma multidão e a polícia a atacando com varas de bambu para fazê-la recuar. Colocaram-nos num ônibus e nos transportaram para o aeroporto. Ficamos sabendo que era véspera do congresso do Partido do Congresso e que a multidão queria recepcionar as estrelas do cinema indiano que eram esperadas para essa ocasião. O aeroporto parecia em estado de sítio, os fãs estavam impacientes para ver seus ídolos! No restaurante, em torno de uma mesa, estavam reunidos vários correspondentes, do *New York Times* e de outros jornais ocidentais, o reitor negro da Universidade Howard e o Abbé Pierre, da França. Toda essa fina flor discutia sobre Gandhi e a não violência enquanto a polícia distribuía cacetadas sem o menor respeito!

Outras viagens foram menos movimentadas mas igualmente interessantes. Em Délhi, fora minhas relações universitárias, eu mantinha contato regular com meu homólogo na embaixada da China. Ele falava o perfeito blá-blá-blá oficial e, de quebra, empregava metáforas que eram verdadeiros quebra-cabeças. Um dia me perguntou: "O que é preferível: comer uma fatia de pão com muita manteiga ou muitas fatias com pouca manteiga?". Decifrada, sua adivinhação se lia da seguinte forma: "É preferível que a União Soviética concentre toda a sua ajuda na China a espalhá-la pelos países do Terceiro Mundo". Se a URSS se decidisse a entregar a seu aliado chinês a bomba H, ele me disse, as grandes potências imperialistas seriam forçadas a reconhecer a China comunista. Estávamos no início do conflito sino-soviético.

Com os vietnamitas — um consulado-geral, pois não havia embaixada por motivos diplomáticos —, tive relações bastante próximas por uma simples razão: eu era francófono e eles falavam mal inglês. Um dia, o cônsul-geral me convidou para jantar e me disse: "Camarada, tenho um grande favor a lhe pedir. Hanói nos solicita nossa autocrítica, ajude-nos a fazê-la". Passei uma noite surrealista inventando quais seriam as falhas em relação à compreensão da política indiana de que meus interlocutores poderiam se acusar, sem que isso lhes fosse fatal.

UMA TESE HERÉTICA AOS OLHOS DE CERTOS MARXISTAS

No meu trabalho para escrever a tese vali-me muito das trocas com intelectuais indianos e de leituras que devia fazer por motivos profissionais. Animados pela mesma paixão de compreender a política indiana, o embaixador e eu passávamos longas horas em discussões. Ocorria-lhe me chamar tarde da noite para dar um pulo à sua casa a fim de analisarmos um acontecimento, um documento ou um artigo de jornal. Criou-se entre nós uma cumplicidade intelectual. Ele falava e eu tinha toda a liberdade para dar minha opinião. Em geral, na hora de redigir um texto, eu é que escrevia. A última palavra cabia a ele, e suas correções eram sempre pertinentes. Aprendi enormemente com esse exercício. Quando o texto do despacho a ser enviado a Varsóvia — onde, imagino, seria arquivado sem ser lido nos detalhes — estava pronto, o embaixador chamava o funcionário dos códigos, frequentemente no meio da noite, como se houvesse extrema urgência. Um dia, esse rapaz disse à minha mulher: "Rezo a Deus para nunca mais estar na mesma embaixada desses dois insones. Mais vale quebrar pedras numa pedreira!".

Embora tivesse um ritmo de trabalho pesado, pude participar de inúmeros colóquios, vários grupos de trabalho e assistir às conferências de cientistas do mundo inteiro que passavam por Nova Délhi ou ali se demoravam mais tempo. A Índia era objeto de forte rivalidade entre os dois blocos. Os cientistas eram despachados para lá como missionários que disputavam o controle da vida intelectual da jovem república. Em nenhum outro país do mundo eu poderia ter ouvido, e por vezes conhecido, tantos economistas, sociólogos ou politólogos de fama mundial. Délhi era o lugar dos sonhos para um doutorando que se interessava pelo desenvolvimento. Não esqueçamos que já nessa época o país tinha inúmeros e excelentes pesquisadores, diplomados pelas melhores universidades inglesas. O embaixador me pôs em contato com o conselheiro da embaixada soviética, encarregado das análises políticas. Ignorando a diferença hierárquica, ele se habituou a me convidar para fazer apreciações sobre a evolução da política indiana. Assim, quando terminei de escrever minha tese, resolvi lhe levar um exemplar. Convocou-me para dizer que ele e três colegas da embaixada tinham lido meu texto, achado interessante, porém insuficientemente "marxista". Agradeci muito aos autores dessas observações, bastante detalhadas — tinham esquadrinhado o texto —, mas praticamente não levei nada em conta. Isso me valeu consequências inesperadas.

De minha tese tirei um livro publicado na Índia e na Polônia, e mais tarde no Brasil e no Egito. Alguns anos se passaram. Um dia, recebi em Varsóvia um telefonema do diretor do Instituto de Relações Internacionais, onde eu tinha trabalhado de 1954 a 1957. Disse-me: "Acabo de voltar de Moscou, os camaradas soviéticos gostariam de publicar sua tese, contanto que você faça um prefácio autocrítico, à luz do último congresso do Partido Comunista soviético". Agradeci a notícia e fui correndo pedir conselho a Oscar Lange. Que fazer? Ele me disse: "É muito simples, você pega sua mais bela pluma, escreve uma carta dizendo que está radiante e pede a um colega soviético para fazer um prefácio crítico. Afinal, você não vai cuspir no prato em que comeu". Segui o conselho. Minha proposta não teve eco. O livro não foi publicado na União Soviética. Mas foi traduzido e divulgado no circuito extracomercial. Os soviéticos que iam a Varsóvia o conheciam, tinham-no lido, mas jamais vi sua tradução em russo.

Minha tese exigiu três anos de trabalho; iniciada em 1957, defendia-a em 1960. Seu tema são os modelos do setor público nas economias subdesenvolvidas. Na parte teórica de análise da realidade, doto-me de ferramentas de análise que são dois modelos-tipos contrastados do setor público. No modelo "japonês", o Estado assume o papel de um viveiro de capitalistas. É uma racionalização do que aconteceu no Japão na Restauração Meiji depois de 1868. Explico que é o Estado que assume todo o risco ao se substituir à figura do empreendedor schumpeteriano e que quando a decolagem se efetua, privatiza-se em proveito das antigas elites feudais e mercantis. Ao modelo japonês se opõe o modelo "indiano", tal como é apresentado no programa do Partido do Congresso, pregando a instauração progressiva do *socialistic pattern of society*, expressão difícil de traduzir: modelo socializante de sociedade. Propositadamente, o adjetivo "socialista" não é empregado, para marcar uma diferença. Mas esse modelo supõe que o setor público se desenvolverá mais depressa que o privado e terá, durante certo período, esferas reservadas unicamente ao público, outras unicamente ao privado, e outras, "mistas". Depois, com a ajuda desses modelos-tipos, dediquei-me a uma análise circunstanciada do papel real do Estado no desenvolvimento da Índia e do Brasil.

Penso que esse enfoque metodológico ainda se sustenta. Quero dizer que é sempre necessário ter as ferramentas que permitem definir o campo das possibilidades, e em seguida realizar um estudo empírico, mostrando como a realidade se situa em relação aos modelos referenciais e os combina. Na época, minha hipótese era que a Índia ia evoluir para o "modelo japonês", afastando-se das posições ideológicas do Estado socializante e do programa de Nehru. Em compensação, o Brasil, onde dominava o modelo japonês, ia reequilibrar um pouco o jogo ao evoluir na direção do "modelo indiano". A criação da Petrobras, empresa pública que detém o monopólio da extração do petróleo, marcou uma virada importante na evolução brasileira.

Fui dispensado da defesa de tese, o que na Índia é possível se todos os membros do júri estiverem de acordo. Ainda assim, a tese me criou alguns problemas. Foi submetida para avaliação a três examinadores externos, segundo o procedimento seguido na época pela Universidade de Délhi. Tive como examinador Kalecki. Myrdal recusou por falta de tempo. Para substituí-lo a universidade convidou Paul Baran, economista americano marxista, conhecido e amigo de Kalecki, mas com posições diferentes. O terceiro examinador era um economista indiano muito respeitado, A. K. Dasgupta. Em princípio, eu não tinha o direito de saber quem eram meus examinadores. Kalecki fez um resumo de algumas linhas, dizendo que lera o trabalho, que ele correspondia às exigências de uma tese, e que podia ser aceito sem defesa, contanto que o autor modificasse duas páginas, onde ele percebera um erro de lógica no meu raciocínio. Era típico de Kalecki. Nem uma palavra sobrando! E eis que Paul Baran recusou a tese. Ela não correspondia à sua visão muito ideológica da economia. Kalecki recebeu uma carta dele, propondo desdizer-se de seu julgamento, e lhe respondeu muito severamente. Como o terceiro membro do júri, o indiano, entregara um relatório extremamente favorável, a tese teve de ser examinada por um quarto membro, Gyan Chand, também indiano, que emitiu opinião muito favorável.

Voltando para a Polônia, tive de homologar minha tese na Universidade de Varsóvia, apresentando-me perante uma comissão de três professores; um deles — marxista um tanto dogmático — não deixou de me fazer uma crítica insólita. Considerou que eu era um "marxista com vergonha de sê-lo". Meu texto, em suma, não era suficientemente recheado de citações dos clássicos. Tomei isso como um elogio.

A estada indiana de Kalecki em 1959 revelou-se muito útil para a minha carreira. Aproveitando-se a passagem por Délhi do ministro polonês do Comércio Exterior, que também era professor da Escola de Planejamento e Estatística, ficou decidido que Kalecki ocuparia uma cátedra de economia política na faculdade de comércio exterior dessa escola, além de suas funções no planejamento. O ministro me convidou a tornar-me, assim que eu voltasse, professor assistente de sua cátedra de comércio exterior. Além disso, seria criado um centro de pesquisas sobre as economias subdesenvolvidas; Kalecki presidiria o conselho científico e eu seria o diretor.

Voltamos para Varsóvia no outono de 1960, com belas perspectivas que se somavam ao balanço extremamente positivo da temporada na Índia. No âmbito familiar, nascera nossa filha Céline, em 1958; depois de dois filhos "brasileiros", uma filha "indiana". E tivemos a enorme satisfação de receber meus pais, que moravam no Brasil, para uma visita à Índia.

No plano profissional, minha mulher e eu terminamos nossas respectivas teses de doutorado. Um projeto apaixonante me esperava em Varsóvia, ao passo que Viola poderia retomar suas funções de professora de literatura norte-americana na universidade. E havia, de quebra, a perspectiva de várias publicações, em especial uma antologia sobre os problemas socioeconômicos da Índia, em que consegui reunir e comentar uns quinze textos de autores indianos, indo de Nehru a Amartya Sen, alguns estudos e artigos de certa consistência. Pude fazer nesse país diversos contatos, tanto com indianos como com intelectuais do mundo inteiro com quem convivi em Délhi. Foi também o início de uma amizade sólida com Daniel Thorner, historiador americano da economia indiana, que na época vivia na Índia por ter sido vítima do macarthismo, e que eu reencontraria em Paris. Foi ele que me acolheu em sua sala, em 1968, na École Pratique des Hautes Études, para onde fora contratado por sugestão de Charles Bettelheim.

A esse balanço muito positivo convém acrescentar uma magnífica viagem de volta, de navio, de Mumbai a Londres, com uma parada no Cairo, uma escala maravilhosa em Marselha e uma escapada a Aix, meu primeiro contato, desde 1940, com a França e sua famosa *baguette*.

8. De novo em Varsóvia

Ao chegar em Varsóvia, assumi o cargo de professor-assistente na Escola de Planejamento e Estatística. Ficou combinado, também, que eu me tornaria conselheiro em tempo parcial do ministro do Comércio Exterior para as relações com os países do Terceiro Mundo. Essa breve passagem por um ministério terá duas consequências.

A primeira é que, um ano depois, serei chamado a voltar à Índia, dessa vez como chefe de uma missão encarregada de negociar com o governo indiano um acordo de longo prazo de comércio exterior. Como as principais ideias do projeto eram de Kalecki, o ministro do Comércio Exterior lhes reservou boa acolhida. Portanto, fui encarregado de convencer os indianos que entre um país como a Índia, onde o planejamento era bastante desenvolvido, e um país de democracia popular, como era a Polônia, havia possibilidades de se assinarem diversos contratos de longo prazo. A negociação simultânea de vários contratos de exportação e importação permitia alargar o campo das concessões mútuas.

Acompanhavam-me na missão o diretor-geral do Ministério de Minas, que oferecia à Índia a construção integral de oito minas de carvão, e representantes de várias agências de comércio exterior. Em troca, a Polônia buscava garantir para si o abastecimento regular de forragem para gado. Os contratos de venda de matérias-primas deviam prever modalidades de revisão periódica dos preços concebidas de modo a reduzir as variações dos termos de troca.

Levei cinco semanas discutindo nossas propostas com Pitamber Pant, responsável pela divisão de planejamento de longo prazo da Comissão do Plano indiana e braço direito de P. C. Mahalanobis, pai dos planos quinquenais da Índia. Evidentemente, o fato de ter conhecido meus interlocutores por intermédio de Kalecki facilitou a tarefa. Quando eles se convenceram da pertinência da iniciativa, o acordo foi assinado em poucos dias.

Primeira surpresa desagradável para mim: toda a imprensa indiana publicou um comunicado, mas os jornais poloneses silenciaram. De volta, apresentei-me ao ministro, que me disse: "Você fez um bom trabalho, agora precisa vendê-lo a meus colaboradores". O primeiro diretor do ministério com quem falei se insurgiu: "Só loucos, como Kalecki e você, podem propor coisas semelhantes. Enquanto os termos de troca evoluírem em nosso favor, correrá tudo bem, mas no dia em que evoluírem em favor dos indianos, quem irá para a cadeia? Você ou eu? Enquanto eu for diretor no ministério, não haverá acordo sobre os produtos cotados em Bolsa senão baseado nas cotações internacionais do dia".

Fui à Oficina Central do Planejamento polonês, tentando explicar que era de nosso interesse comprar máquinas e ferramentas de fabricação indiana, já que os indianos trabalhavam com patentes suíças. Ora, pagávamos por máquinas idênticas em francos suíços, divisa de que a Polônia carecia sempre, ao passo que na Índia conseguiríamos financiar a compra graças às exportações. Sem falar que o fato de ser o primeiro país europeu a importar da Índia equipamentos industriais ou vagões de trem constituiria um extraordinário capital de boa vontade, já que uma jovem nação do Terceiro Mundo tem muita dificuldade em se afirmar nos mercados internacionais. Minha alocução foi recebida por uma salva de risos. É brincadeira propor que um país europeu compre máquinas na Índia!, disseram-me os engenheiros da Oficina do Planejamento.

Todo o nosso projeto repousava na ideia de negociar simultaneamente acordos de exportação e importação. No entanto, os exportadores de equipamentos poloneses para a indústria mineira saíram de Varsóvia para Délhi no dia seguinte a meu regresso. Suas gratificações dependiam do contrato de exportação e eles estavam pouco ligando para as importações. Por mais planejada que fosse a economia polonesa, conciliar os interesses fragmentados das empresas de exportação e importação e coordenar sua ação revelava-se uma tarefa que certamente ultrapassava as possibilidades de um jovem conselheiro do ministério — e para completar um acadêmico, o que aos olhos de certos burocratas representava uma séria desvantagem.

A segunda consequência de minha passagem de menos de dois anos pelo ministério foi poder perceber o absurdo de certos procedimentos que na época eram aplicados. Elaborava-se um plano de vinte anos da mesma maneira que um plano anual. Isto é, pedia-se a um funcionário para prever quantas caixas de pepino em conserva a Polônia ia exportar para a Inglaterra em 1980, quando ainda estávamos em 1961.

Eu e um colega que trabalhava no comitê central do Partido, na seção de comércio exterior, nos fixamos numa tarefa ambiciosa: propor uma metodologia muito mais flexível de planejamento a longo prazo. E aí, novo desapontamento. Conseguimos apresentar nosso trabalho ao colégio diretor do ministério e nos felicitaram. Mas nada foi feito para aplicar nossas propostas. Era muito mais simples continuar a preencher as casas dos formulários com números fantasiosos, ainda que fosse para apagá-los e substituí-los por outros, tomando cuidado para que o total das caixas de pepinos em conserva exportadas para os diferentes destinos não ultrapassasse o nível de produção global previsto dali a vinte anos! O método então em vigor, chamado de balanços materiais, tinha muito mais a ver com a contabilidade do que com o planejamento no sentido profundo do termo.

RUMO AO ENSINO E À PESQUISA

Compreendi, portanto, que mais valia me centrar na universidade. Tanto mais que a instalação do pequeno centro de pesquisas sobre as economias subdesenvolvidas requeria um grande esforço. Fizemos questão de que ele dependesse ao mesmo tempo da Escola de Planejamento e da Universidade de Varsóvia. Essa dupla vínculo me levou, mais adiante, a dar aulas no Instituto de Estudos Africanos e, depois, na faculdade de geografia da Universidade de Varsóvia. O conselho científico do Centro era composto, em partes iguais, por professores dos dois estabelecimentos e incluía nomes de grande prestígio: Kalecki, Lange, Bobrowski, Kula.

Muito depressa demos um passo importante. Organizamos em 1963 um curso de planejamento, em inglês, para os economistas dos países subdesenvolvidos. Entre 1963 e 1968, recebemos cerca de duzentos economistas dos três continentes e um grande número de conferencistas estrangeiros, já que o curso tinha recebido o apoio das Nações Unidas. A ONU concedia bolsas e financiava a ida de professores estrangeiros. Empreendemos um programa ambicioso de publicações em inglês, destinado a nossos estudantes, e até uma coleção de colóquios por correspondência, com a participação de diversos pesquisadores estrangeiros. Foi realmente uma aventura intelectual de primeiríssimo plano, que aliás nos valeu um relatório de uma subcomissão do Senado americano, creio que em 1965. Segundo os autores do relatório, nosso curso era uma operação ideológica perigosa pelo fato de que não fazia nenhum esforço de doutrinamento, não tentava vender o modelo socialista, insistia ao contrário nas diferenças entre as modalidades de funcionamento dos países socialistas e as dos países em vias de desenvolvimento. Estudávamos em detalhes essas diferenças e não nos privávamos de um olhar crítico sobre o modo como funcionava nossa economia.

Nosso programa compreendia três vertentes: o centro, que eu dirigia, com seus assistentes e doutorandos, o curso de planejamento, e um seminário de pesquisa feito conjuntamente pelos três grandes: Kalecki, Lange e Bobrowski. O seminário se reunia no Palácio do Conselho de Ministros, onde Bobrowski ocupava uma suntuosa sala a título de primeiro vice-presidente do Conselho Econômico. Embora o mandato de Bobrowski tivesse expirado em 1962, sua sala lhe fora deixada, e nossas reuniões eram em torno de uma gigantesca mesa redonda, ao que parece a maior da Europa. Nosso anfitrião tinha especial orgulho dela, pois a mandara fazer na época em que ocupava o cargo de presidente do Comissariado do Planejamento logo depois da Segunda Guerra Mundial.

O seminário era fascinante por vários aspectos, a começar pelo contraste entre os três mestres.

Lange falava sempre com frases perfeitamente acabadas e que se prestavam, tais quais, à publicação, sem se mudar uma vírgula. Sua cultura era impressionante. Sofrendo de tuberculose óssea desde a infância, insone, devorador de livros nos campos mais inesperados, tinha um conhecimento enciclopédico das ciências sociais. Deve-se a ele uma obra pioneira de cibernética econômica. Interessava-se, entre outros assuntos, pela filosofia tântrica; as más línguas alegavam que também tinha uma linda coleção de desenhos tântricos muito provocantes. Possuía aguçado sentido da dialética da história. Lembro-me de uma longa conversa durante a qual me explicou que os operários da Europa do Leste é que pagavam o preço da instalação do Estado-providência no Ocidente. Foi porque os regimes socialistas se instalaram na Europa do Leste que o capitalismo ocidental teve de fazer concessões a seus proletários.

Bobrowski se distinguia por sua intuição. Como todos os intuitivos, acontecia-lhe às vezes de se enganar redondamente, mas em geral possuía excelente faro. Pregava também um princípio metodológico, a meu ver muito correto: todas as reformas podem ser mais ou menos audaciosas; o grau de audácia é uma variável política importante.

Geralmente fazia excelentes análises de política econômica, apresentadas de modo metafórico. Sabia encantar seu público, e, como se não bastasse, falava um ótimo francês e mantinha um relacionamento estreito com vários economistas franceses, ao passo que as redes de amizades intelectuais de Kalecki e de Lange eram mais orientadas para os países anglo-saxões. Os três tinham bons contatos no Terceiro Mundo: Lange, na Índia e no Egito, Kalecki, na Índia e no México, Bobrowski, na Argélia, onde foi conselheiro do presidente Boumedienne.

No quadro do seminário, travamos batalhas homéricas sobre o papel estratégico das "indústrias industrializantes" e sobre as relações campo-cidade na Argélia. Em 1966 e 1967, organizamos um curso de planejamento em francês, destinado aos economistas argelinos.

Enfim, Kalecki era extremamente rigoroso em seu modo de pensar e conciso ao escrever. Eu sempre tinha a impressão, quando ele criticava um texto ou analisava uma situação, que sua mecânica cerebral era tão precisa quanto os melhores relógios suíços. Tinha uma capacidade extraordinária de abstração, sem por isso perder a ligação com a prática. Trabalhava sobretudo refletindo. Lia muitos romances, esquadrinhava cuidadosamente a imprensa diária, percorria as publicações que os amigos lhe enviavam, mas os livros sobre economia não o atraíam. Em compensação, era apaixonado pela teoria dos números e deixou diversas contribuições nesse campo em geral mais explorado por jovens matemáticos. Volta e meia nos dizia que atrás de cada linha de suas obras havia situações vividas. Disso tirava material para textos muito sucintos, de aparência abstrata, difíceis de ler, despojados de todos os detalhes não essenciais, de modo a transmitir em seus traços fundamentais a dinâmica da economia.

Eu costumava ir vê-lo todos os dias. Ele trabalhava numa sala grande; era miúdo e frágil, parecia perdido na grande poltrona que adorava, tinha os olhos negros e penetrantes. Quando o vi em outra grande poltrona recebendo seu doutorado *honoris causa* na Universidade de Varsóvia, vestindo a toga, pareceu-me sair diretamente de um quadro de Velásquez que representasse um cardeal. Era de uma pontualidade proverbial. Quando Kalecki entrava no prédio da Escola, todo mundo acertava o relógio. Eram dez em ponto. Saía às duas da tarde em ponto, sempre vestindo o mesmo agasalho.

Eu batia a sua porta, de vez em quando, para o ouvir dizer: "Bom dia, volte em dezessete minutos, pois estou refletindo".

Eram três senhores muito diferentes. Respeitavam-se. Em público, não havia tensões. Penso que Kalecki achava que Lange deixava sua esposa o empurrar para o mundo da representação (era um dos vice-presidentes do país), em detrimento de sua saúde frágil. Mas ter os três juntos era algo extraordinário. Tanto mais que atraíam — Kalecki sobretudo — inúmeros economistas estrangeiros, entre os mais famosos. Na época, dizia-se que havia três Cambridge: a inglesa, a americana (com o MIT e Harvard), e a oriental (Varsóvia).

Volto a nossos três líderes: Lange, socialista antes da guerra, era membro do comitê central do POUP e vice-presidente do Conselho de Estado (a Presidência coletiva do país). Bobrowski, socialista antes da guerra, não pertencia a nenhum partido político na época do seminário. Quanto a Kalecki, nunca na vida foi membro de nenhum partido. Quando escreveu os textos fundamentais sobre o planejamento para o Partido Trabalhista britânico, publicou-os anonimamente. Em toda a sua vida foi com certeza, como se diria na França, um homem de esquerda, com sólida cultura marxista — apreciava em especial Rosa Luxemburgo —, bastante eclético na sua formação e alérgico ao uso das citações. Eram as hipóteses que o interessavam em primeiro lugar, estabelecidas a partir de uma análise factual, e depois, a dedução a partir de hipóteses. Com frequência utilizava a linguagem matemática, ele que me dissera para não empregá-la quando podemos dizer as mesmas coisas mais simplesmente.

Numa de suas equações sobre o crescimento das economias socialistas, há um parâmetro que ele definiu como o da hesitação do governo em reduzir o consumo das massas. Esse parâmetro é absolutamente fundamental para o comportamento do sistema. Mas Kalecki era o primeiro a dizer que ele não pode ser estimado econometricamente. Quando os tchecos tentaram fazê-lo, eu o vi triste, andando de um lado a outro na sua sala e dizendo: "Não posso desaprová-los porque estão bem-intencionados e porque queremos ajudar a revolução de Dubcek, mas fazem uma besteira monumental...".

Fizemos desse seminário um lugar de passagem obrigatória para todos os cooperantes poloneses que trabalhavam nos países do Terceiro Mundo e também nas Nações Unidas. Kalecki tinha inventado um jogo para ensinar o planejamento a partir das estatísticas de países fictícios mas que se pareciam com países reais. Assim, havia um Cocoaland, que era Gana multiplicado por um coeficiente qualquer para embaralhar as pistas e para se livrar das restrições políticas que pesariam nas discussões sobre um plano para Gana. Trabalhávamos aproveitando a experiência adquirida pelos especialistas poloneses em missão no Iraque, na Etiópia, em Uganda ou em Gana.

Eu mesmo quase fui para Gana, pois um dia recebemos em Varsóvia a visita de Abrahams, emissário do presidente Kwame Nkrumah, filósofo de formação, encarregado de criar um instituto dedicado a codificar e popularizar o pensamento do presidente, que já se via como um Mao Tsé-tung africano.

Abrahams me entrevistou e disse que procurava um economista como eu. Perguntei: "Quando, o quê, como?". Ele respondeu: "Imediatamente!". A coisa não andou, felizmente. Foi um sociólogo africanista, S. Chodak, que partiu para Gana. Quando um golpe de Estado destituiu o presidente em 1966, ele se viu na selva com sua escova de dentes como única riqueza...

BATISMO NAS NAÇÕES UNIDAS

Foi em 1961 que descobri as Nações Unidas, em condições excepcionais. Era o início do primeiro decênio do desenvolvimento, lançado por seu secretário-geral. O vice-ministro das Relações Exteriores me chamou e perguntou se eu colaborava na revista polonesa *Ekonomista*. Disse-lhe que tinha publicado um ou dois artigos na revista. "Muito bem, ele respondeu. Aceitaria representá-la numa reunião de jornalistas que o secretário-geral das Nações Unidas organiza em Genebra para lançar o primeiro decênio do desenvolvimento?" Aceitei, contanto que o redator-chefe de *Ekonomista* concordasse. O vice-ministro me prometeu cuidar disso. Meia hora depois, chamou-me para confirmar que estava tudo certo e que eu devia partir dali a dois dias para Genebra; meu passaporte estaria pronto a tempo, o que era uma verdadeira façanha nas condições polonesas.

Foi assim que me vi em Genebra, em torno de uma mesa onde havia a minha frente a tabuleta *The Warsaw Economist*, defronte daquela do *The London Economist*. Hubert Beuve-Méry, diretor do *Le Monde*, e alguns outros jornalistas do mesmo calibre estavam presentes. Eu só conhecia um, o redator-chefe de uma publicação mensal indiana. Por vários dias fomos brindados com uma apresentação detalhada feita pelos dirigentes de todas as grandes organizações das Nações Unidas sobre o que contavam fazer durante o primeiro decênio do desenvolvimento. Para mim foi uma iniciação maravilhosa, impossível ter algo melhor.

Voltando a Varsóvia, depois de certo tempo recebo um telefonema do redator-chefe de *Ekonomista*, o professor Lipinski, que me disse: "Com que direito você me representou em Genebra?". A história foi a seguinte: havia em Varsóvia dois professores Lipinski, um dirigia *Ekonomista* e o outro, professor na Escola de Belas-Artes, dirigia o semanário satírico *Szpilki* (Os Alfinetes). O ministro se enganara de Lipinski e telefonara para o humorista. Este, a quem perguntaram se tinha objeção a que o professor Sachs representasse *Ekonomista* em Genebra, respondeu: "De jeito nenhum". Sabendo perfeitamente que se tratava de um quiproquó.

Esse quiproquó foi uma bênção que me permitiu entrar no mundo das organizações internacionais. Voltei a Genebra no ano seguinte, como secretário da delegação polonesa, presidida por Kalecki, para a primeira Conferência das Nações Unidas sobre a Ciência e as Técnicas a Serviço do Desenvolvimento. Foi uma conferência monstruosa pelo tamanho, com quase 2 mil textos apresentados, três semanas de apresentações e debates. A delegação americana, com mais de 250 membros, ocupava sozinha o maior hotel cinco estrelas de Genebra!

Foi nessa ocasião que participei de um debate público sobre o desenvolvimento do Terceiro Mundo, organizado pelos estudantes da Universidade de Genebra. No início dos anos 1960, quando se precisava de um "socialista do Leste", frequentemente se convidava um polonês, pois parecia mais "civilizado" que os outros. No entanto, o reitor da universidade não ficou muito entusiasmado ao me ver chegar. Assim, me vi na tribuna ao lado de Gabriel Ardant, dois outros debatedores cujo nome já não lembro, e um jovem secretário da embaixada do Brasil, representando o embaixador Josué de Castro. No final de minha exposição, verifiquei que o reitor relaxara, pois eu não tinha convocado ninguém para a revolução armada! A surpresa veio do jovem brasileiro, que declarou de saída: "No Brasil, o problema central é a reforma agrária, e a única maneira rápida de realizá-la é fuzilar todos os grandes proprietários". Sem rodeios.

Como poloneses, tínhamos uma posição duplamente privilegiada. Aos olhos dos ocidentais, como acabei de lembrar, éramos os "civilizados" da Europa do Leste. Aliás, os delegados dos "países irmãos" desconfiavam dos heréticos poloneses, embora adorassem ser convidados para ir a Varsóvia, que para eles fazia as vezes de janela aberta ao Ocidente. Como dizia uma piada que nos divertíamos em contar sobre nós mesmos, a Polônia era a barraca mais engraçada do acampamento.

No início dos anos 1960, gozávamos de grande autonomia para a pesquisa e os contatos com nossos colegas ocidentais. Comparados com os países irmãos, tínhamos um acesso bem melhor à informação. Depois de 1956, podíamos ler *Le Monde* e vários outros diários ocidentais nos clubes de imprensa, a não ser se um desses jornais contivesse um artigo crítico sobre a Polônia. A ausência do jornal na estante aguçava o apetite para se conseguir o artigo incriminado. As rádios ocidentais podiam ser ouvidas, mas a transmissão sofria interferências. Em Varsóvia, que dispunha de duas estações radiofônicas, quando dizíamos "ouvi esta ou aquela informação na Varsóvia 3", isso significava que tinha sido no programa *A Voz da América*, que emitia em polonês a partir de Munique; a BBC também tinha programas em polonês.

Mesmo assim, eu passava várias horas por semana tentando obter informação. A agência de imprensa polonesa (PAP) publicava diversos boletins, sendo um totalmente inacessível que, parece, circulava em uma dezena de exemplares e era destinado unicamente ao gabinete. O redator desse boletim era extraordinariamente influente, pois era muito chegado aos dirigentes do país. Havia também um boletim chamado "Boletim Especial", com uma tiragem de cerca de mil exemplares, para um público escolhido a dedo, com muito mais informações do que a imprensa diária. Eu o conseguia com jornalistas amigos. Uma ou duas vezes por semana ia à redação do mensal *Nowe Drogi*, órgão central do Partido, onde trabalhavam intelectuais que, por uma ou outra razão, já não eram bem-vistos, mas que se precisava tratar bem pelos serviços prestados ao Partido no passado. Eles se entediavam terrivelmente e adoravam que chegasse alguém para conversar. Eu fazia para eles uma análise dos problemas sobre os quais estava bem informado e, em troca, deixavam-me consultar o boletim e me passavam de bom grado as informações que possuíam, inclusive os rumores que circulavam nos corredores do poder. Acho que eu era mais bem informado em Varsóvia que em Paris.

Pouco tempo depois da Conferência sobre a Ciência e a Técnica, nasceu a UNCTAD (Conferência das Nações Unidas para o Comércio e o Desenvolvimento), instituição da ONU mais voltada para os interesses do Terceiro Mundo. Participei da preparação dessa conferência sem desconfiar que seria chamado a colaborar, 46 anos depois, com a organização da XII UNCTAD. O economista argentino Raúl Prebisch, que iria se tornar o primeiro secretário executivo da UNCTAD, fora a Varsóvia acompanhado pelo polonês Wladyslaw Malinowski, amigo chegado de Lange e de Cyrankiewicz — na época primeiro-ministro da Polônia — e que teria um papel muito importante nas Nações Unidas. Os três militaram juntos no Partido Socialista nos anos 1930. Malinowski passou a guerra na Inglaterra e foi dos primeiros a trabalhar nas Nações Unidas. Tornou-se secretário do Conselho Econômico e Social e participou ativamente da criação das comissões regionais. Eu já o conhecia do Rio de Janeiro, mas foi uma ocasião para revê-lo e encontrar Prebisch, sobre quem eu acabava de publicar um longo artigo.

Bobrowski ficou à frente da comissão encarregada de preparar a contribuição da Polônia para a primeira UNCTAD. Fizemos questão de retomar a ideia que já fora objeto de minha missão na Índia, isto é, propor modalidades de cooperação entre os países socialistas e os do Terceiro Mundo, fundadas em acordos de longo prazo. Preparamos uma comunicação precisa e sólida e um projeto de resolução. E nisso, alguém nos denunciou como cavalo de troia do Terceiro Mundo. Consequência? De vice-presidente da delegação fui rebaixado a simples membro. Como no mesmo momento recebi um convite para um congresso em Lagos, desprezei Genebra. A delegação polonesa, ainda assim, apresentou o projeto de resolução sobre a cooperação entre os países de regimes políticos diferentes, que a UNCTAD votou. Apoiados nessa resolução, os países do Terceiro Mundo começaram a pedir à

Polônia negociações que jamais se iniciaram. Nas altas esferas, continuava-se a achar que o procedimento favorecia demais os países do Terceiro Mundo.

No que me diz respeito, fui para Lagos. Foi minha primeira viagem à África. O governo nigeriano me enviara uma passagem de primeira classe, de Roma a Lagos, e foi assim que pude comer caviar e beber champanhe sobrevoando o Chade. Era um avião nigeriano, a primeira classe estava lotada, a classe turística vazia. Em Lagos, fomos recebidos regiamente. Tratava-se de um congresso sobre o planejamento dos recursos humanos, organizado pela Fundação Ford. Mais uma vez, eu era o europeu do Leste de plantão. Encontrei um amigo indiano, que era o "indiano" de plantão, Harbison, autor de um livro importante sobre o tema, e vários outros anglo-saxões que formavam o essencial do grupo. Cada participante dispunha de um carro com motorista. O meu possuía um lindo boné, mas tirava as sandálias para dirigir. No segundo dia, informou-se sobre o prazo de minha permanência — quinze dias — e lamentou que eu não ficasse mais tempo, pois gostaria de trabalhar para mim. Fiquei surpreso, pois ele era funcionário do Ministério das Relações Exteriores e dirigia um dos cinquenta Mustangs que os americanos acabavam de oferecer à Nigéria independente. Ele me disse: *This government not good. My boss three jobs; me one* [Esse governo não bom; meu patrão três empregos, eu um].

Em Ibadan, segunda cidade do país, mostraram-nos o hospital que, na época, era um dos mais modernos do mundo e dispunha de uma centena de médicos expatriados, bem pagos e alojados em suntuosas mansões. O orçamento do hospital absorvia um terço do orçamento do Ministério da Saúde! A metade dos leitos era ocupada por doentes crônicos em fase terminal, oriundos das grandes famílias locais, que não precisavam do hospital mas não podiam ser postos na rua para dar lugar a doentes que morriam por falta de tratamentos de alta complexidade. Um médico nos contou a história de um jovem voluntário americano do Peace Corps, professor primário num vilarejo perdido, que estava ali sendo tratado depois de um acidente. Assim que melhorou, tentou pôr fogo no suntuoso hospital — que mais parecia um hotel cinco estrelas — gritando que aquilo era um escândalo, pois na aldeia onde lecionava as pessoas morriam diariamente, vítimas da malária, por falta de uns tostões para uma dose de quinino.

Fui a Enugu, futura capital do Biafra, em que um ministro me perguntou de onde eu vinha. Respondi que era da Polônia e ele retrucou: "Ah, o senhor é holandês!". Insisti e ele se obstinou: "Amsterdã, sim". Finalmente compreendeu quando eu disse: "Varsóvia, não Amsterdã!". E me felicitou por vir daquele maravilhoso país que tinha, de um lado, os alemães, e de outro, os russos: *You happy country, between Germany and Russia...* Nenhuma ironia em suas palavras, mas quando contei essa história em Varsóvia ela circulou durante um ano.

Guardo boa lembrança de minhas conversas africanas. Na época, os nigerianos estavam atormentados com o problema dos diplomados da escola primária, em quem se tinha inculcado o desprezo pela agricultura e pelos afazeres manuais e que acorriam aos milhares para os subúrbios das grandes cidades a fim de aprender datilografia, aspirando à carreira de contínuo para, em seguida, trabalhar em escritórios. Harbison e seus amigos se enganaram ao tentar avaliar as necessidades de quadros em função da taxa projetada de crescimento econômico. Tentei contradizê-los argumentando que o crescimento puxado pela produção mineira cria uma demanda para os geólogos, ao passo que a expansão do turismo exige *maîtres d'hôtel*. O eminente economista austríaco Joseph Steindl escreveu um texto definitivo a esse respeito, publicado pela OCDE. O participante indiano se juntou à minha posição: o planejamento dos recursos humanos exige previamente um plano estratégico de desenvolvimento. Na ausência de investimentos produtivos, pensar apenas na formação de mão de obra qualificada produz desempregados diplomados. A educação é uma das alavancas do desenvolvimento, mas certamente não é uma varinha de condão para criar empregos. Não tivemos ganho de causa. Harbison persistiu.

Ao longo de toda essa temporada, pude perceber as rivalidades interétnicas. A guerra do Biafra estourou logo depois, com seu cortejo de vítimas. Nunca mais voltei à Nigéria.

ESPECIALISTA EM PLANEJAMENTO

Torno-me então um frequentador assíduo de encontros internacionais, o que incontestavelmente me abre mais a outros questionamentos do que se eu tivesse ficado apenas dentro dos "países do Leste".

Mais uma vez, graças a Kalecki, tive acesso ao pequeno círculo de especialistas em planejamento. Fui a Ankara em 1964, a Amsterdam em 1966 e a Santiago do Chile em 1968, respectivamente a três seminários sobre planejamento organizados pelo secretariado das Nações Unidas. Em Ankara, consegui me liberar num domingo para dar um pulo à Capadócia e admirar as construções escavadas na rocha. No caminho de volta, faria a descoberta de Istambul.

Na conferência, opus-me a um "jovem turco" paquistanês, Mabhub Haq, que mais adiante se tornará uma grande estrela do Banco Mundial, e depois do Programa das Nações Unidas para o Desenvolvimento (PNUD). Ele sofria de *growthmania* e pregava um crescimento desmedido, de 10%, 12% e, por que não, 15% ao ano! A esse voluntarismo desenfreado retruquei que era melhor conseguir 5%, fixando-se 6% como objetivo, do que imaginar 12% e realizar 2%! Na minha argumentação eu citava o livro de René Dumont, *L'Afrique noire est mal partie*, que acabava de ser publicado.

Contradisse-me Joseph Henry Mensah, presidente do National Development Planning Commission de Gana, que me disse: "Senhor Sachs, até o fim de sua vida deveria se lembrar de que só o que há de melhor no mundo é suficientemente bom para nós, africanos". A frase é textual. Eu fazia o possível para me liberar das viseiras do eurocentrismo, para relativizar minhas palavras e sugerir soluções ao alcance dos países africanos, inclusive com o recurso às técnicas intermediárias; E. F. Schumacher tinha trabalhado com Kalecki em Oxford durante a guerra e estávamos informados sobre sua cruzada em favor do *small is beautiful*, título de seu livro publicado em 1973. E Mensah interpretava isso como uma tentativa neocolonialista de impor um desenvolvimento de segunda mão.

Foi a partir desse episódio que comecei a refletir muito sobre a difícil compreensão do outro e sobre os quiproquós por vezes trágicos que daí resultam. Mais tarde, li que durante o primeiro debate sobre "o modo de produção asiática", Kuo Mojo, que na época de Mao foi presidente da Academia de Ciências da China, declarara que os chineses recusavam a ideia de um desenvolvimento diferente daquele dos europeus, porque não eram macacos.

Minhas relações com Haq se complicaram mais adiante. Nossos caminhos se cruzaram várias vezes, em particular durante os preparativos da conferência de Estocolmo sobre o meio ambiente, em 1972, e depois na Cúpula da Terra, no Rio de Janeiro, em 1992.

Quando o primeiro relatório do PNUD sobre o desenvolvimento humano foi publicado — ele era seu principal autor —, escrevi uma resenha crítica. Saudava a grande originalidade desse relatório mas alfinetava o índice de desenvolvimento humano, argumentando que é absurdo querer encontrar um índice sintético do desenvolvimento. Muito pelo contrário, a pluridimensionalidade do conceito exige que se recorra a uma bateria de índices, irredutíveis uns aos outros. Até organizei, mais tarde, um número especial de uma revista da Unesco sobre esse assunto.

Penso, na verdade, que nenhum de nós gostaria de se ver num avião supersônico dotado de um único instrumento de controle. Mais vale aprender a utilizar um painel de bordo complexo. Não há razão tampouco para querer estabelecer, com a ajuda de um índice sintético, a classificação dos diferentes países em vias de desenvolvimento como se se tratasse de um campeonato de futebol, onde há o primeiro, o segundo, o décimo, o último. O que me importa é saber se estou melhor em relação a ontem e não se fui ultrapassado por este ou aquele país. Acho malsão esse modo de classificação e de análise.

Há um texto surpreendente de Amartya Sen num dos relatórios recentes do PNUD. Ele conta que, na primeira vez que viu o índice, também emitiu reservas, mas seu amigo Haq o convenceu de que era um excelente meio de mobilizar a imprensa em torno dos problemas do desenvolvimento. Haq jamais me perdoou por minha crítica. Assim, quando Maurice Strong, secretário da Cúpula da Terra no Rio de Janeiro em 1992, me encarregou de escrever o documento de base sobre "o desenvolvimento e o meio ambiente", Haq deu um jeito de não incluí-lo, como combinado, numa publicação do PNUD, amplamente distribuída aos delegados da Conferência do Rio. Pequena vingança de um grande homem. Mas meu texto circulou, em versão mimeografada...

O interesse manifestado em nível internacional pelo planejamento polonês devia-se a suas diferenças em relação ao pensamento e à prática soviéticos.

Com sua agricultura reprivatizada, um pluralismo de fachada na Dieta e a presença importante da Igreja católica, a Polônia seguiu uma trajetória que a distinguiu dos países irmãos e, muito certamente, da União Soviética que, depois do reino turbulento de Kruschev, estava se afundando no *glacis* brejneviano. Para nós, a União Soviética funcionava como um antimodelo que deveria ser ultrapassado para a construção de um socialismo de rosto humano. Nos fixamos em posições reformistas, críticos em relação à União Soviética mas ainda convencidos de que, confrontado à alternativa capitalista, o socialismo real podia se reformar de dentro e merecia fazê-lo. Era Gorbatchev *avant la lettre*. Enquanto isso, nos consolávamos com o fato de que cada dia demonstrava a superioridade do socialismo sobre o capitalismo, já que a Polônia sobrevivia às barbeiragens de seus dirigentes. Qualquer outro regime teria desmoronado há muito tempo!

Em matéria de planejamento, os russos não tinham nada de muito divertido a nos propor. Alguns livros soviéticos classificavam Kalecki como um "economista burguês", sabendo perfeitamente que ele estava à frente da Oficina do Planejamento em Varsóvia e que, no Conselho para Assistência Econômica Mútua (COMECON), desempenhava um papel essencial na elaboração de um sistema de preços independente, supostamente para liberar os países do bloco da tirania dos preços mundiais.

Devo esclarecer que durante toda a minha permanência na Polônia fui convidado pelos tchecos durante uma semana, pela Alemanha Oriental, por dois dias, mas jamais por outro país do Leste ou pela União Soviética. Mal e mal transitei por Moscou, em 1959, durante uma viagem para a Índia. Era raro que um economista soviético, alemão oriental ou húngaro fosse a Varsóvia, pelo menos na minha área.

Certamente, havia os contatos oficiais. Kalecki se saía bastante bem e dialogava com seus colegas soviéticos. A um econometrista soviético orgulhoso de possuir um computador que apitava quando detectava um erro "lógico", Kalecki retrucou que manifestamente esse computador era mais sincero que os humanos, mas no que se referia à capacidade de detectar erros ele tinha mais confiança no próprio cérebro.

Durante todos esses anos, a vida intelectual em Varsóvia era rica e eu a usufruía plenamente. Varsóvia é suficientemente grande para que se encontre tudo o que se deseja do ponto de vista intelectual, e suficientemente pequena para que se conheça todo mundo que conta. Isso permitia a cada um circular em diferentes meios próximos a suas preocupações. Tornei-me amigo de Witold Kula, eminente historiador que organizava um seminário apaixonante no Instituto de História da Academia de Ciências. Ensinei no Instituto de Estudos Africanos. Tínhamos reuniões semanais na Associação Polonesa de Economistas. Aliás, Krzysztof Pomian demonstrou sua amizade ao me associar a seu projeto de vulgarização do saber por meio de uma coleção de livrinhos publicados na base de dois por mês e que tiveram um êxito extraordinário. Mais de 20 mil exemplares vendidos em média, num país de 30 milhões de habitantes. O trabalho do comitê de redação era apaixonante.

Em 1966 foi organizado o primeiro congresso polonês de ciências políticas, de que participei. Argumentei que, numa economia que ia ficando cada dia mais complexa, era preciso mais *feedback* entre a sociedade e os que a governavam, e para isso era indispensável que se travasse na imprensa uma discussão aberta e pluralista, e que se tivesse o direito ao erro de boa-fé, sem sofrer a guilhotina da sanção política. Foi também a época em que se organizou em Tarda um imenso colóquio sobre o modelo da cultura polonesa no horizonte do ano 2000, colóquio verdadeiramente interdisciplinar que reuniu um amplo leque de personalidades, desde os generais do estado-maior até os filósofos. Adquiri a convicção de que certas variáveis do desenvolvimento econômico nunca foram discutidas como tais e de que temos dificuldade em captar sua ordenação. Baseando-se em projeções demográficas, os arquitetos nos dizem quantas moradias pensam em construir no horizonte do ano 2000, e os demógrafos retrucam: "Digam-nos a quanto vocês vão reduzir a penúria de habitações e nós lhes diremos como evoluirá a curva dos nascimentos". Quais são as invariantes do modelo cultural? Onde se situavam os limites de mudança dos comportamentos coletivos? Como arbitrar entre os modelos de consumo que diferem pela importância conferida ao consumo público em detrimento do consumo privado? Que fazer para que o planejamento ataque a questão essencial da formulação de objetivos a longo prazo, de um projeto nacional digno desse nome, em vez de se isolar na esfera instrumental? E, por fim, como garantir a transparência desse processo e a ele associar a opinião pública?

Voltei de Tarda com a cabeça repleta de perguntas e dúvidas. Kalecki, mais que ninguém, fincou as estacas de um planejamento a longo prazo no horizonte de quinze ou vinte anos, centrado na escolha de uma taxa de crescimento econômico. Mesmo assim, tomou o cuidado de introduzir as variáveis políticas. Mas o planejamento do consumo continuava a ser nosso ponto fraco. Estilos de consumo, estilos de vida são noções que remetem à antropologia cultural, abrindo para mim um novo campo de reflexão.

A conferência de Tarda deu o que falar. A ala dura do Partido viu nela uma operação ideológica de envergadura e efeitos desestabilizadores, e pediu sanções para seu organizador, Stefan Zolkiewski, secretário da Academia de Ciências e crítico literário renomado. De modo difuso sentimos que o clima político se deteriorava e que as nuvens se acumulavam.

A possibilidade de circular pela Europa ocidental foi um privilégio inegável que me permitiu encontrar intelectuais de renome e também lustrar minhas primeiras armas teóricas. Em 1964, Oscar Lange, doente, me pediu para representá-lo na reunião do grupo de trabalho encarregado pela Unesco de escrever um relatório sobre as principais tendências das ciências sociais. Passei uma temporada em Paris e assisti na sede da Unesco a um longo diálogo entre Jean Piaget e Claude Lévi-Strauss sobre as diferenças entre as ciências sociais e as ciências exatas e a complexidade das primeiras em relação às segundas. Escutei admirado as falas de ambos. No final da tarde, a televisão suíça convidou vários participantes a responder a algumas perguntas. Claro, lá estava Piaget, porque era Piaget e porque era cidadão suíço. Estavam Lazarsfeld e Jacobson porque eram mundialmente famosos. E lá estava eu, porque se precisava de um representante dos "países do Leste"! Quando os outros acabaram de falar, senti por um curto instante a irresistível vontade de dizer: "Bem, quer dizer, gosto de *gruyère*". O que queriam que eu dissesse na presença deles?

Apesar dessa medíocre apresentação televisiva, tornei-me membro titular do grupo de trabalho depois da morte de Oscar Lange, e a Unesco me encarregou, ao lado de Wladimir Brus e Tadeusz Kowalik, de escrever o capítulo "economia" do relatório sobre as tendências principais das ciências sociais. Enquanto isso, a situação política em Varsóvia se degradara e não desejávamos de jeito nenhum aparecer como desviacionistas ao enviarmos um texto que tinha escapado à censura. Que fazer? Submetê-lo seria condená-lo irremediavelmente, enviá-lo direto à Unesco equivaleria a passar por cima de nossos superiores hierárquicos na universidade. Em suma, devíamos imaginar um estratagema. Cada um de nós assinou um artigo que constituía parte de nosso tríptico. Cada artigo saiu numa publicação polonesa e encaminhamos o relatório, formado por esses três textos, às Nações

Unidas. Assim, caso necessário poderíamos afirmar que os textos tinham sido publicados em três revistas polonesas e que a censura nada encontrara para dizer.

Um desses artigos será, mais adiante, utilizado contra mim na longa lista de críticas que haverão de me fazer. Por ora, e era o essencial, a situação me permitiu voltar a Paris várias vezes, travar sólidas relações, especialmente com a 6ª seção da École Pratique des Hautes Études (EPHE), que se tornaria mais tarde a École de Hautes Études en Sciences Sociales (EHESS). Fui convidado a proferir duas conferências no seminário de Claude Lévi-Strauss na escola e outra no local da Academia de Ciências da Polônia em Paris.

Para a minha primeira intervenção, com Lévi-Strauss, escolhi falar do que um economista pode aprender com os antropólogos, e tive êxito. Tentei mostrar como um economista do desenvolvimento era sensível ao problema dos "limites de mudança de comportamento" e como a análise desses limites era tributária da pesquisa antropológica. Na época, eu me correspondia com o antropólogo australiano Fisk, que me enviara a surpreendente canção de um polinésio. Resumo-a: "Adoro cerveja, iria de bom grado à cidade vizinha para tomar umas cervejas, mas tenho de andar várias horas, e além disso carregar um pesado saco de nozes, porque preciso de muitas nozes para comprar uma cerveja pequena. Então, ao diabo o dinheiro que não vale nada, deito-me à sombra de uma palmeira e peço à minha mulher para fazer vinho de palma". Para mim, era uma revelação: em que momento a atitude desse polinésio frente ao dinheiro vai mudar? Quando os termos de troca entre as nozes e a cerveja tiverem se modificado? Quando se tiver instalado uma linha de ônibus entre sua aldeia e a cidade? Ou quando acontecerem as duas coisas ao mesmo tempo? O fato é que havia aí a passagem de uma racionalidade voltada para a subsistência a uma racionalidade ligada ao mercado. Portanto, eis que com a minha cançãozinha oponho-me aos partidários da "mentalidade primitiva" e aos teóricos da "mercadorização" generalizada, sinônimo de progresso. Tento compreender como funcionam as diferentes economias, em que momento intervém um patamar de mudança de comportamento. Fui muito bem recebido por aquele impressionante cenáculo.

Na semana seguinte, quando cheguei e disse que ia revirar meu tema e examinar o que o economista do desenvolvimento podia oferecer aos antropólogos, senti uma grande reticência na plateia. Os antropólogos são indiferentes à questão do desenvolvimento, isso é algo que não os interessa. Nem todos, é claro; entre os colaboradores mais diretos de Lévi-Strauss, alguns, como Jean Pouillon e sobretudo Maurice Godelier, manifestaram real interesse por meu questionamento. Na época eu não desconfiava a que ponto esses dois seminários seriam importantes para o futuro da minha carreira.

Na Academia de Ciências, abordei o eurocentrismo, pois estava convencido de que para trabalhar sobre o desenvolvimento convinha ultrapassar o eurocentrismo. Ao mesmo tempo, estava certo de que havia determinados valores da civilização europeia que eram universais; me explicarei sobre isso num livro publicado em 1971, *La Découverte du tiers-monde*, que comecei a escrever em Varsóvia, em resposta a uma encomenda de Fernand Braudel para sua coleção na editora Flammarion. Eu estava então absorvido por essa questão do eurocentrismo e sua superação. Sob a influência do medievalista polonês Witold Kula, que possuía uma maravilhosa coleção de cartões-postais e me mostrou como serviam aos estudos iconográficos, sob a influência também da atmosfera familiar na qual fui criado — meu pai era um fino conhecedor de pintura —, pus-me a estudar o eurocentrismo através da representação do negro na arte europeia: o negro, ora diabo, ora santo, depois o retrato feito por Rembrandt, em que o negro figura simplesmente como um ser humano igual aos outros, e mais tarde, com a colonização, novas representações do negro, escravos, criados, figuras grotescas. Escrevi um curto estudo que foi publicado na revista *Annales*.

Dediquei-me também a um centro de estudos instalado em Viena, o Centro Leste-Oeste, ligado à Unesco, e que me convidou para codirigir, com a dinamarquesa Esther Boserup, um projeto de pesquisas sobre a capacidade de absorção de ajuda estrangeira. A primeira reunião dos participantes do projeto ocorreu, para nossa divertida surpresa, num hotel de alta rotatividade, nos bosques de Viena. O diretor do Centro, que recentemente assumira seu cargo, fora mal aconselhado por um engraçadinho na escolha do local do encontro. Simon Nora presidia a delegação francesa. Sua ajuda nos seria, mais adiante, muito preciosa quando fomos nos instalar na França. Jean Cuisenier o acompanhava. Kalecki estava lá, assim como o jovem soviético Vladimir Kollontai, líder dos jovens turcos no Instituto de Economia da Academia de Ciências da União Soviética. Vladimir era neto da famosa Alexandra Kollontai, aristocrata convertida ao comunismo e pioneira da emancipação feminina. Seu pai fora diplomata. Ele vivera no Ocidente e falava um inglês e um francês perfeitos. Simpatizamos um com o outro.

SINAIS DE TEMPESTADE

Em 1966, o governo polonês preparou um plano grandioso para a pesquisa e distribuiu formulários em que se deviam indicar os temas julgados "prioritários", "importantes", "menos importantes". Fui ver Kalecki e lhe fiz a seguinte pergunta: "Quais são nossas prioridades?". Ele respondeu: "Sejamos sérios, vamos pôr quatro temas no máximo e classificá-los como 'não importantes'. Porque se os encaixarmos na categoria 'prioritários', passaremos a vida em reuniões de coordenação. Isso não tem o menor sentido!". Assim fizemos, mas nosso prestígio, nesse momento, estava no zênite, por causa do relatório da subcomissão no Senado americano e do pedido da Comissão Econômica para a África, das Nações Unidas, de ajudá-la a definir uma política de integração para o continente africano, e depois preparar um manual de planejamento.

As comissões que se sucederam fizeram passar nossos quatro temas de pesquisa para a categoria dos "prioritários". Com um grupinho de uma dezena de pesquisadores, vimo-nos com 10% ou 15% do plano nacional de pesquisas! Kalecki caiu na risada e me disse: "Você vai ver o que o espera, mas por favor faça o seguinte: na primeira reunião de coordenação, levante com o secretário da Academia de Ciências a questão de nosso orçamento. Ele vai lhe propor uma quantia que ultrapassa de longe tudo o que você pode imaginar. Você dirá: 'mas peço apenas 5% disso, e por conseguinte não mereço fazer parte do grupo que coordena a pesquisa prioritária'". Dito e feito. Zolkiewski, que copresidia essa reunião, deu uma sonora gargalhada muito típica dele e disse: "Liberem-no". Um funcionário do secretariado da Academia se levantou e foi falar ao ouvido do outro copresidente: "Não é mais possível, os documentos já foram para a Dieta".

Isso não os impediu de fecharem nosso centro em 24 horas, um ano mais tarde... Assim, nadávamos em prestígio e estávamos bem daquela maneira. Precisávamos de pequenos arranjos, mas nada de coisas suntuosas. Kalecki propôs ao ministro de Educação Superior reunir as três partes do nosso programa num instituto do desenvolvimento, sem, para isso, ampliá-lo. Aparentemente, ia tudo bem. Em princípio, eu devia ser promovido a "professor de primeira classe", como dizemos na França. Isso se fazia por uma nomeação presidencial, depois de uma investigação junto a todos os professores da área. A investigação foi feita.

O resultado era muito favorável a minha candidatura. Mas não fui escolhido. Era um sinal precursor da tempestade.

O segundo sinal foi de outra ordem. Desde 1956, os contatos com os poloneses expatriados foram facilitados. Meus pais iam todo ano nos visitar, desde 1961. Em 1966, convidaram-nos a passar um mês com eles na Iugoslávia, o que se concretizou sem problemas. Em 1967, reiteraram o convite, para a Itália. Fiz o pedido de passaporte, certo de obtê-lo; meu pai estava em bons termos com o cônsul em São Paulo e, em 1966, eu acabara de receber uma importante condecoração. Nada de passaporte! Intervim junto ao chefe da seção internacional do comitê central, que tentou o que pôde mas nada conseguiu. Fiquei muito constrangido, tinha de escrever a meus pais dizendo que me haviam recusado o passaporte. Um colega me sugeriu falar diretamente com o vice-ministro do Interior, que tinha sob sua autoridade o setor universitário. Hesitei. Esse ministério já estava sob o comando de um grupo que queria a pele de Gomulka. Tratava-se de um grupo nacionalista, os *partisans*, dirigido pelo ministro do Interior. Era a clivagem entre os que tinham vindo de Moscou com o exército polonês formado na União Soviética e os que estavam na própria Polônia. Ele representava essa ala nacionalista ascendente, razoavelmente antissemita.

De um telefone público disse que eu era professor na Escola de Planejamento e pedi um encontro por motivos pessoais. Marcaram às dez horas da manhã seguinte. Fui introduzido numa linda sala, serviram-me café, e o vice-ministro me perguntou a razão de minha presença. Expliquei. "Por que não ter dito logo ao telefone? Normalmente, uma recusa dessas deveria ter passado por minha mesa, mas não tenho nenhuma lembrança disso, telefone amanhã ao meu assessor. Isso me espanta, mas já que está aqui falemos um pouco do que você anda fazendo com os economistas do Terceiro Mundo." E se inicia uma conversa de 45 minutos, em que o julgo muito mais bem informado sobre o que fazemos, e com ideias perfeitamente razoáveis, do que nossos interlocutores tradicionais no Ministério da Educação. Ele nos seguia de muito perto. Devia ter um informante no nosso secretariado. No dia seguinte, ao telefone, disseram-me: "Pode ir pegar seus passaportes, mas passe pela porta dos fundos porque há uma longa fila...".

Por que essa recusa? Eu já estava em todas as "listas negras", e nenhum funcionário tinha o direito de me dar o passaporte. Só um ministro podia fazê-lo. Este jogava seu joguinho, tudo o que queria era que eu ficasse no estrangeiro com minha família, o que teria sido uma bênção para que se lançasse mais uma pedra contra os "sionistas" e "revisionistas" que desertavam o país! Se eu não voltasse, isso lhes daria razão; se voltasse, estava preso na ratoeira. Fomos para a Itália e voltamos, não sem ter pesado longamente os prós e os contras, tanto mais que tínhamos três filhos pequenos. Na época, não quis lhes dar esse gostinho.

9. Meu mestre Kalecki

O exercício de retrospectiva a que me dediquei neste livro permitiu-me perceber como meu percurso intelectual e profissional, todo meu modo de pensar e agir foram marcados por esses anos de trabalho ao lado de Michal Kalecki (1899-1970), grande cientista, mas também modelo de integridade moral e ensinamento humanista.

Em 1959, Nehru convidou para uma temporada de três meses na Índia o famoso economista polonês. Essa temporada haveria de ter uma influência decisiva em minha vida. Kalecki, considerado como um dos gênios do século xx, era autodidata em economia. Nem sequer terminou seus estudos de engenharia, e seus únicos diplomas universitários foram os doutorados *honoris causa*.

Ele começa a carreira de modo perfeitamente insólito. No início dos anos 1930, envia ao diretor do Instituto de Conjuntura de Varsóvia uma carta dizendo algo assim: "Envio-lhe anexo um memorando em que proponho cenários de saída da crise para a Polônia. Assinado: Kalecki, estudante do terceiro ano da escola de engenharia". O diretor do Instituto, Edward Lipinski, que depois da guerra presidirá a Associação dos Economistas Poloneses e se tornará um dos principais dissidentes dos anos 1970, conta assim sua impressão quando abriu o envelope: "Leio esse memorando, não entendo nada senão que seu autor é um gênio!". E logo o contrata. Na verdade, o memorando, transformado em seguida em artigo acadêmico, publicado em 1933 em polonês e mais tarde em alemão, é desde então considerado um texto que antecipa a *Teoria geral do emprego, do juro e da moeda*, de John Maynard Keynes (1883-1946), que data de 1936. Kalecki jamais na vida levantou a delicada questão da anterioridade de sua teoria sobre a de Keynes. Este conhecia o artigo publicado em alemão, antes de redigir seu grande livro? Keynes não era propriamente afeiçoado a Kalecki, e por duas vezes se negou a publicar no *Economic Journal* um artigo dele submetido a sua aprovação por Joan Robinson. Mas ela insistiu tanto e tão bem que o artigo foi, contudo, publicado.

Kalecki trabalha alguns anos no Instituto, em Varsóvia, depois pede demissão a fim de protestar contra o afastamento abusivo, por motivos políticos, de um de seus colegas. Toda a vida de Kalecki é pontuada por decisões desse tipo. Assim, ele se demitirá de um altíssimo posto nas Nações Unidas, em que era responsável pelos Anuários da Economia Mundial, por causa de censura a um capítulo sobre a China popular. Não era favorável ao que acontecia na China mas não podia admitir que houvesse censura política numa instituição como as Nações Unidas.

Também deixará seu cargo no Instituto Econômico da Academia de Ciências polonesa, cujo diretor não lhe parecia à altura da tarefa. Em 1964 se demitirá do cargo de conselheiro científico da Oficina Central do Planejamento — oficialmente por causa de sua idade, mas na verdade para protestar contra o fato de ter sido posto na geladeira —, nas vésperas de uma cerimônia para festejar seus 65 anos.

Nessa ocasião, recebe um imponente livro de homenagens publicadas em inglês, com contribuições vindas do mundo inteiro, e o título de doutor *honoris causa* conferido pela Universidade de Varsóvia. Depois, diante de 1.500 estudantes da Escola de Planejamento, de toda a hierarquia universitária e de uma boa metade do governo polonês sentada na primeira fila, pronuncia um discurso memorável e cheio de ironia, em que cada palavra é pesada, sobre suas experiências, tão difíceis quanto enriquecedoras, de conselheiro do príncipe. Sua última demissão será em 1968, em sinal de protesto contra a repressão antissemita.

Em 1938, Kalecki vai como bolsista para a Grã-Bretanha e trabalha com Piero Sraffa, Joan Robinson e John Maynard Keynes, cujo famoso livro ele traduz em polonês. Surpreendido pela guerra, de 1940 a 1945 trabalha em Oxford, no Instituto de Estatísticas, e logo se torna uma estrela de primeira grandeza por seus textos sobre a dinâmica do sistema capitalista. Depois de uma passagem de oito anos pela administração central das Nações Unidas (1946-54), em que faz os Anuários da Economia Mundial e uma turnê de conferências no México, toma o caminho do país natal. Volta para a Polônia em 1955 e logo se torna o conselheiro científico do Planejamento.

Antes de partir para a Índia tive dois breves contatos com ele. Tendo escrito para *Ekonomista*, a principal revista dos economistas poloneses, um artigo que pretendia ser bastante técnico, não estando muito seguro sobre o fundamento do que eu propunha, e não tendo entre meus colegas na época quem estivesse informado sobre as teorias em curso no Ocidente, pedi ao redator da revista que submetesse o artigo à apreciação de Kalecki. Foi assim que, um belo dia, o telefone tocou em minha sala no Instituto de Relações Internacionais. Era Kalecki. Eu o agradeci por ter lido o artigo, e ele me disse: "Saiba que nunca se deve empregar a matemática quando se pode dizer a mesma coisa de modo mais simples, em linguagem normal". Diante desse veredicto, respondi: "Entendi, devo portanto renunciar à publicação desse artigo", e ele retrucou: "Você faria muito bem. — Portanto, é uma pista falsa? — De jeito nenhum", ele me diz, "insista, e talvez daqui a dez ou quinze anos alguma coisa sairá...".

Entrevi-o alguns meses depois numa discussão na Associação dos Economistas Poloneses, que ele presidia, e onde dois talmudistas especializados nos textos de Marx discutiam a golpes de citações, para saber se o progresso técnico era intensivo em capital ou, ao contrário, poupava capital. Distraindo-se com um volume do *Capital* de Marx posto sobre a mesa, Kalecki abriu-o numa página e leu uma citação que punha, um contra o outro, os dois marxólogos, já que havia uma terceira posição a respeito, na mesma obra de Marx. No caso, a citação pretendia que o progresso técnico era neutro do ponto de vista da intensidade em capital. Marx, como todos os autores que escreveram muito, não pode ser lido fora do contexto em que a frase se encontra, ao passo que na época, na Polônia, reinava um marxismo dogmático ávido de citações isoladas.

Era isso o que pessoalmente eu sabia de Kalecki no momento em que me foi dito que me ocuparia durante três meses de sua temporada na Índia, pois era encarregado na embaixada das relações científicas. Foi para mim a ocasião extraordinária de um aprendizado único.

Kalecki era um homem muito simples no dia a dia, extremamente modesto, e ao mesmo tempo bastante ciente do que representava. Assim, não hesitou em afirmar no prefácio de uma coletânea de artigos dos anos 1930, publicado trinta anos depois, que "relendo meus artigos desses anos me dei conta de que neles apresentei, e tentei resolver, a maioria dos problemas de que se ocupam os economistas". Não era falso, e isso não o impedia, repito, de ser extremamente modesto. Quando, mais tarde, tornou-se meu chefe, como presidente do conselho científico do Centro cuja direção me fora entregue, pude testemunhar que se ocupava nos menores detalhes das condições de trabalho de cada um. Sempre gostava de ajudar as pessoas, às vezes de modo ingênuo, como quando uma de nossas assistentes foi vítima de uma malversação financeira. Telefonou-me uma noite, começando por seu habitual "Sou eu", e me perguntou: "O que podemos fazer por Teresa?". Sem esperar minha resposta, continuou: "Lembrei-me de que no ano passado minha mulher jogou bridge com a esposa do antigo chefe de polícia, você acha que vale a pena mobilizá-lo?".

Durante os três meses passados na Índia, Kalecki escreveu dois breves relatórios para o governo indiano, um sobre a reforma agrária e outro sobre a reforma fiscal. Ambos são modelos de concisão, clareza e capacidade de ir ao essencial. Essa maneira de escrever marca toda a sua obra. Sua concisão um dia me pregou uma peça, quando ele fez um relatório de poucas linhas sobre minha tese, o que de início foi visto como uma brincadeira pelos outros membros do júri.

Seu senso de humor e sua ironia mordaz eram igualmente conhecidas. Paul Streeten, eminente economista inglês, se divertiu em colecionar as anedotas de e sobre Kalecki, que são particularmente numerosas. Gunnar Myrdal, prêmio Nobel de economia sueco, dizia de Kalecki, de quem não gostava: "É um eminentíssimo economista com uma voz muito estridente" (o que era verdade). Kalecki não deixava por menos e retrucava: "Ouvi um dia Myrdal dizer que 'todas as coisas importantes em economia são obra de pessoas cujo nome começa por M, primeiro Marx, depois Marshall, e agora eu'".

Kalecki também tinha suas antipatias. Não gostava de V. K. R. V. Rao, ex-reitor da universidade de Délhi, depois ministro da Educação da Índia. Conheceram-se nas Nações Unidas. Durante a estada de Kalecki na Índia, Rao dirigia um dos principais institutos de pesquisa econômica da capital indiana. Era impensável que não fosse saudar esse colega. Mas o que devia ser uma visita protocolar de cinco minutos se transformou num bate-boca em regra entre os dois homens. Eu e o assessor de Rao, P. N. Dhar, que mais tarde tornou-se conselheiro econômico de Indira Gandhi e depois secretário-geral adjunto das Nações Unidas, tentamos em vão acalmar os ânimos. Ao sair do encontro, Kalecki me disse: "Afinal, é uma pena que com todos os progressos da medicina ainda não se tenha inventado uma pílula contra a besteira". Ao que lhe retruquei que se todo mundo tivesse o mesmo rigor de espírito e o mesmo sentido de réplica que ele, a vida não teria graça. "Tudo bem, ele me disse, mas ao menos uma pílula contra os casos de besteira extrema!"

Um dia vi Kalecki subir à tribuna de um congresso de economistas do bloco comunista realizado em Varsóvia. Acabávamos de assistir a vários discursos intermináveis de boas-vindas proferidos pelos funcionários locais e estrangeiros. Depois chegou a vez de Kalecki saudar os convidados estrangeiros em nome da Associação dos Economistas Poloneses. Pronunciou a frase: "Cumprimento em nome de nossa Associação os convidados estrangeiros", e em seguida saiu da tribuna sob os aplausos frenéticos do público.

Quando as reuniões eram tediosas, Kalecki se ocupava compondo pequenos poemas satíricos, aperfeiçoava-os com seu toco de lápis e sua borracha — nunca o vi segurando um lápis inteiro. Quando achava que o texto estava suficientemente cinzelado, pegava duas folhas de papel, recopiava o poema e, com um sorrisinho, o fazia circular em torno da mesa.

SER OU NÃO SER CONSULTOR?

Mas voltemos a Kalecki na Índia. Ele soube travar com os indianos um debate fundamental a partir dos dois pequenos textos mencionados. P. C. Mahalanobis, chefe do planejamento indiano, convidou Kalecki a apresentar pessoalmente o texto ao primeiro-ministro Nehru. Depois de recusar, por modéstia, Kalecki aceitou ir vê-lo.

Eis o que, por ocasião de seu jubileu em Varsóvia, Kalecki contou sobre o encontro. O tema que ele desenvolveu para os estudantes ao falar de sua vida foi que sempre sonhara em ser um consultor, e não apenas um economista teórico. Pois bem, que balanço tirar de sua carreira? Ele disse só ter tido um caso de correlação clara entre o que propusera e o que se decidira — aquele que lhe aconteceu no início dos anos 1950 em Israel, quando lá esteve enviado pelas Nações Unidas: o governo fez exatamente o contrário do que ele preconizara. Quanto ao encontro com Nehru, contou que este o recebera muito bem, com uma xícara de excelente chá e biscoitos, depois lhe dissera que não tivera tempo de ler seu relatório mas prometia fazê-lo assim que seus compromissos permitissem. Kalecki começou lamentando ter se deixado convencer a ir ver o primeiro-ministro. Em seguida, ao fim de uma noite de reflexão, chegou à conclusão de que, afinal de contas, Nehru não podia lhe dizer: "Senhor professor, simpatizo com suas ideias mas não posso cortar o galho sobre o qual meu partido está sentado".

Em seu discurso aos estudantes, Kalecki citou também outros casos em que não houvera a menor convergência entre o que ele havia proposto e o que fora feito. Em seguida, olhando fixamente para o vice-primeiro-ministro responsável pelo planejamento na Polônia, sentado na primeira fila, concluiu com uma pergunta digna de Hamlet: "Ser ou não ser consultor?". Sua resposta foi clara e simples: convidava todos os jovens a não renunciarem ao papel de consultor. Por três razões.

A primeira, porque sendo consultor aprende-se enormemente e, a menos que alguém corte a sua cabeça, esses conhecimentos são para o resto da vida.

Depois, porque nunca se sabe o que pode acontecer com o fruto de seu trabalho.

E contou então seus três meses passados em Havana, trancado num quarto de hotel para redigir o plano quinquenal de Cuba. Esse plano considerava que Cuba possuía excelentes trunfos para fazer uma transição para o socialismo, contanto que não apostasse demais na indústria pesada, não esquecesse que o açúcar ainda seria muito importante para sua economia, e atraísse para o país os intelectuais e quadros progressistas de toda a América Latina, o que deveria ser fácil por falarem a mesma língua. Inútil dizer que o poder cubano decidiu exatamente o contrário, com as consequências que conhecemos. Mas nesse meio-tempo os cubanos contrataram outros especialistas internacionais, socialistas ou não, e eles acabaram afastando todos os que, como Kalecki, apostavam numa taxa de crescimento de 6% ao ano, para ficar apenas com os que prometiam bem mais! Portanto, seu plano não foi sequer levado em consideração. Então ele se perguntou: "Perdi meu tempo? De jeito nenhum, já que meu esboço de plano se tornou o manual de planejamento da universidade de Havana".

Finalmente, porque é preciso se armar de paciência e se habituar ao fato de que existe uma defasagem do tempo de uma geração entre os bons conselhos que o consultor prodigaliza e sua realização.

Kalecki me repetiu pessoalmente essa mensagem quando fui demitido em 1968 e me preparava para sair da Polônia: "Seja consultor, se puder. É imperativo adquirir uma experiência prática e evitar fazer carreira puramente universitária...".

10. A tempestade

Dentro das instâncias dirigentes do Partido, o antissemitismo se perfilava desde 1966 e estourou em plena luz dois anos mais tarde. O detonador foi a Guerra dos Seis Dias, em março de 1967. A atitude da opinião pública é muito bem resumida pela seguinte frase, que eu mesmo ouvi de um motorista de táxi: "Mas olhe como nossos judeuzinhos deram uma baita surra nesses malditos árabes soviéticos!". Isso provocou algumas reflexões na cúpula, mas, sobretudo, ajudou a ala ascendente dos *partisans* a lançar uma campanha antissemita.

Gomulka pronunciava um discurso no congresso dos sindicatos quando lhe passaram um recado informando-o de que na redação de um jornal de Varsóvia os redatores judeus tinham organizado uma festa para comemorar a vitória de Israel contra os árabes, esses "aliados" da União Soviética... Gomulka, que era impulsivo, soltou a expressão "quinta-coluna sionista". Foi imediatamente neutralizado pelo presidente da época, ele mesmo comunista, mas o mal já estava feito. Censurada, a frase não apareceu na imprensa nem no relatório sobre o congresso dos sindicatos. Mas fora dado o sinal para a depuração. Primeiro atingiu os funcionários dos ministérios das Relações Exteriores, do Comércio Exterior, e do Interior.

Todos os pretextos serviam. Por exemplo, um oficial acusado de ter criado seus filhos na religião judaica respondeu: "Sou culpado", e acrescentou: "Não fosse o detalhe de que não tenho filhos!". Uma anedota que circulava pela cidade, pois mesmo numa situação tão grave ninguém renunciava às brincadeiras, contava que queriam pôr no olho da rua um alto funcionário do Ministério do Comércio Exterior, mas se tratava de um herói da Guerra da Espanha, que já estivera preso na época stalinista, como foi o caso de numerosos ex-combatentes da Espanha, mais tarde reabilitados. Custavam a demiti-lo, então decidiram confiar-lhe missões impossíveis. Enviam-no à Inglaterra para vender carvão. Ele volta, anuncia que vendeu carvão e obteve 5% acima do preço fixado. Enviam-no ao Canadá para vender trigo e ele consegue: vendeu o trigo e obteve 3% acima do preço fixado. Então o enviam vender para chá na China. Ele desaparece por seis meses, volta magro e cansado. Dizem-lhe: "É um escândalo, por que levou tanto tempo para realizar sua missão?". E ele responde: "Se vocês soubessem como é difícil encontrar um judeu chinês...".

Nós continuamos a rir, mas as nuvens se acumulam. No final de 1967 há uma belíssima apresentação no teatro nacional de Varsóvia de uma peça do maior poeta romântico polonês, Mickiewicz; é uma peça evidentemente antirrussa, basta situá-la no contexto histórico da época. E o que acontece? Os estudantes, depois da estreia, vão fazer uma manifestação defronte do monumento de Mickiewicz e ali colocam um ramo de flores. Os soviéticos, espertos, publicam uma excelente crítica da peça. Em contrapartida, as autoridades polonesas resolvem reprimir esse movimento de estudantes. Mais uma vez, no início esse caso provoca risos. Os estudantes são condenados por terem pisoteado a grama em volta do monumento, no entanto coberta de neve!, e devem pagar uma multa. Organiza-se uma coleta, a multa é paga, mas o caso não termina. Um processo disciplinar — fora das regras normais — é aberto contra esses estudantes. Eles são suspensos, e no dia 8 de março de 1968, Dia Internacional da Mulher, comemorado na Polônia, cerca de quinhentos estudantes se amontoam diante da sala do reitor da universidade de Varsóvia para lhe entregar uma petição. São espancados pelas milícias operárias, transportadas em caminhões até a universidade. A situação degenera em motim, e uma parte dos estudantes se refugia na igreja de Santa Cruz, defronte da universidade. É uma igreja que possui como relíquia o coração de Chopin. Outros estudantes organizam um *sit-in* pacífico durante duas horas na Escola Politécnica. A cidade é ocupada pelas forças de polícia e pelo exército. É um momento de forte tensão.

Devo partir no dia 11 de manhã em missão para o México e o Chile, sede da CEPAL. Partir ou não partir? Resolvo, ainda assim, fazer a viagem. E é no avião que me leva a Amsterdam que leio o editorial do *Trybuna Ludu*, o órgão do Partido, denunciando "uma conspiração revisionista e sionista" e anunciando a expulsão de oito professores da universidade de Varsóvia. Como tenho duas horas de espera em Amsterdam, telefono a Viola — de modo cifrado: "Karol, nosso filho, está melhor ou a doença se agravou? Quer que eu volte?". Ela me diz: "Não, não, não". Encontro na sala de espera do aeroporto um doutorando que está voltando de um congresso de estudantes em Londres e me diz: "Professor, que vergonha! Durante dois dias tive de responder às pessoas o que estava acontecendo em Varsóvia, não sabia onde me esconder". Digo-lhe que de fato o que está acontecendo em Varsóvia é vergonhoso. A primeira coisa que ele faz, de volta a Varsóvia, é me denunciar por ter feito uma reunião política no aeroporto de Amsterdam a fim de fustigar o antissemitismo das autoridades polonesas!

De lá pego o voo para o México. Horácio de la Peña, na época decano da faculdade de economia, ex-colaborador de Kalecki nas Nações Unidas, fora fazer conferências em nosso curso de planejamento em Varsóvia e me convidara para dar duas palestras na universidade, sobre desenvolvimento. O embaixador da Polônia no México me recebe muito bem. Temos um grande amigo comum. Mostra-me as pirâmides, perto da cidade, e depois travamos uma longa conversa de três ou quatro horas na sala dele, na embaixada, e no seu carro. Trechos dessa conversa serão utilizados no ato de acusação contra mim, dois meses mais tarde! Aliás, isso me criará um problema de consciência porque essa conversa com o embaixador será apresentada como uma conferência pública na universidade do México. O embaixador tinha sido grampeado sem saber ou era cúmplice da gravação?

De lá vou para Santiago, onde fico três semanas na CEPAL e assisto a distância ao desenrolar dos acontecimentos em Varsóvia. O correspondente da imprensa polonesa em Santiago, na época, é Ryszard Kapuscinski, bem conhecido no mundo por seus excelentes livros sobre a África e o Irã. Somos bons amigos. Ele está tão espantado quanto eu com o que acontece e recebe dezenas de páginas de telegramas por dia para explicar a "conspiração".

PROCESSO BASEADO EM INTENÇÕES: MORTE CIVIL

Preciso voltar. Passo por Paris, onde, na École Pratique des Hautes Études, informo Clemens Heller da gravidade da situação. Nesse momento ele também era secretário adjunto do Conselho Internacional de Ciências Sociais junto à Unesco. Esse conselho organizava, em maio de 1968, um grande seminário sobre Marx, para o qual eu tinha sido convidado. Escrevera e enviara um texto, mas esclarecera que provavelmente não poderia comparecer. Por amigos recebi de Varsóvia uma mensagem que me dizia para vigiar muito bem minha bagagem a fim de que ninguém pusesse ali dentro "literatura subversiva". Eu não sabia o que fazer. Esperava uma provocação. Eram duas horas de uma viagem um tanto difícil. No aeroporto de Paris encontrei Aleksander Gieysztor, presidente da Academia de Ciências polonesa, amigo de Fernand Braudel; ele me propôs não sair do aeroporto em Varsóvia, quando lá chegasse, antes de ter certeza de que eu partira sem problemas. Sabíamos quais eram os riscos.

No aeroporto nada acontece. Sou recebido pela família, os amigos e vários colegas. No dia seguinte, vou ver meu reitor para lhe prestar contas de minha missão na América Latina. Ele me anuncia a "boa-nova": o instituto que pedíamos fora criado. Sei o que me espera e respondo tranquilamente: "Muito bem". Ele me diz que, por conseguinte, nomeou à frente do instituto o professor Fleszar. Confirmo que é uma ótima escolha. Trata-se de um geógrafo que nunca trabalhara sobre os problemas do Terceiro Mundo. Ele me explica que também designou um vice-diretor, mas este, ao menos, escrevera duas ou três coisas sobre desenvolvimento. Concluo que acabo de ser suspenso de minhas funções de diretor do Centro e peço para ver o quanto antes meu sucessor, para lhe passar o cargo. "Espere", me diz o reitor, "as indicações ainda não foram formalizadas. Peço-lhe para se mantenha na direção do Centro por uma a duas semanas." Portanto, sei que não existo mais, mas há os jovens, os assistentes, os doutorandos, que é preciso tentar proteger.

Uma manhã, abro o *Trybuna Ludu*, o jornal do Partido. Brus, Kowalik e eu somos atacados num longo artigo escrito por um professor da Escola Central do Partido. Esse artigo nos atribui todos os pecados do revisionismo. Ataca, de passagem, uma frase de Lange, sem dizer quem é seu autor. E quanto a mim, recebo como prêmio a acusação de que, a pretexto de construir pontes entre o Leste e o Ocidente, dediquei-me ao contrabando do estruturalismo de Lévi-Strauss e de outros *ismos* burgueses. Telefono a Brus e a Kowalik. Ser acusado de tentar construir pontes entre o Leste e o Ocidente, à guisa de epitáfio, afinal não é tão ruim assim!

Chego à minha sala, recebo um telefonema que me manda apresentar-me imediatamente diante de uma comissão do partido na Escola. Respondo que tenho compromissos agendados e só estarei disponível ao meio-dia. Dizem-me: "Meio-dia em ponto". Chego lá e encontro pessoas que conheço muito bem, alguns são colegas chegados. Sou formalmente acusado. Os motivos da acusação são os mais extraordinários: ter pervertido uma geração de estudantes, ter ensinado heresias, ter proferido uma conferência antissocialista na Universidade do México. A essas acusações mais inacreditáveis se misturam elementos de uma biografia inventada para a ocasião. Fico sabendo, por exemplo, que sou filho de um grande rabino de São Paulo!

Mau reflexo, tento responder, me justificar... A discussão dura de cinco a seis horas. A certa altura me dizem: "Você, que maneja tão bem a língua polonesa, diga-nos por que os judeus venderam todos os segredos militares do Leste ao Ocidente?". E depois: "É preciso escolher sua pátria". Então, para alguém que voltara do Brasil voluntariamente em 1954, é um pouco duro de engolir! Para eles a "minha" pátria era Israel, o polonês era uma língua estrangeira e eu pertencia aos que tinham vendido os segredos militares...

Evidentemente, sou riscado da organização do Partido. Essa sessão me vale um pequeno tratamento médico durante algumas semanas. Tem início então um período absolutamente kafkiano. Viola não é atacada diretamente. Quiseram afastá-la de seu departamento propondo-lhe a direção da escola de línguas na universidade, que ela não quis aceitar. Deram-lhe então uma licença sabática a fim de que terminasse de escrever sua tese. Portanto, ela estava longe de seu local de trabalho. Nosso filho mais velho já estava no primeiro ano de matemática, na universidade, participara do *sit-in* na Escola Politécnica, mas isso não tivera consequências para ele. Quanto ao nosso filho mais moço, estava na penúltima série do secundário. Uma professora telefonou a minha mulher e lhe deu um violento carão: "Como pode permitir que uma criança tão doente passeie assim? Leve-a depressa ao hospital". Ele não estava doente, era um modo de dizer: "Retire-o de circulação". O que foi feito.

No dia seguinte ao artigo do *Trybuna Ludu*, recebo oito cartas que me comunicam que não sou mais membro de tal comitê de redação, de tal comitê de leituras, disto, daquilo. Começo a aprender como se pode ser uma não pessoa. Quanto a meus livros, um livreiro avisara a Viola e lhe dissera: "Cuidado, alguma coisa está acontecendo; os livros de seu marido e também o seu sobre a literatura americana foram tirados de circulação". De repente, não recebo mais correspondência. Mais nada, mais ninguém me escreve. O carteiro vem todos os dias e diz: "Hoje, nada para o senhor, mas não ligue não, o senhor ainda receberá muita correspondência". Em geral, as pessoas simples reagem, a coisa se sabe, pois as rádios ocidentais contam a história que aconteceu comigo. Então o açougueiro guarda o melhor pedaço de carne, o carteiro nos diz para não ligarmos; ouço alguém declarar que era antissemita antes da guerra mas que havia razões para isso, ao passo que hoje era escandaloso.

Também me torno uma não pessoa na Escola. As pessoas se desviam nos corredores para não falar comigo. Entre os que me atacaram mais fortemente havia um colega muito chegado, e não criei caso com ele; tinha uma filha doente e eu sabia que tentava ser nomeado para as Nações Unidas, portanto devia mostrar-se prestativo. Sou obrigado a participar das reuniões da faculdade que estabelecem o programa de ensino do ano seguinte, em que meu nome não mais figura. É como se lhe pedissem para votar sua própria sentença de morte. Assim é. As coisas tornam-se claras, serei eliminado da Escola, não há mais futuro na Polônia e temos três filhos. Viola está convencida de que devemos partir. Portanto, a decisão está tomada, partiremos.

A PARTIDA

Por via das dúvidas, tomo uma providência cujo fracasso prevejo. Apresento-me na repartição dos passaportes e digo que quero partir. "Partir para onde?", pergunta-me o funcionário. "Para o Brasil. — Por que o Brasil? — Porque meus pais moram lá e fui criado lá. — Não é razão suficiente. Tem outros destinos? — Tenho, a França. — Por que a França? — Porque trabalho para a Unesco. — Não, não basta. Teria outros destinos possíveis?" Adivinho o que ele tem em mente e digo que sim. "Qual? — Israel. — Por que não disse logo? Seus documentos estarão prontos em seis semanas." Ele estava me impelindo à emigração, contanto que se fizesse via Israel. Quando se entrava com a solicitação do documento de viagem, precisava-se ao mesmo tempo apresentar um pedido para ser "liberado" da cidadania polonesa. Resultado, viajava-se com um documento de viagem polonês em que estava escrito (é o único documento desse gênero na história!) que seu titular não era cidadão polonês. Esse documento comportava quatro espaços para os vistos, com um mês de validade a partir da data de emissão. Não havia tempo a perder e era preciso se munir imediatamente de uma promessa de visto israelense.

Esse antissemitismo programado e dirigido pelas instâncias do Partido tocou, nos anos 1968-69, entre 15 e 20 mil pessoas.

Era o cálculo que circulava, mas nunca fui capaz de averiguar. A meu ver, essa febre de antissemitismo institucional não estava ligada ao suposto antissemitismo visceral dos poloneses, contrariamente à tese com frequência aventada pelas vítimas da depuração. Na época, três elementos se superpunham. Havia o medo da renovação tchecoslovaca. Desse ponto de vista, fomos muito mal servidos porque Kalecki e sua escola eram bastante respeitados por Dubcek. As autoridades polonesas temiam o contágio e que o "socialismo de rosto humano" de Dubcek fizesse êmulos. A isso se somava a luta pelo poder entre duas facções do POUP. Resumindo muito e caricaturando um pouco, eu diria que havia a facção chegada com as bagagens do exército soviético, e que ainda era dominante, contando com vários dirigentes de origem judaica, e a facção ascendente dos *partisans* saídos do grupinho de resistentes comunistas contra a ocupação nazista, nacionalistas e decididos a apontar cinicamente a arma do antissemitismo contra seus adversários. Por último, a luta entre as gerações não deve ser subestimada. Éramos muitos a ocupar postos de responsabilidade, embora ainda fôssemos jovens, e as gerações que subiam reclamavam sua cota.

A obtenção do visto israelense se fazia por intermédio da embaixada da Holanda. Entrei na fila, como todo mundo. O acaso fez com que essa embaixada ficasse bem defronte de minha Escola, e ao lado da maior prisão de Varsóvia, a poucas centenas de metros do Ministério do Interior. Preenchi um primeiro questionário e entreguei-o a um funcionário que voltou minutos depois dizendo que o embaixador fazia questão de me receber pessoalmente. Marquei para o dia seguinte. Varsóvia estava extremamente excitada, pois na época corria o boato de que a rainha da Holanda ia criar cátedras para os universitários demitidos.

Portanto, durante uma noite fui o feliz primeiro titular de uma cátedra holandesa.

Cheguei à sala do embaixador da Holanda, que me fez o seguinte discurso: "Não é todo dia que se recebem pessoas tão bem informadas como o senhor e que pedem um visto. Como devo fazer um relatório sobre a situação na Polônia, gostaria de lhe fazer umas perguntas". Estremeci. Era evidente que estávamos sob escuta. Uma embaixada, normalmente, deve estar. Que dizer de uma embaixada a quinhentos metros do Ministério do Interior e a cem metros de uma prisão? Deve estar sob dez escutas!

Disse-lhe que exagerava minhas competências mas que na medida do possível responderia a suas perguntas. Resolvi, claro, falar para os gravadores, não para o embaixador. Quando me perguntou se era verdade que havia muitas pessoas presas, respondi que não tinha lido nada no *Trybuna Ludu*, mas que tinha certeza de que se fosse verdade isso seria publicado nos nossos jornais.

E assim continuei me fazendo de bobo durante uma hora. Esse embaixador, cuja inteligência não devia ser brilhante, não conseguiu entender que eu podia estar falando o tempo todo para os microfones, sob a ameaça de ser acusado de fornecer informações às potências estrangeiras. Não pareceu compreender em que situação me colocava e continuou a me interrogar!

Durante esse período outros nos apoiaram e ajudaram. Um dia, alguém bateu a minha porta. Fui abrir e me vi diante do encarregado de negócios italiano, que eu conhecia um pouco, pois tínhamos nos visto três vezes. Ele me disse: "Fique tranquilo. Estacionei meu carro a um quilômetro daqui e verifiquei tanto quanto possível que não estava sendo seguido. Sei o que está acontecendo. Que posso fazer por você?". Assim, pudemos nos beneficiar de um visto italiano perfeitamente regular que nos permitiu não ir para Israel. Ele levou mais longe seu desejo de me ajudar e me propôs um bom emprego, que Viola não me deixou aceitar, na Italconsult, uma empresa de consultoria, filial da Fiat, implantada na América Latina.

Estávamos em vias de obter os documentos e só nos restavam umas semanas para liquidar o apartamento. Na verdade, éramos proprietários de um apartamento em cooperativa, mas se eu o vendesse e se não recebesse os papéis para sair do país íamos nos ver na rua... Eu era como o camelo que passa pelo buraco da agulha, e muitas surpresas me esperavam. Primeiro, eu tinha um carro, que vendi no mercado das pulgas, como todo mundo. O comprador era chefe de uma agência de correio num povoado perdido a duzentos quilômetros de Varsóvia. A transação devia ser feita na terra dele. Felizmente pedi a dois amigos que nos acompanhassem, a meu filho mais velho e a mim, pois fomos parar no meio de uma floresta cerrada, e o carteiro começou a me propor uma caderneta de poupança na qual depositaria a soma que me devia pelo carro. Mas eu não podia mais usar caderneta de poupança. Pedi dinheiro em espécie. Ele resmungou, porém acabou aceitando, e voltamos para Varsóvia com uma bela quantia, torcendo para não sermos depenados no meio do caminho.

Graças à ajuda de minha família, consegui comprar outro carro para a viagem. Eis um problema resolvido, mas na hora da venda do apartamento percebi que precisava da assinatura do presidente da cooperativa, que era meu vizinho de andar; nossas relações eram cordiais. Essa assinatura, num um papel totalmente banal mas indispensável, foi difícil de obter. "Venha amanhã, volte depois de amanhã, ponho o papel assinado sob a sua porta daqui a três dias..." Como ele não parava de me engambelar, fui me despedir oferecendo-lhe um vaso e, dentro, certa quantia de zlotys. Era um engenheiro de alto nível de uma grande empresa de eletricidade, mas isso não o impediu de esperar uma propina.

Dei outra propina na alfândega, onde precisava apresentar a lista em cinco exemplares de tudo o que desejávamos levar, inclusive de todos os livros (4 mil livros, todos numerados!), ao passo que os objetos antigos, móveis e quadros deviam ser submetidos à apreciação de uma comissão especial do Ministério da Cultura. Fomos autorizados a levar certas peças e outras não, e nem mesmo as peças indianas que tínhamos trazido de Délhi. Chicana daqui, chicana dali, ao me apresentar na alfândega com a lista de objetos ouvi do funcionário que me recebeu: "O senhor tem um ícone romeno [este, tinham me permitido levar]. Eu coleciono ícones romenos, sabe". No que respondi: "Folgo em saber e amanhã o trarei para o senhor, porque prefiro que fique em boas mãos". Ele não fez a menor objeção e isso me foi providencial, pois aturei a alfândega durante doze horas — episódio totalmente filmado já que com certeza as autoridades preparavam um filme sobre esses sionistas que tinham enriquecido e deixavam o país com caixas de móveis e objetos de grande valor... Era uma outra Polônia que eu descobria no momento em que a abandonava.

 Devíamos partir de carro, passando pela Tchecoslováquia e pela Áustria. Como também tínhamos um visto italiano, podíamos fazer um desvio pela Itália, tudo isso com um título de viagem válido por oito dias! Como dispúnhamos de um carro, conseguimos levar nossa cadela. Toda a família era muito afeiçoada a Dada, que tínhamos recebido de presente na Índia e que chegara à Polônia graças à condescendência de veterinários que duas vezes por ano iam à Índia buscar mil macacos para fabricar vacinas contra a pólio. A cadela tinha praticamente a idade de nossa filha Céline, que aos nove anos descrevia numa redação sua irmã Dada de lindos cabelos ruivos e olhar triste. Fomos convocados à escola para explicar por que essa irmã não figurava em nenhum documento sobre Céline, mas a irmãzinha era nossa cadela! Impossível abandoná-la na Polônia!

A última formalidade que restava cumprir consistia em adquirir para cada membro da família cinco dólares pela cotação oficial, no Banco Nacional da Polônia. Eis que uma bela manhã estamos os cinco no banco. Vejo na minha frente pessoas muito caladas, lendo jornal; tento ler por cima do ombro da pessoa que me precede e vejo o comunicado anunciando que, a pedido do governo tchecoslovaco, as tropas aliadas tinham intervindo para reprimir a contrarrevolução. Estávamos na ratoeira. Um momento de pânico. São nove e meia da manhã, há cinco horas de diferença horária com o Brasil, onde residem meus pais. Quando acordarem lerão no jornal a invasão da Tchecoslováquia e ficarão extremamente preocupados. Tenho cinco horas para lhes fazer chegar uma notícia que os tranquilize.

Primeira reação: embarcamos os meninos, que são os mais ameaçados, num avião, e depois veremos o que fazer. Segunda reação: e se eu tentasse conseguir vistos de trânsito via Alemanha Oriental e Alemanha Ocidental? Precipito-me para a embaixada da Alemanha do Leste, digo que gostaria de ter um visto de trânsito, que estou de partida para Israel, que sou especialista junto à FAO — eu tinha um documento dessa organização internacional atestando que estava escrevendo um relatório para ela. Carimbam-me os vistos. Corro à representação — na época não havia embaixada — da Alemanha Ocidental e peço um visto. O funcionário que me recebe diz: "Mas não tem mais espaço nos seus títulos de viagem". Sugiro que o aponha no lugar previsto para as crianças, já que felizmente cada uma delas tinha seu documento de viagem. "Não posso fazer isso porque as autoridades polonesas vão protestar. Mas, afinal, por que foi primeiro ver os alemães orientais?" Respondo: "Porque com o senhor eu posso discutir". O funcionário põe o carimbo. Ufa! Dispomos dos vistos para as duas Alemanhas. Portanto, eu podia enviar um telegrama a meus pais anunciando-lhes que mudávamos de programa: em vez de ir para Praga, seguiríamos rumo à Alemanha. Kalecki e sua esposa vieram com vários amigos nos desejar boa viagem. Foi minha última conversa direta com ele, que me disse: "Você tem sorte, isso lhe acontece aos quarenta anos. Eu tenho quase setenta, não posso mais recomeçar". Sua mulher nos preparou uma grande torta de queijo.

Até a fronteira a estrada foi um pesadelo. Margeava a estrada de ferro e estávamos acompanhados por uma fila ininterrupta de comboios de tropas soviéticas em direção à Alemanha, com canhões e tanques. Vivemos ali uma prova de força. Chegamos à fronteira com a Alemanha Oriental no início da noite. Os alfandegários poloneses foram espantosamente amáveis, sentiam-se embaraçados. Houve até mesmo um que brincou com a boneca de Céline e nos desejou boa sorte, e iniciamos a travessia da Alemanha do Leste. A certa altura, errei o caminho. Logo fomos parados por uma dezena de soldados alemães que estavam escondidos ao longo de toda a autoestrada. Chegamos às duas ou três horas da manhã do lado ocidental. Foi só o tempo de parar no primeiro estacionamento e dormir dentro do carro. Em seguida, nos dirigimos para a Áustria, onde meu irmão e a mulher dele nos esperavam em Viena. E lá assistimos ao movimento inverso: as tropas americanas se amontoavam na fronteira entre as duas Alemanhas. A Europa estava à beira de uma guerra. Chegamos a Viena sem maiores contratempos, e meu irmão e minha cunhada, que eu não via fazia catorze anos, nos esperavam no hotel Bristol. Essas duas noites passadas num dos hotéis mais luxuosos da Europa, depois de uma viagem tensa, pareceram um conto de fadas. Ainda recordamos a expressão da cadelinha, regiamente deitada numa poltrona *bergère*, quando o suntuoso café da manhã nos foi servido em porcelana de Saxe.

RUMO A PARIS

Na época em que chegamos, Viena estava ocupada por dezenas de milhares de refugiados tchecos surpreendidos durante as férias pelo golpe de Praga. Fui ao Centro Leste-Oeste de Viena, dirigido pelo francês Raynaud, que acabava de pedir demissão com estardalhaço ao enviar uma carta em que afirmava ser impossível cuidar da colaboração científica entre o Leste e o Ocidente no momento em que os tanques soviéticos esmagavam Praga. Semanas antes, ele fora ver o que estava acontecendo conosco em Varsóvia, como aliás Jacques Le Goff também. Com Jacques tive uma longa conversa durante um passeio num parque a fim de evitar as gravações. A mala de Raynaud foi revistada em seu quarto de hotel, durante sua ausência. Por excesso de zelo, os guardas a trancaram a chave. E meu amigo ficou muito confuso porque não tinha a chave!

No Centro Leste-Oeste, topei com Adam Schaff, um dos papas do marxismo polonês, que participava de um congresso de filosofia em Viena. Schaff, que eu conhecia bem — aliás, creio que era primo distante de meu pai —, me apresentou a um professor de direito tcheco, que me cumprimentou com essas palavras irônicas: "Mais um libertador". Respondi: "Engana-se. A mim também, eles me 'libertaram'". Ele percebeu que eu era refugiado, e não membro da delegação polonesa. E então, como Schaff me recebera muito bem, o tcheco se virou para ele e disse: "Por que dois pesos e duas medidas? Vocês ajudam Sachs a partir e agora me aconselham a voltar para Praga a despeito do que acaba de se passar". E Schaff respondeu: "Mas é totalmente diferente. Sachs é judeu", o que, em sua boca, era um tanto extraordinário e descreve muito bem o ambíguo personagem.

Em Viena, meu irmão cuidou de nossos filhos. Nascidos no Brasil, eles tinham direito a passaporte brasileiro, bastava mostrar a certidão de nascimento para ter acesso automático ao passaporte. Portanto, embarcaram para o Brasil para passar um tempo com meus pais, e continuamos nossa viagem para Roma. Fomos recebidos de braços abertos, primeiro por Jack Westoby, um inglês maravilhoso que era diretor do departamento de florestas na FAO, e depois por Paolo Sylos Labini e Luigi Spaventa, ambos professores do departamento de economia da Universidade de Roma, admiradores de Kalecki e chocados com a aventura por que havíamos passado.

Hospedamo-nos numa pensão perto do Coliseu, mantida por Woodcock, um *cordon bleu* inglês, e sua esposa Corvina, uma condessa italiana. Chegamos em plena noite, com Dada, e na Itália os cães não têm direito de entrar nos hotéis nem nas pensões. Depois de um instante de hesitação, a condessa nos deu um quarto com terraço, sendo o terraço para a cadela. Mais uma das muitas provas que tivemos dessa qualidade italiana de querer ajudar o máximo possível e sempre encontrar soluções... à italiana!

Eu ainda tinha meu documento válido por um ou dois dias. Fui ao escritório do Joint, organização internacional não sionista de ajuda aos judeus. Encaminharam-me para um campo de refugiados em Trieste. Pedi para ficar em Roma por causa da FAO. Consultaram as autoridades italianas, que me concederam um prazo, mas eu devia, uma vez por semana, ir bater ponto em Trieste. Isso não me agradava. Falei com Labini. Ele pediu tempo para refletir, depois me ligou e disse: "Já sei. Minha mulher joga bridge com a esposa do ex-chefe de polícia de Roma, isso deve bastar". E, de fato, meia hora depois, outro telefonema: "Você deve ir à polícia, em tal sala, amanhã de manhã". Fomos recebidos por um funcionário acompanhado por um intérprete de russo. Disse a ele: entre tentar falar russo e falar italiano, prefiro falar um mau italiano, portanto o intérprete foi dispensado. Interrogaram-me longamente sobre a cor dos olhos das avós, sobre todos os endereços onde eu tinha vivido desde que fui concebido e outras coisas do gênero. Forneci todas as informações, e o funcionário escreveu no final do meu depoimento: "Quero viver num país livre". Recusei-me a assinar: não era eu que queria viver num país livre, haviam me posto no olho da rua, o que não era a mesma coisa! Ele insistiu, não transigi, e a fórmula foi abandonada. "Agora, o senhor vai trabalhar para mim", ele me disse. Para alguém que acabava de sair da Europa do Leste, uma frase dessas na boca de um policial fazia temer o pior, mas se tratava de traduzir o depoimento de Viola, que tivera de se virar sem meus serviços de intérprete... Finalmente saímos daquela sala com um documento italiano para refugiados apátridas, que nos permitia viajar pelo mundo inteiro, menos para a Polônia; iríamos utilizá-lo um mês mais tarde para entrar na França e trocá-lo por um documento francês.

Saímos de Roma em direção a Paris. Passamos por Genebra, onde moravam os Malinowski. Gérard Destanne de Bernis, amigo íntimo de Bobrowski, foi a Genebra me propor um cargo na Universidade de Grenoble. Confesso que fiquei tentado por apreciar o trabalho de Destanne de Bernis, mas eu não estava sozinho. Viola também precisava prosseguir suas pesquisas e seu ensino, e eu já tinha o convite da sexta seção da École Pratique des Hautes Études, em Paris. Portanto, continuamos nosso caminho para Paris. Mas para que eu pudesse de fato me instalar precisava sair da França de novo e esperar um visto permanente. Então resolvemos dar um pulo no Brasil, casa de meus pais, que nos ajudavam financeiramente, pois saímos da Polônia com móveis, livros e roupas, mas sem dinheiro. Isso não era suficiente para uma verdadeira instalação no Ocidente. No Brasil, quando me apresentei ao consulado da França, o cônsul riu na minha cara e retrucou: "Você está sonhando; isso tomará tempo demais". Ficou muito espantado que eu recebesse o visto três semanas depois.

Mas isso se deu, evidentemente, graças a Fernand Braudel e ao apoio de Simon Nora.

A estada no Brasil foi, em certos aspectos, penosa. Como eu podia imaginar, meus pais sonhavam com nossa instalação no país. Ora, tal decisão, de quebra num Brasil sob a ditadura militar, pareceria um fracasso, um retorno à estaca zero. Também havia pressões de certos amigos de meus pais para que eu fosse para Israel. Eu respondia com uma piada: "Sabe qual é a definição de um sionista? Um sionista é um judeu que com dinheiro de outro judeu envia um terceiro a Israel". Se eu tivesse sido atraído pelo ideal sionista, talvez tivesse ido do Brasil para Israel em vez de voltar para a Polônia. Jamais fui convencido por essa ideologia. Era, sou, continuo a ser crítico da política do Estado de Israel, que a meu ver é quase suicida. Sobretudo, não tinha de ser indulgente com os que haviam me posto na rua como quinta-coluna sionista. Até hoje nunca pus os pés em Israel, e no entanto viajei muito pelo mundo afora.

O único acontecimento importante na minha estada brasileira, devo-o a meu amigo Jorge Wilheim. Ele me apresentou a um jovem e brilhante cientista político, professor da Universidade de São Paulo: Fernando Henrique Cardoso, discípulo de Alain Touraine, ao lado de quem passou a ensinar na Universidade de Nanterre em maio de 1968. Quando o conheci, Cardoso pensava que depois da visita iminente da rainha da Inglaterra um novo ato institucional "purgaria" a universidade dos elementos indesejáveis aos olhos dos militares. Foi o que aconteceu. O jovem intelectual foi aposentado aos trinta e tantos anos. A conversa com Cardoso reforçou minha convicção de que o Brasil dos generais não poderia ser uma terra de asilo para nós, quaisquer que fossem nossos laços com o país. Nosso encontro marcou também o início de uma sólida amizade com o futuro presidente do Brasil e colaborações diversas. Serei um visitante frequente do

Cebrap, que ele funda em São Paulo e o qual se torna um poderoso núcleo de resistência intelectual contra a ditadura. Os militares infernizaram a vida do Cebrap, a polícia dava batidas por lá, mas não ousava bater forte demais porque Cardoso dispunha de apoios sólidos — o arcebispo de São Paulo, dom Paulo Evaristo Arns, a Fundação Ford. Além disso, seu nome o protegia. Era neto de marechal e filho de general. Aliás, o livro que escreveu durante a temporada na CEPAL, com Enzo Faletto, sobre a teoria da dependência, lhe valeu uma notoriedade internacional. Trabalharemos juntos na Fundação Dag Hammarskjöld e na FIPAD, da qual ele se tornará copresidente, e evidentemente, durante suas visitas a Paris, na École Pratique des Hautes Études, na Maison des Sciences de l'Homme e no Collège de France. Como presidente da República, ele me convidará para os colóquios e conferências organizados pela Presidência e pelo Ministério das Relações Exteriores, e me fará conselheiro junto à secretaria encarregada da Amazônia no Ministério do Meio Ambiente.

BALANÇO

Ao sair da Polônia, eu estava amargo. Não conheço hebraico, mas a palavra *dintoira*, que significa "juízo final", me vem ao espírito. Felizmente, a prova que me foi infligida não passou de caricatura das purgas stalinistas. Eu não estaria aqui para contar se tivesse sido vítima do stalinismo puro e duro. Meus acusadores não acreditavam nas acusações de que me cobriam. Finalmente, o objetivo era mais nos perseguir para nos incitar a partir do que outra coisa. Não houve perigo físico real.

Um elemento positivo desse balanço foram os catorze anos apaixonantes que vivi na Polônia e, além do mais, a descoberta da Índia, possibilitada por meu retorno à Polônia. O jogo de espelhos, a pesquisa comparativa sobre o desenvolvimento vêm daí. E que dizer da felicidade de ter podido trabalhar ao lado de Kalecki, no dia a dia, durante vários anos? E as publicações? E essa experiência de animar uma equipe científica, onde eu poderia tê-la adquirido tão jovem ao lado de mestres prestigiosos? E o ingresso no circuito das organizações internacionais? Isso teve papel decisivo quando a tempestade chegou. Recebi catorze convites de universidades, da Austrália ao Chile, passando pela École Pratique des Hautes Études, que finalmente escolhi. No plano epistemológico, os anos passados na Polônia me conduziram à interdisciplinaridade, a uma dupla abertura do horizonte de planejador à história e à antropologia cultural, e a vontade feroz de não se deixar encerrar no economicismo. Tudo isso me foi muito útil mais tarde.

Entre 1954 e 1968 publiquei vários livros na Polônia, dois na Índia e diversos artigos. Além disso, participei de uma empreitada intelectual um tanto extraordinária, graças à visão e ao dinamismo de um grande editor, Adam Bromberg, que dirigia edições científicas e teve a coragem de entregar a Krzysztof Pomian, que na época não devia ter trinta anos, a presidência da comissão que criou uma nova série de vulgarização científica chamada "Omega". Quando fomos demitidos, em 1968 — Pomian também passou por dissabores —, tínhamos publicado mais de cem títulos com um volume de vendas médio de 20 mil exemplares. Num país de 30 milhões de habitantes, é espetacular. Nossa ambição era publicar obras de excelente nível intelectual, ainda que se tratasse de livros de bolso destinados à vulgarização. Tínhamos fixado o objetivo de publicar metade de títulos encomendados e metade de traduções.

Quanto a estas, o sucesso incontestável foi a publicação de um livro sobre o teorema de Gödel. Era inacreditável vender 20 mil exemplares de um livro sobre tema tão árduo! É verdade que era a época em que o filósofo tcheco Richta teorizava sobre a revolução científica e técnica como alavanca de transformação do socialismo. Divulgamos a série sob forma de subscrição anual de dois títulos por mês. Os professores secundários, sobretudo os do interior, respondiam de modo entusiasta.

Viola publicou em "Omega" um livro sobre a literatura americana (que desde então foi reeditado), e eu, uma espécie de introdução aos problemas do Terceiro Mundo, e que recebeu em 1964 o prêmio de melhor livro do ano da União dos Jornalistas poloneses.

A vida do comitê editorial não foi das mais fáceis, por causa da censura. Esperávamos ter alguns aborrecimentos com um título do filósofo Kolakowski sobre o positivismo, mas ele passou facilmente, enquanto que o do filósofo oficial do regime, Adam Schaff, sobre o marxismo e o indivíduo, provocou a fúria do comitê central e deu lugar a resenhas extremamente críticas porque falava da alienação, tema tabu. O público disputava o livro, até mesmo no mercado das pulgas. Em 1967, para o cinquentenário da Revolução de Outubro, procurávamos alguma coisa não muito polêmica e encomendamos um livro sobre a literatura soviética. Ora, esse manuscrito citava de tal maneira os autores deportados, condenados ao *gulag* ou executados, que a censura o vetou. O fato é que a coleção permitiu a estreantes darem seus primeiros passos e, ao grande público, descobrir temas inéditos. Graças, em grande parte, a Pomian.

Do lado familiar, a Polônia também significou para Viola uma fase profissional extremamente interessante. Dedicou-se sobretudo ao ensino, sua paixão. Em seu saldo positivo, também entra sem dúvida um livro muito comentado sobre as ideias mestras da literatura americana. No nosso balanço em comum, deixamos, no momento de partir, um dicionário polonês-português, publicado depois da nossa partida e desde então reeditado duas vezes.

Os mais marcados por essa provação foram, finalmente, nossos filhos, e em especial nossa filha, pequena demais para entender mas suficientemente grande para saber que algo grave estava acontecendo, mais ainda quando ouviu no rádio que as pessoas que ela adorava eram inimigos. Acabávamos de passar uma semana de férias de inverno com Bronislaw Baczko, com quem ela andara de trenó, e de repente ficava sabendo que ele era um "inimigo do povo"! Céline acabou por ter uma grave hepatite de fundo nervoso. Isso a levou ao hospital, que permanece um dos pesadelos de sua infância. A bulimia foi uma porta de saída: ela começou a comer, comer, comer, pensando: "Não sei se amanhã terei alguma coisa para comer". O choque foi muito grande para uma criança que, depois de uma temporada de um mês com os avós no Brasil, viu-se numa escola pública em Paris sem saber uma só palavra de francês. Ao voltar da escola no primeiro dia, nós lhe perguntamos o que tinha feito por lá: "Não entendi nada, a não ser que se falava muito da *grand-mère*, a vovó". Tratava-se, é claro, da *grammaire*!

Choque também para os meninos, e crise de identidade.

11. Rir, para não chorar

Para enfrentar o marasmo da vida cotidiana, as longas filas defronte das lojas de balcões desguarnecidos, as chicanas de uma burocracia meticulosa, o tédio da imprensa submetida à censura, a intoxicação da propaganda, as balelas dos dirigentes inamovíveis, arrogantes e prontos a se autocongratular, nada melhor que contar anedotas contra o regime, zombar do "socialismo real" e de sua pátria, a União Soviética. Até os membros da nomenclatura dedicavam-se a esse esporte nacional. Tudo indica que muitas dessas piadas saíam do comitê central do Partido, cujos funcionários estavam bem colocados para conhecer as disfunções do regime e se agastavam com elas tanto quanto o resto da população. Alguns não tinham perdido o senso de humor e, de quebra, se julgavam ao abrigo das sanções.

Na época stalinista os contadores de anedotas políticas denunciados às autoridades da União Soviética iam purgar penas pesadas nos *gulags*. A Polônia popular era mais tolerante. Um amigo, historiador dos movimentos sociais da juventude, e de alto nível na hierarquia do Partido, teve de comparecer perante uma comissão do comitê central por ter contado anedotas contra o regime. Era judeu, e estávamos no início da depuração, em 1967. Reconheceu ser culpado, para grande espanto da comissão. E declarou: "Faço minha autocrítica. Contei piadas a pessoas que não têm senso de humor". Foi absolvido.

A crítica e a autocrítica constituíam um rito arraigado na vida do Partido. Eis suas definições. Primeiro, a crítica: "Você passa sob um balcão e as pessoas que lá estão cospem em você". A autocrítica: "Você se põe debaixo do balcão e cospe nas pessoas que estão lá".

Um dos alvos prediletos era a pretensa superioridade do socialismo radioso sobre o capitalismo decadente, tema recorrente da propaganda oficial e que suscitava um efeito contrário ao esperado. A maioria dos poloneses sonhava com o paraíso americano sobre a Terra.

Diversas anedotas eram em forma de perguntas feitas a uma mítica Rádio Armênia — os armênios eram conhecidos na União Soviética por serem espirituosos. À pergunta: "Em que o socialismo difere do capitalismo?", a rádio respondia: "O capitalismo é a exploração do homem pelo homem, e o socialismo, seu contrário". Em compensação, deixava sem resposta a questão angustiada de um ouvinte: "Por que nos esforçamos em ultrapassar o capitalismo, já que ele corre para o abismo?".

Quando um ouvinte lhe comunicava seu desespero: "Estou desesperado, todos os dirigentes do Partido são lamentáveis!", a resposta não tardava: "Envie-nos o quanto antes o seu endereço exato". À interpelação: "Haverá dinheiro sob o comunismo?", a rádio não tinha dúvida: "Haverá para uns, não para outros". Como se espantar que os ouvintes reclamassem: "Estamos ouvindo vocês muito mal!". A Rádio Armêmia se desculpava: "É que transmitimos dos confins da Sibéria".

"E é verdade — pergunta um ouvinte — que estão distribuindo carros na Praça Vermelha, em Moscou?" A Rádio Armênia responde: "É, mas se trata da Praça Vermelha de Kiev, e não de Moscou. São bicicletas, e não carros, e não são distribuídos, são roubados".

Um passageiro do bonde, razoavelmente bêbado, resmunga falando com a própria barba: "O governo não vale um tostão, não presta para nada, que esse governo vá para o inferno!". Um agente à paisana o recolhe na delegacia. Ele se defende: "Eu falava do governo americano!". "Está brincando, sabemos muito bem qual é o governo que não presta para nada!", diz o delegado.

Uma variante do tema, posterior à invasão da Tchecoslováquia em 1968, dizia que um cidadão tcheco tinha ido dar queixa na delegacia: "Um soldado suíço roubou meu belo relógio soviético!". O tira o interrompeu: "Espere, camarada, o senhor quer dizer que um soldado soviético roubou o seu relógio suíço?...". O queixoso retruca: "O senhor é que está dizendo!". Na mesma época, perguntam a um tcheco: "É bom ter um grande irmão?". Ele responde: "Se pelo menos fosse possível escolher!".

E depois tem o engenheiro que parte para duas semanas de férias na França e desaparece por um ano. Quando volta, seu chefe lhe diz que em nenhuma hipótese vai recontratá-lo, porém o interroga: "Mas que bicho o mordeu?". O engenheiro evoca sua paixão pelas ciências sociais e o desejo de observar a decadência do capitalismo. "De fato, é um belo tema. A que conclusões chegou?". E o engenheiro responde: "É uma morte muito bonita".

As piadas sobre a União Soviética pululam. Estamos num colcoz especializado na criação de frangos. Chega o inspetor do comitê central e interroga o diretor: "Camarada, com que alimenta os frangos? — Com milho. — É um escândalo. Em nossas cidades há uma escassez cruel de cereais e você os desperdiça estupidamente. Vou fazer um relatório negativo!". Enquanto o inspetor se desloca para o colcoz seguinte, o diretor da primeira granja liga para seu colega na segunda granja: "Acima de tudo não diga a ele que você alimenta os frangos com milho". Prevenido, o segundo diretor não hesita e diz que seus frangos são criados ao ar livre e se viram sozinhos. "É um escândalo, enerva-se o inspetor, os habitantes de Moscou e Leningrado sofrem uma escassez cruel de frangos e você os mata de fome. Vou denunciá-lo." Informado por telefone dos dissabores de seus dois colegas, o diretor da terceira granja responde: "Não sei o que meus frangos comem". O inspetor o intima a parar com essa brincadeira de mau gosto. "Honestamente, não sei de nada. Toda manhã distribuo dois tostões a cada frango e eles se viram."

Essa piada faz alusão ao excelente romance do escritor soviético Ilya Ehrenbourg, *A vida atormentada de Lázaro R.*, escrito no fim dos anos 1920 e reeditado na Polônia, com enorme êxito, em 1957. A Revolução de Outubro acaba de triunfar. Nosso herói está muito feliz de ter encontrado um esconderijo numa criação de coelhos, da qual se torna o perito-contador. No fim do mês o diretor lhe pede para fazer um relatório das atividades. Lázaro escreve: "Número de coelhos e coelhas no primeiro do mês: zero (o primeiro casal enviado para iniciar a criação foi comido na estação de trem, por cães contrarrevolucionários); número de coelhinhos nascidos: zero; situação no fim do mês: zero". O diretor o interpela: "Está louco, iremos todos para a cadeia. Pegue seu ábaco e calcule quantos coelhos deveríamos ter se os cães contrarrevolucionários não tivessem cometido esse crime". Lázaro cumpre a ordem e a vida corre tranquila meses a fio, até que eles leem no *Pravda* que sua fazenda do Estado bateu todos os recordes de produtividade! A partir daí, a catástrofe é inevitável. Lázaro e seu diretor são cobertos de questionários intermináveis e recebem a notícia de que uma delegação de cientistas vai visitá-los para estudar localmente os métodos de criação revolucionários. Os acadêmicos desembarcam. Condecoram o diretor e depois crivam Lázaro de perguntas. Este se sai muito bem da prova até que o chefe da delegação diz: "E agora, mostre-nos os coelhos". E Lázaro bate na testa: "Estão todos aqui!".

Com isso se vê que rir para não chorar foi algo praticado desde o início da União Soviética, e inspirou as obras-primas de Zamiatine, Bulgakov e vários outros escritores, sendo que alguns pagaram muito caro pela veia satírica.

E já que estamos falando de coelhos, um dia um coelho soviético se refugia na Turquia, desafiando os guarda-fronteiras. Os coelhos turcos o acolhem e perguntam as razões desse gesto temerário que poderia ter lhe custado a vida. "É que Stálin decidiu mandar castrar todos os camelos na União Soviética. — Mas você não é um camelo. — É verdade, mas a polícia política começa por castrar e só depois verifica se se trata de camelos."

Mas voltemos ao colcoz. Um conferencista enviado pelo comitê regional do Partido abre a reunião e anuncia dois pontos da ordem do dia: a construção de um novo estábulo e a construção do comunismo. Como os materiais de construção não chegaram a tempo, ele passa diretamente ao segundo ponto. E anuncia aos participantes que, com o advento do comunismo, cada um terá direito a um helicóptero. Serguei Ivanovitch se espanta: "Para quê?". O conferencista não tem dúvida: "Imagine que chegue a notícia de que na cidade vizinha estão vendendo vinte pacotes de caixas de fósforo por pessoa. Cada um pega seu helicóptero e vocês estarão abastecidos por um ano". Serguei Ivanovitch não está totalmente convencido: "Onde encontrarei combustível?". E o conferencista o interpela: "Mas você não entendeu nada. Sob o comunismo nós voaremos e andaremos com energia nuclear, que será gratuita".

Chega de sonhar com futuros radiosos. Enquanto isso, as estradas não são salgadas antes da tempestade de neve. As autoridades explicam: "É o inverno mais rigoroso do século". Depois será a primavera mais seca, o verão mais quente, o outono mais chuvoso, o erro é sempre das forças da natureza. As quatro pragas do socialismo são a primavera, o verão, o outono, o inverno.

A propaganda era um alvo muito apreciado. Qual a diferença entre os dois principais jornais soviéticos, o *Pravda*, que em russo quer dizer "verdade", e os *Izvestia*, que significa "notícias"? Não há notícias no *Pravda* e não há verdade nos *Izvestia*.

O dia em que Kruschev e Kennedy resolveram transformar o conflito de opiniões entre a União Soviética e os Estados Unidos numa corrida a pé, foi Kennedy que ganhou. Então o *Pravda* publicou o seguinte comunicado: "O primeiro-secretário do Partido Comunista da União Soviética obteve um brilhante segundo lugar numa corrida em que o presidente dos Estados Unidos chegou em penúltimo".

Quando De Gaulle foi visitar a Polônia, fez, como era seu hábito, discursos improvisados e inesperados. Isso espantou os poloneses acostumados a ver seus dignitários lerem os textos. Daí a história de que dois moradores de Varsóvia vão ao aeroporto para acolher o general. De Gaulle chega, desce do avião e faz seu discurso. Comentário dos dois amigos: "Jamais pensaríamos que a França pudesse ter um presidente analfabeto". Meses mais tarde, o chefe de Estado polonês fez questão de apresentar sua mensagem de Ano-novo à nação sem ler nenhum papel. Então, todo o país caiu na risada.

O realismo socialista nas artes plásticas não era apreciado. Daí a história de que Tamerlão convocou a sua corte um pintor a quem pediu que lhe fizesse um retrato realista. O pintor obedeceu. Tamerlão era zarolho e manco. Ao ver o quadro, Tamerlão exclamou: "É um crime de lesa-majestade". O pintor foi decapitado e um segundo pintor foi convocado. Ele não teve dúvida e embelezou a imagem do soberano a tal ponto que este o acusou de intolerável adulação. O segundo pintor foi executado. O terceiro resolveu apresentar Tamerlão numa cena de caçada, a cavalo e atirando com o arco. O olho ruim estava fechado e a perna mais curta estava escondida pelo cavalo. "Isso, sim, é realismo socialista", exclamou Tamerlão, que recompensou generosamente o autor do retrato.

Essas piadas serviam de válvulas de escape. Dizem que quando Brejnev encontrou Ceaucescu, ficou surpreso de ver uma multidão alegre. Então perguntou a seu anfitrião qual era a razão daquilo. Ele explicou: "É muito simples. Tenho comigo um camarada que inventa piadas que nós, romenos, apreciamos muito, e depois, quando chega o dia, enviamos nossos agentes secretos para o meio da multidão a fim de contar essas histórias; as pessoas ficam muito contentes e aplaudem". Brejnev pede que o especialista em piadas seja enviado a Moscou. Dito e feito, o camarada Rosenberg desembarca em Moscou. É logo recebido no Kremlin e Brejnev o interpela: "Comece a trabalhar amanhã. Fabrique-nos essas piadas que os soviéticos adoram sobre o declínio do capitalismo e do Ocidente". E o camarada Rosenberg lhe responde: "Camarada Brejnev, quem de nós dois deve inventar as piadas?".

As mudanças imprevisíveis e bruscas da linha política foram alfinetadas na anedota sobre o conferencista que concluiu sua arenga dizendo: "Eis minhas reflexões longamente amadurecidas". Depois, olha para a sala onde os altos funcionários estão sentados na primeira fila e acrescenta: "Mas não estou mais de acordo com elas". Também tínhamos o hábito de ilustrar nosso ensino com piadas que mostravam os defeitos e os fracassos do sistema de planejamento. Eu quase poderia recriar um pequeno curso de planejamento baseando-me nessas anedotas.

Eis algumas.

Meu mestre Kalecki, com a concisão que lhe era peculiar, dizia: "Planejar é pensar por variantes" — embora seja necessário comparar variantes que têm um significado. Ora, não foi exatamente o que aconteceu na reunião do Ministério do Planejamento do reino dos animais em que se tratava de construir uma ponte. Os participantes se confrontaram durante toda a manhã. Os elefantes eram partidários de uma ponte sólida em concreto que permitisse a dois deles se cruzarem tranquilamente. Os macacos, de seu lado, achavam que seria um desperdício dos recursos da nação pois bastava lançar uma corda por cima do rio. Quanto aos coelhos, preconizavam uma solução futurista: duas pequenas ilhas que permitiriam saltar de uma à outra para atravessar o rio. Como estava chegando a hora do almoço, o chefe do Planejamento agradeceu a todos por tantas excelentes ideias e pediu uma última rodada aos participantes para que decidissem um detalhe: "Deveria se construir uma ponte atravessada ou ao longo do rio?".

Nós também não gostávamos que nos transformassem em cobaias. Daí vem a história do camponês que ouviu o ministro do Planejamento recomendar aos camponeses a criação de patos. Tratava-se de uma ave robusta e bem-adaptada ao clima. Nosso camponês se põe a criar patos, mas o negócio não anda bem. Então, durante a audiência semanal do ministro, o camponês se apresenta e diz: "Senhor ministro, segui direitinho o seu conselho mas os patos estão morrendo". O ministro pergunta: "O que dá de comer aos patos?". O camponês responde: "Aveia". O ministro, seguro de si, afirma: "Tem de dar centeio". Dias depois o camponês volta e diz: "Alimento-os com centeio, eles continuam a morrer". E o ministro questiona: "O que lhes dá de beber?". O camponês responde: "Água do poço". O ministro se impacienta: "Tem de dar água mineral!". Passam-se mais dias e o camponês, tenaz, volta e diz: "Fiz o que me aconselhou e os patos continuam a morrer". "Mas, pergunta o ministro, onde você os cria?". "No galinheiro", afirma o camponês convicto. "O quê?, retruca o ministro, não se criam patos no galinheiro, mas na própria casa!". O camponês volta um tempo depois e declara, abatido: "A vida virou um verdadeiro inferno, os patos circulam por todo lado na cozinha, bebem água mineral, que é cara, comem centeio e continuam a morrer". E o ministro responde: "Eu não lhe disse para pô-los na cozinha, mas no seu quarto". Mais uns dias se passam e o camponês chega todo triste: "O último pato rendeu a alma na minha cama". "Que pena, diz o ministro, eu ainda tinha tantas boas ideias para testar!"

Os que tinham boas ideias para testar não se sentiam responsáveis por sua execução. Como mostra a história de uma centopeia que vai perguntar ao ministro do Planejamento o que pode fazer para aliviar as insuportáveis dores de reumatismo que sente nos pés. "É muito simples, diz o ministro, você tem cem, vá ao hospital para cortar 98 e andará com dois pés, igual a mim, que me sinto muito bem!". Inquieta, a centopeia pergunta: "Mas e se a operação não der certo?". O ministro a tranquiliza: "Você volta ao hospital e manda recosturar as 98 patas". No dia seguinte, a centopeia marca uma consulta no hospital e faz uma última pergunta ao ministro: "Conhece o procedimento para enxertar de novo os 98 pés?". E o ministro explode: "Como se atreve a me fazer essa pergunta, isso é um problema de execução, e eu sou um planejador".

Também sabíamos o que pensar de nosso comércio exterior. Dois amigos se encontram, um tem um cachorro maravilhoso, o outro quer a todo custo comprá-lo. Mas o dono não tem a menor intenção de vendê-lo. "Qual é o seu preço?, insiste o comprador potencial. — Cinco mil dólares. — Está louco? Cinco mil dólares por um cão!" A transação não se faz. Encontram-se meses mais tarde e o comprador potencial pergunta: "Como vai seu cão? — Não sei. — Como, não sabe? — Vendi-o. — Vendeu, e não a mim? — Você não quis pagar o preço. — Não vá me dizer que alguém lhe deu 5 mil dólares pelo cachorro? — Deu, sim, juro, garante o ex-dono, troquei-o por dois gatos que valiam cada um 2500 dólares!".

12. Paris, encruzilhada do mundo

Instalamo-nos em Paris. Nossos filhos já estão lá para o início do ano letivo em setembro de 1968, e ficam hospedados com Daniel e Alice Thorner. Eu começo no dia 1º de novembro na École Pratique des Hautes Études, e Viola é contratada pelo departamento de estudos ingleses e americanos da Universidade de Vincennes (Paris-VIII), que acaba de ser aberta. Ela fará toda a sua carreira nessa universidade, no campus de Vincennes e depois em "Vincennes em Saint-Denis", como está escrito no papel timbrado da universidade.

Beneficiamo-nos de um início bastante fácil levando em conta as circunstâncias. É verdade que moramos num hotel, na praça da Sorbonne, e que em novembro de 1968 há dias em que a praça é bloqueada por centenas de policiais. Não é nada fácil ter uma cadelinha no Quartier Latin. A bem da verdade, ela se vira direitinho e, em nossa ausência, acompanha a faxineira, de quarto em quarto, certamente se alimentando dos restos dos croissants que adora. Muito depressa encontramos um apartamento e começamos uma vida "normal". Somos cercados por vários colegas. Penso que percebem o drama emocional que acabamos de viver. Levarei muito tempo para me recuperar definitivamente. Tenho dificuldade para trabalhar no livro *À descoberta do Terceiro Mundo*, que comecei a escrever na Polônia. Essa nova partida terá evidentemente certas consequências em minhas pesquisas. As mudanças, e haverá muitas, se farão, ainda assim, na continuidade, no sentido de que proponho à Escola um seminário sobre um tema muito kaleckiano, se posso dizer assim: a industrialização, a escolha das técnicas e o emprego no Terceiro Mundo. Posiciono-me como um especialista do desenvolvimento e me imponho como regra não intervir nas questões ligadas à economia e à política dos países socialistas. Evito todo contato com as organizações de emigrados poloneses.

Quando me apresento, num sábado de manhã, numa sala de aula da rue de Varenne, 54, defronte do gabinete do primeiro-ministro da França, descubro, para meu grande espanto, vários estudantes. A decoração é suntuosa. Mas o estado de espírito dos estudantes depois de maio de 68 não é fácil de administrar. Alguns esquerdistas, que vão observar esse energúmeno refugiado da Europa do Leste, não param de me questionar sobre os problemas ideológicos. Entre eles há um vietnamita que, com seus hábitos orientais, intervém por enigmas; lembra-me das conversas tidas com os colegas da embaixada da China em Délhi. A certa altura ele me pergunta: "Um doente do coração consegue fazer uma cirurgia em seu próprio coração?". O que quer dizer: "A burguesia é capaz de reformismo?". Vejo que não sairei dali sem um estouro. Respondo: "Se eu estivesse gravemente doente do coração, iria, na medida do possível, à África do Sul onde o doutor Barnard faz as primeiras cirurgias de coração aberto. Quanto a você, acho que deveria comprar uma assinatura para ir toda manhã à Torre Eiffel". Ele me pergunta por quê. "Porque de todos os lugares de Paris é aquele de onde melhor verá chegar a revolução mundial. E então, avise-nos". Ele se zanga, abandona meu seminário e os outros se acalmam. Começo realmente a trabalhar. Recebo doutorandos originários de diferentes países, tratando de temas paralelos, o que me dá a ilusão de dirigir um grupo de pesquisas comparativas. Mais adiante, perco as ilusões porque não controlo as defasagens no tempo entre o que fazem uns e o que fazem outros, sem falar dos abandonos. Tenho uma estudante francesa que se interessa pela Índia, uma franco-egípcia que pesquisa o Egito, um chileno, um brasileiro. Mas a francesa parte para a Índia, munida de uma bolsa, e nunca mais ouço falar dela. A egípcia defende logo sua tese e consegue um bom emprego num banco; perco-a completamente de vista. O chileno morrerá durante a repressão desencadeada pelo general Pinochet. Resta-me o brasileiro, ou melhor, o estudante cuja pesquisa versa sobre o Brasil, um personagem curioso. Tratava-se de um religioso espanhol que largou a batina. Chamava-se Jesus Zapata, vivia no Brasil, deixara a Companhia de Jesus para se casar com uma moça que vinha de uma grande família de Pernambuco, muito engajada, como ele aliás, no movimento progressista. Os dois foram para Paris, viviam em dois conventos. Ele fez comigo sua tese de doutorado sobre a industrialização do Nordeste e a defendeu perante um júri presidido por Josué de Castro, que reencontrei em Paris como professor em Vincennes e com quem travei um relacionamento estreito. Zapata acabou sua tese em menos de dois anos: só um jesuíta é capaz de dar conta de tal trabalho em tão pouco tempo. Depois, foi para o Brasil no quadro do acordo cultural entre a Espanha franquista e o Brasil dos generais para ensinar, penso, filosofia. A polícia política brasileira o localizou em três meses e o desaconselhou de ter contatos com os jovens. Dois ou três anos depois, cruzo com ele num aeroporto brasileiro. Cai em meus braços efusivamente e me conta, ele mesmo se espantando, que tinha ficado rico. Isso também é o Brasil.

Novamente o perco de vista, e um dia ele reaparece como chefe de gabinete do ministro da Reforma Agrária, Marcos Freire. Esse ministro morre em 1987 num acidente de avião. Nesse momento eu estava no Brasil e minha primeira reação foi pensar em Zapata, temendo que ele estivesse entre as vítimas. Ora, ele ficara em Brasília para cuidar "da casa". Em compensação, outro estudante meu e amigo, Ivan Ribeiro, que defendera sua tese de doutorado na Escola de Planejamento em Varsóvia, estava ao lado do ministro. Foi mais trágico ainda na medida em que devia ir à FAO, mas o ministro lhe pedira para adiar uma semana a viagem a Roma e acompanhá-lo numa missão de inspeção na Amazônia.

Como sou o último a chegar à Escola, meu seminário é no sábado de manhã, das nove às onze horas. É uma felicidade porque os poucos estudantes presentes sentem-se de fato motivados. Volta e meia prolongamos a aula no bistrô ao lado. Tenho dois doutorandos argentinos que se tornaram, um após outro, subsecretários de Estado para a pecuária. Um deles, Pedro Lacau, defendeu uma tese mostrando que, na ausência do protecionismo, a Argentina poderia inundar a França de carne bovina por um quarto do preço da carne bovina francesa.

Em relação a Varsóvia, o que muda para mim é que posso circular pelo mundo sem pedir à polícia autorização para cada viagem. Guardo numa gaveta meu documento de viagem para apátridas e posso pegá-lo a qualquer momento para ir às antípodas, salvo à Polônia. Até mesmo os americanos consentem em carimbar um visto no documento, cercando-o de alguns algarismos incompreensíveis para mim. No aeroporto de Montreal, sou interpelado por um agente alfandegário americano que controla os documentos das pessoas que embarcam para os Estados Unidos. "Que significam esses algarismos?" Respondo: "É o senhor e não eu que deve saber". Ele me faz sinal para esperar, instala-se ao telefone na sala ao lado, volta quinze minutos depois e diz: "O senhor é um antigo agente de uma potência inimiga", e em seguida me fala em polonês. Evidentemente, esse filho ou neto de imigrantes poloneses não tinha nenhuma simpatia pelo regime comunista de Varsóvia.

Nesse outono de 1968, Paris me parece uma encruzilhada do mundo e uma imensa feira de ideias. O famoso slogan de maio de 68, "A imaginação no poder", tinha marcado os espíritos. Descubro a livraria de Maspero, com seu extraordinário leque de textos dos revolucionários do mundo inteiro, e onde, às onze da noite, custava-se a circular. Avalio o que é o pluralismo de ideias, o confronto na condição de liberdade das opiniões mais disparatadas. Idêntico estado de espírito na Escola. Todas as correntes de pensamento econômico e sociológico coabitam sem que haja o menor esforço para se estabelecer um pensamento único comum.

Mergulho na literatura anarquista, que eu conhecia sobretudo por meio das polêmicas de Marx, terrível crítico mas que se permitia liberdades excessivas com os textos de seus adversários. Descubro a obra apaixonante de Kropotkin, sua definição da comuna, sua defesa da entreajuda em vez da seleção pela luta, seus textos pioneiros sobre a ecologia. Dito isso, eu poderia ter lido Kropotkin em Varsóvia! Porém, mais que as novas leituras, o que Paris me dá são encontros frutuosos e trocas enriquecedoras se sucedendo numa cadência que só algumas metrópoles podem oferecer.

Nesse registro, a École Pratique des Hautes Études e a Maison des Sciences de l'Homme (MSH) foram para mim um maravilhoso ponto de encontro de amizades e afinidades intelectuais. Nem sempre no interior dessas instituições, mas pela mistura que elas favorecem. A Escola nos encoraja a trocar regularmente temas de pesquisa, mas também a associar a eles nossos estudantes, e nos dá toda a liberdade necessária para isso. Não tenho um exemplo a citar sobre um tema proposto que tivesse sido recusado pela direção.

Cheguei à Escola num momento flamejante de sua breve história — falo da sexta seção criada depois da guerra e transformada em seguida na École de Hautes Études em Sciences Sociales (EHESS). Apesar das dificuldades que começavam a se perfilar, ainda tínhamos grandes facilidades para montar equipes de pesquisa.

CLEMENS HELLER...

A MSH era de grande ajuda, pois se tratava de uma instituição muito mais flexível que as universidades. Além disso, a alma da Maison, Clemens Heller, era um personagem absolutamente fora do comum, o maior empreendedor em ciências sociais com quem me foi dado conviver. E sem a menor dúvida uma exceção. Quem mais poderia ter dito: "Traga boas ideias, eu tratarei de encontrar os recursos", em vez de justificar o imobilismo com a fórmula muito cômoda de "Não tenho meios"?...

Beneficiei-me de sua eficácia de administrador e do calor de sua amizade nos mais diversos momentos. Quando cheguei, por exemplo, andava à procura de uma sala. Clemens propôs pagar uma parte de meu aluguel se eu aceitasse trabalhar em casa. Finalmente aterrissei na sala de Daniel Thorner, que eu já conhecia, grande especialista da Índia, e que ofereceu dividi-la comigo.

Quando montei um grupo de pesquisas sobre as estratégias de desenvolvimento, Heller conseguiu a verba necessária para pagar as primeiras horas de trabalho dos colaboradores. Em seguida à Conferência de Estocolmo, em 1972, Serge Antoine e eu pensamos que era preciso dotar Paris de um local dedicado à reflexão sobre o meio ambiente e o desenvolvimento: o ecodesenvolvimento. Foi com o apoio da MSH, e portanto de Clemens Heller, que se criou na EHESS o Centro Internacional de Pesquisa sobre o Meio Ambiente e o Desenvolvimento. O CIRED começou com um único pesquisador, eu, e colaboradores. Ainda teríamos de esperar alguns anos para que eles fossem regularizados pelo Centre Nationale de Recherches Scientifiques ou pelo Ministério da Educação Nacional. Toda uma equipe pôde ser formada porque havia contratos de pesquisa, de um lado, com o Ministério do Meio Ambiente, e de outro, com o novo Programa das Nações Unidas para o Meio Ambiente (PNUMA), e porque havia o apoio constante, dedicado e salutar de Clemens Heller.

Foi também ele que me encorajou a trabalhar com o Brasil e a Índia, a fazer de Paris o lugar onde se cruzariam os pesquisadores desses dois países. Foi com ele que estabelecemos um programa de cooperação com os pesquisadores brasileiros hostis ao regime autoritário, entrincheirados na SBPC.

Em 1974, quando a Fundação Dag Hammarskjöld lançou, em Upsala, o projeto que levou à publicação do ruidoso relatório "Que fazer? Um outro desenvolvimento", foi também Clemens que nos permitiu criar uma célula desse projeto na MSH. O atual diretor-geral da Organização Internacional do Trabalho (OIT), o chileno Juán Somavía, obrigado a deixar seu país depois do golpe de Estado de Pinochet, participou desse grupo de trabalho.

Foi ainda graças ao apoio incondicional de Clemens que Viola conseguiu organizar em Paris mais de dez colóquios internacionais sobre identidade nacional e expressões culturais — uma comparação entre os Estados Unidos e o Brasil —, sobre o oculto, a magia e a feitiçaria na cultura americana e sobre o imaginário americano. Eminentes pesquisadores americanos, brasileiros e europeus participaram.

Poderia prosseguir longamente com a enumeração das qualidades de um administrador fora de série. Ele já é objeto de um ou dois livros, e merece outros. Era um personagem mais que pitoresco, muito distraído, mas jogando com sua distração para parecer mais distraído ainda do que era na verdade. O historiador polonês Witold Kula contava sobre ele a seguinte anedota: tinha visto, em sua vida, muitos cientistas calçando um sapato preto e um marrom, mas Clemens foi o único que viu passeando com duas gravatas amarradas a um só pescoço! Poliglota, muito culto, apaixonado por música, Clemens Heller mantinha excelentes relações com toda uma rede de fundações internacionais que ele solicitava no momento certo. Foi assim que conseguiu criar a Maison Suger, uma casa que acolhe pesquisadores estrangeiros, instalada em pleno Quartier Latin num terreno doado pela prefeitura de Paris e construída com a ajuda da Fundação Volkswagen.

Também sabia se cercar de colaboradores eficazes e disponíveis. Seu sucessor, Maurice Aymard, era formado no mesmo molde, o que foi um trunfo incontestável para a MSH. O fato é que Heller geriu de modo notável uma instituição que não tem equivalente no mundo — uma fundação de direito privado de utilidade pública, de apoio à pesquisa social, aberta à cooperação com todas as áreas culturais, num momento em que faltava à França essa abertura, e trabalhando de mãos dadas com a EHESS, que hoje dispõe de diversos e prestigiosos centros de pesquisa sobre África, China, Índia, Rússia, Estados Unidos, América Latina, Brasil.

Quando cheguei a Paris, a Escola e a MSH se pareciam, se posso me permitir essa analogia, com o império austro-húngaro. Fernand Braudel presidia as duas instituições, cujo funcionamento no dia a dia dependia muito de Heller. Este também ocupava diversos outros cargos estratégicos, notadamente o de secretário adjunto do Conselho Internacional de Ciências Sociais, ligado à Unesco. A dupla Braudel-Heller era extraordinária; difícil encontrar duas pessoas mais diferentes cuja união fosse tão exitosa. Se Braudel era muito francês no seu modo de pensar, o vienense Heller era cosmopolita. Braudel, gigante intelectual e generoso mecenas, pairava acima dos problemas cotidianos deste mundo. Durante a homenagem que a Escola prestou a Daniel Thorner depois de seu falecimento, Braudel, que gostava muito dele, começou seu discurso dizendo: "Este príncipe morreu". A palavra "príncipe" estava no lugar exato, pois essa corte florentina precisava de príncipes... e de *enfants*. Braudel se dirigia a nós dizendo: "*Mes enfants*", meus filhos.

Heller, de seu lado, desistiu de uma carreira promissora de historiador para fazer funcionar as duas instituições gêmeas. Filho do editor de Freud, austríaco refugiado nos Estados Unidos, estudante em Harvard, durante uma curta viagem de metrô em Nova York convenceu a viúva de Max Reinhardt, o grande diretor de teatro e amigo íntimo da família Heller, a ceder seu castelo em Salzburgo para instalar um centro de cultura americano. E Clemens Heller tornou-se o primeiro administrador do programa de seminários que apresentava a cultura americana aos intelectuais europeus, apoiado pelo Departamento de Estado americano e criticado pela CIA, que via com maus olhos a presença de intelectuais da Europa do Leste, em vias de sovietização. Heller, ao contrário, estava convencido de que era preciso abrir uma janela para os intelectuais do mundo soviético. Mais tarde, levou Braudel a assumir essa posição, e a Escola acolheu pesquisadores da Europa do Leste, notadamente da Polônia.

Não tenho palavras suficientes para dizer o que devo à cumplicidade e à amizade de Clemens Heller.

... E SERGE ANTOINE

O segundo encontro providencial foi com Serge Antoine. Foi em 1971, durante uma reunião informal convocada no Palácio das Nações, em Genebra, pelo canadense Maurice Strong, secretário do futuro PNUMA.

Simpatizamos um com o outro e fui convidado a colaborar com ele. Na época, era o braço direito de Robert Poujade, ministro do Meio Ambiente da França. O ministério ainda não tinha sede própria. Funcionava num local cedido pelo Ministério da Marinha. Faltavam salas, e Serge, que era membro do gabinete do ministro, trabalhava atrás de um biombo numa sala grande com uma linda vista para a Place de la Concorde. Começou a me associar a suas iniciativas, como o Alto Comitê do Meio Ambiente no qual me tornei, por algum tempo, *expert* associado.

Ao sair das Nações Unidas em 1974, Maurice Strong convidou a nós dois para irmos ao seu chalé alpino, perto de Saint-Gervais, onde foi organizado um seminário particular em que tivemos uma discussão geral e franca sobre o futuro do mundo. Ele alugou o hotel do vilarejo para hospedar os cerca de vinte convidados. Entre os participantes estavam o egípcio Mustafa Tolba, sucessor de Strong no PNUMA, seu antigo chefe de gabinete Marc Nerfin, o jovem banqueiro australiano James Wolfensohn, que mais tarde se tornará presidente do Banco Mundial, Mabhuh Haq, na época um dos pilares do Banco Mundial, Ahmed Ben Salah, ministro tunisiano do Planejamento destituído e que se escondia na Europa depois de ter escapado da prisão. Este último preparou um cuscuz para todo esse mundinho.

No caminho de volta, fizemos um desvio pelo castelo de La Ripaille, à beira do lago Léman. Esse castelo pertencia aos herdeiros das famílias Peugeot e Necker, que aceitaram pôr sua residência à disposição do PNUMA, contanto que o governo francês pagasse as obras de restauração. O castelo, não muito bonito, ficava numa pequena reserva ornitológica que os próprios donos haviam criado. Todos ficamos entusiasmados com esse projeto. Por motivos políticos, Nairóbi se tornou a sede principal do PNUMA, mas era evidente que, pensando na eficácia, o programa precisaria de uma segunda sede na Europa. Infelizmente o governo francês não se manifestou e o plano não vingou.

Nem por isso Serge desanimou, pois tinha várias outras cartas na manga! Era a alma do centro de estudos sobre o futuro, instalado na salina de Arc-et-Senans. Apaixonou-se pelos balões, e sua mulher o seguia de jipe para recuperar o piloto e o balão... Eles organizavam maravilhosas festas do morango em Bièvre, de onde Serge era vice-prefeito. Ocupou-se de uma revista de prospectiva e ajudou a salvar a revista *Futuribles* depois da morte de seu fundador, Bertrand de Jouvenel. Serge aparentava-se a um vulcão de ideias sempre em atividade. Ocupou-se também dos parques naturais regionais, dos quais foi um dos criadores, das cidades e das comunidades locais. Ele é que pilotará em 1992, em Curitiba, a fusão das quatro principais associações de prefeitos cujo casamento oficial só se fará doze anos depois.

Entre Braudel e Heller, a complementaridade se fazia por oposição, entre Serge e eu, por afinidade. Temos o mesmo temperamento. Portanto, esses foram meus dois principais apoios na França. Graças a eles, e a Marc Nerfin nas Nações Unidas, o CIRED teve um bom início. Evidentemente, eu continuava a ensinar e a dirigir teses (serão mais de oitenta defendidas), mas me dei conta de que na Escola o ensino não passava de um elemento acessório, pois o essencial consistia em alimentar a pesquisa, e foi aí que meus contatos internacionais se revelaram úteis.

Os contatos são realmente o nervo da guerra, como pude verificar pela vida afora. Um francês, François Le Guay, que dirigia o departamento de política econômica da Organização das Nações Unidas para o Desenvolvimento Industrial (ONUDI) me propôs passar meu primeiro verão parisiense como consultor no Chile. Parti em 1969 para discutir com a Corporación de Fomento de la Producción (CORFO) — o banco de desenvolvimento chileno — um plano a longo prazo de industrialização. Lá encontrarei vários funcionários da CEPAL que eu tinha conhecido em 1968 e Osvaldo Sunkel, brilhante economista chileno que me enviara a Varsóvia um convite para que eu fosse me estabelecer no Chile. Mas acima de tudo trabalharei na CORFO com Sérgio Bitar, que mais tarde será o mais jovem ministro de Allende e, ainda mais adiante, um dos principais políticos do país.

Em Santiago, conduziram-me a uma sala fantástica e me apresentaram a uma secretária. Virei-me para o presidente da CORFO e disse: "Quero trocar esta sala por outra bem menor, não creio que vá precisar de uma secretária em tempo integral, mas em compensação precisarei tremendamente de um jipe com motorista". Ele me perguntou por quê. "Porque quero viajar. — Como? O senhor vai discutir perspectivas a longo prazo da industrialização do Chile. — Justamente, para entender o Chile preciso percorrê-lo, inclusive as zonas rurais." Ele me deu razão e fiz com Bitar várias viagens instrutivas porque permitiram, entre outras coisas, verificar os limites da reforma agrária iniciada pelo presidente Frei.

Jacques Chonchol — esse nome me era familiar, pois ele dera uma ajuda a Kalecki em Havana, onde estava como especialista da FAO — era seu principal artífice. Mais adiante o presidente Allende o confirmará como ministro da Agricultura, e depois do golpe de Pinochet Chonchol irá para Paris e dirigirá o Instituto de Altos Estudos da América Latina, na rua Saint-Guillaume.

Essa temporada foi extremamente interessante, antes de mais nada porque pus a mão na massa. Quando nos despedimos,

Kalecki tinha me dito mais uma vez que era muito importante para minha carreira ocupar-me de situações concretas e não unicamente de pesquisas concentuais.

Tive a sorte de cair na CEPAL no momento do grande debate que opôs dois futuros ministros de Economia de Allende: Pedro Vuskovic e Carlos Matus. O primeiro, como bom economista, considerava que era preciso industrializar o Chile aproveitando ao máximo as infraestruturas já existentes, o que equivalia a dizer privilegiando as cidades costeiras e a região de Santiago em detrimento do interior do país. Matus, romântico, pedia, ao contrário, que o desenvolvimento fosse interiorizado, que a estratégia de ocupação territorial fosse traçada em função de uma visão de longo prazo, e não de um cálculo custo-benefício.

Foi um grande debate, em que mais uma vez percebi que Kalecki tinha razão ao advertir contra o uso abusivo das análises custo-benefício. Estas permitem comparar variantes de realização de um objetivo já fixado, mas são demasiado redutoras quando se trata da escolha dos objetivos. Portanto, eu reencontrava ao fio de situações concretas questões teóricas importantes.

OS CAMPOS DO PLANEJAMENTO

Paralelamente, comecei a observar tudo o que na França e em outras partes se fazia sob o nome de "prospectiva". Aprendi muito com meu amigo Éric Trist, psicólogo social, diretor do Tavistock Institute de Londres e depois professor na Wharton School, da Universidade da Pensilvânia. Conheci Éric na Unesco, em 1965. Num texto em sua homenagem, apresentei-o como "o decano do maior colégio invisível do mundo". Ele conhecia uma quantidade inacreditável de pesquisadores, espalhados da Austrália aos Estados Unidos, passando pela Europa, e tinha uma extraordinária capacidade de pô-los em contato em torno de interesses comuns.

Quando nos encontramos na Unesco, em Paris, em 1969, sua primeira pergunta foi: "Quer que eu peça à rainha da Inglaterra para lhe conceder a cidadania britânica?". Agradeci, achando a ideia um pouco ingênua, mas era todo ele. Éric acabava de se mudar para a Universidade da Pensilvânia, na Filadélfia, onde Russel Ackoff, o papa da pesquisa operacional, criara um centro de pesquisa sobre as ciências sociais aplicadas, conhecido como Bush Center (do nome de seu principal mecenas, o magnata da cerveja), e um programa de estudos doutorais batizado de Social System Sciences, ou S3.

Trist me porá em contato com a equipe de Ackoff, em especial com Hassan Ozbekhan, prospectivista conhecido nos Estados Unidos e neto do último grão-vizir do império otomano, com Bertram Gross, sociólogo, consultor do secretário-geral das Nações Unidas para os métodos de planejamento, e com Francisco Sagasti, jovem e brilhante doutorando peruano que trabalhava na Organização dos Estados Americanos, em Washington.

Descubro como procedem os especialistas do planejamento de empresas nos Estados Unidos. Eles começam projetando uma visão ideal do futuro, depois se interrogam sobre o que devem fazer para pôr a empresa no rumo certo. No ano seguinte, adaptam sua visão de futuro ao novo contexto e ajustam a trajetória, mas com o cuidado de tomar o mínimo de decisões indispensáveis e guardando a margem de liberdade para corrigir o tiro no futuro. É um planejamento contínuo e flexível.

Convido Ackoff, Ozbekhan, Trist e Gross para um confronto de ideias junto com os planejadores franceses, para o qual convido também Bobrowski, na época professor associado da Universidade de Paris-I. Reunimo-nos num centro de formação da estatal Electricité de France, perto de Dourdan. A certa altura,

Bobrowski me diz: "Esse turco é muito simpático, um pouco autoconfiante demais. Mas não quer entender que as decisões pesadas, uma vez tomadas, não são mais modificáveis. Você fica preso num espartilho". O que mostra que a aproximação de escolas de pensamento tão diversas nada tem de óbvio.

Em todo caso, tudo aquilo era muito diferente do que eu conhecia como planejador de um país socialista. Acrescente-se a isso o método dos cenários que praticam os prospectivistas franceses.

A reflexão que começava a casar a prospectiva à francesa e o que aprendi com os colegas americanos ao que tinha aprendido com Kalecki alargava minha visão de planejamento. Será este um dos campos que desenvolverei.

Anos mais tarde, reuni vários artigos num número especial da *Revue coopérative*, dirigida por Henri Desroche. O título era "Desenvolver os campos de planejamento". Na verdade, depois de "desenvolver" faltou um ponto e vírgula, que desapareceu na hora da impressão, pois eu queria empregar um verbo e não um substantivo para marcar o caráter processual do desenvolvimento. Um livro que muito me marcou, o de John Turner, intitulava-se *Housing by people*, traduzido desastradamente em francês por *Le logement est votre affaire*. Esse título já era um programa, pois a palavra *housing* remetia à ação de criar seu hábitat.

Eu continuava a aprofundar a questão, para mim fundamental, da escolha das técnicas. Como combinar o pleno emprego com a transformação das estruturas de produção? Que tipo de progresso técnico se deve suscitar?

Estabeleci um contato com a equipe que trabalhava sobre esse assunto na OCDE sob a direção de Jean-Jacques Salonon. Travei conhecimento com François Chesnais e Charles Cooper e, por seu intermédio, aproximei-me da Universidade de Sussex onde funcionavam dois centros muito influentes na comunidade de pesquisadores sobre o desenvolvimento: o Institute of Development Studies (IDS) e o Science Policy Research Unit (SPRU), este trabalhando sobre a política científica e técnica. À frente do IDS estava Dudley Seers, antigo colaborador de Kalecki nas Nações Unidas. Christopher Freeman, diretor do SPRU, também pertencia ao clube dos admiradores de Kalecki. Propuseram-me mudar-me com armas e bagagens para a Universidade de Sussex. Mas já nos sentíamos bem estabelecidos em Paris.

A oportunidade de estudar essas questões *in situ* me deixou radiante. Por isso é que aceitei com entusiasmo o convite do Conselho Nacional de Ciências e Tecnologia do Peru para passar uma temporada em Lima nos verões de 1970 e 1971, convidado por intermédio de Sagasti para refletir sobre o lugar da técnica e da ciência no desenvolvimento e definir os segmentos a ser aprofundados. Cheguei a duas conclusões. A primeira era a importância que poderia ter a pesquisa prospectiva na Amazônia — o Peru tem uma grande província amazônica — para valorizar seus recursos renováveis. A segunda dizia respeito ao lugar onde se fazia a política tecnológica. Não seria no Ministério da Pesquisa nem na comunidade dos pesquisadores, mas no local onde se financiasse o desenvolvimento. Uma verdadeira política científica e técnica deve, evidentemente, criar um diálogo com os pesquisadores e com sua administração de tutela, mas ela só sairá do papel caso se garanta que os critérios de seleção dos projetos pelos bancos de desenvolvimento sejam traçados de modo a evitar, ali onde for possível, o recurso a técnicas demasiado intensivas em capital, em detrimento da criação de empregos — tão necessária.

Uma cilada a evitar é enveredar pelos cálculos abstratos, como na época a Unesco fazia, sobre o número de especialistas que seria preciso formar num país, sem levar em conta que, ao lado de um "êxodo de cérebros" para o estrangeiro, existe também um "êxodo de cérebros" no interior do país. Sei disso desde a investigação feita em Varsóvia sobre a carreira dos cinquenta primeiros médicos africanos diplomados na Polônia. Encontramos dois deles no hospital Saint-Antoine em Paris, três ou quatro exercendo na França, e quase todo o resto em profissões que não tinham nada a ver com a medicina, entre os quais um médico que se tornara chefe de polícia e era particularmente sanguinário: sabia como torturar sem matar. Já em 1964, na Nigéria, eu tinha percebido que as correlações entre a taxa de crescimento econômico e as necessidades em recursos humanos, preconizadas por autores renomados, e na prática aceitas pela Unesco, não tinham muito sentido.

Portanto, tentava convencer os peruanos da necessidade de desconfiar de métodos quantitativos exageradamente simplificadores. Também iniciava uma polêmica sobre o financiamento da pesquisa pelas empresas. Incitar fiscalmente empresas muito pequenas a financiar a pesquisa equivalia, com frequência, a pagar uma temporada turística no estrangeiro para o diretor da empresa, que partia supostamente para estudar as experiências dos países mais avançados.

Mas havia muito o que fazer a respeito das colaborações internacionais. Tanto mais que nessa época se instalava o Pacto Andino que propunha reunir Peru, Equador, Bolívia, Chile, Colômbia e Venezuela.

A tese que eu defendia era de que a integração desses países não poderia se fazer a partir do modelo do mercado comum europeu. Era preciso construir uma divisão regional do trabalho, com eles planejando juntos a implantação de novas indústrias. As negociações setor por setor, iniciadas pelo secretário do Pacto Andino, tinham poucas chances de dar certo. As dimensões reduzidas do mercado regional só comportavam uma ou duas fábricas em cada setor. As disputas a respeito de sua localização corriam o risco de ser ásperas. Portanto, a solução passava pela negociação simultânea em torno da implantação de várias indústrias, de modo a garantir a divisão equânime dos novos projetos entre os países membros. A troca de contratos de exportações e importações a longo prazo completaria o dispositivo. Propus, assim, que o Pacto Andino estudasse o potencial de três campos de recursos — as riquezas de subsolo, a floresta tropical e o oceano — a fim de fazer o inventário dos equipamentos necessários a sua exploração e de identificar as indústrias de bens de equipamento capazes de ser instaladas na região. Embora se trate, à primeira vista, de um grupo de pequenos países, todos estão fortemente comprometidos com a produção mineira. Dividem (com exceção do Chile) com o Brasil a floresta amazônica, e na época Peru e Chile ocupavam o primeiro e o terceiro lugares mundiais da pesca de alto-mar. Uma iniciativa análoga poderia ser tomada para estabelecer um plano regional de pesquisas científicas e técnicas e de formação de recursos humanos. Essa proposta não foi aceita pelos responsáveis do Pacto Andino, pois implicava um engajamento político para o qual os países membros não estavam maduros.

13. O ecodesenvolvimento: de Tóquio ao Rio e depois

A problemática do meio ambiente era, para mim, um tanto alheia. Foi em 1970 que participei em Tóquio do primeiro colóquio internacional sobre o meio ambiente como desafio às ciências sociais. Como fui parar lá? Eu tinha lido, como todo mundo, *Les racines du ciel*, de Romain Gary, e *Le Printemps silencieux*, de Rachel Carlson. Mas não tinha visto chegar a revolução do meio ambiente nem avaliado suas implicações no nosso modo de pensar o mundo. Quando Sami Friedman, do Conselho Internacional de Ciências Sociais, ligado à Unesco, me telefonou para perguntar se eu aceitaria ir ao Japão — país que ainda não conhecia —, para um colóquio sobre o meio ambiente e as ciências sociais, a expressão "meio ambiente" não fazia parte de meu vocabulário. Como bom aluno de um liceu francês, eu conhecia o *milieu* [meio], mas não conhecia o *environnement* [meio ambiente]. Voltando para casa, consultei o pequeno dicionário Oxford, que me permitiu compreender o que era o meio ambiente. Se Paris vale uma missa, Tóquio valia um relatório sobre o planejamento e o meio ambiente nos países do Terceiro Mundo, tema do qual me encarreguei. O colóquio foi em março, em Tóquio e em Osaka, por ocasião da exposição universal montada nessa cidade. Foi organizado pelo maior jornal japonês, *Asahi Shimbun*, e presidido pelo conhecido economista japonês Shigeto Tsuru, de quem eu tinha lido vários artigos. Tsuru passou a guerra nos Estados Unidos e trabalhara com Lange em Chicago.

Com o avião pousado na pista do aeroporto de Tóquio, alguém subiu, veio ao meu encontro e prendeu na minha lapela uma espécie de distintivo com alguma coisa escrita, e depois me mandou descer. Havia gente ao longo de todo o percurso, olhando para esse distintivo e de vez em quando me pegando pela mão, me pondo à direita, à esquerda, um modo muito japonês de acolher os convidados. Fomos levados ao hotel. Paul-Henry Chombart de Lauwe era o único pesquisador francês presente, digo "o único" porque eu só me tornaria francês um ano depois: ainda era apátrida.

Começou então um colóquio como não existe mais: dez dias de duração! Com visitas, entre elas à cidade de Fuji, ao pé do Fuji-Yama, na época uma das cidades mais poluídas do Japão, com dezenas de fábricas de papel que poluíam a água e o ar. A tal ponto que, de Fuji, não se conseguia ver o Fuji-Yama.

A palavra *kogai* — degradação do meio ambiente — estava nos lábios de todo mundo. O escândalo de Minamata estava recentíssimo nas memórias. Tratava-se da fábrica que despejava mercúrio na baía desse nome. Os gatos, grande comedores de espinhas de peixes, foram os primeiros envenenados. Perderam o sentido de orientação, correram para o mar e se afogaram. Depois foi a vez dos homens, e houve muitas vítimas. Os sindicatos, de conluio com os donos da fábrica, tinham feito tudo para não deixar vazar essa tragédia e preservar os empregos. O escândalo acabou estourando.

De Fuji, fomos a Osaka. A exposição era um hino à modernidade e ao Japão guiando a marcha da humanidade rumo ao progresso técnico. Seria um modo de compensar a guerra perdida? Multidões de japoneses de todas as idades desfilavam em esteiras rolantes que ligavam os pavilhões nacionais, e estes rivalizavam em proezas de técnicas modernas. O fantástico pavilhão da arte, onde se misturavam as obras-primas da pintura europeia e as esculturas japonesas, estava deliciosamente deserto. No voo de volta a Paris, sentei-me ao lado do diretor do pavilhão francês da exposição. Ele me contou que a construção tinha sido inundada na véspera da inauguração. E que durante toda a noite mais de cem japoneses, pano de chão na mão, tinham enxugado o pavilhão, cantando. Essas técnicas de vanguarda, de um lado, e esses japoneses com panos de chão, de outro, eis uma imagem contrastada de nosso mundo.

O colóquio me ofereceu, mais uma vez, uma educação principesca, pois me vi entre os melhores especialistas mundiais das questões ambientais. Foi também a ocasião de inúmeros encontros. Descobri William Kapp, professor na Basileia, autor de um livro pioneiro e capital sobre os custos sociais da empresa privada. Seu livro foi traduzido, por sugestão minha, na coleção que Fernand Braudel dirigia na Flammarion. Ele deu cursos na Escola. Kapp foi, de longe, o pensador mais rigoroso sobre as relações entre ecologia, economia e sociedade, o que ele chamava, no fim da vida, de "ecossocioeconomia".

Também encontrei nessa ocasião o economista americano de origem russa, Wassili Leontief, futuro prêmio Nobel, que a meu ver não entendeu muito bem os problemas do meio ambiente, pois os considerava dignos de uma só coluna a mais no seu quadro das trocas interindustriais. Havia também Alan Kneese, eminente especialista americano do meio ambiente, meu homônimo Joseph Sax, jurista, que nos Estados Unidos desempenhou um grande papel na mobilização da sociedade civil em torno da luta pelo meio ambiente. E, por fim, uma vintena de outros participantes vindos do estrangeiro e nossos colegas japoneses.

O redator-chefe do *Asahi Shimbun* convidou Alan Kneese e eu para um almoço de trabalho durante o qual seríamos entrevistados. Reunimo-nos nós dois, o redator-chefe e seu adjunto em torno de uma mesa suntuosamente posta. Eu me perguntava como ia comer rosbife com os pauzinhos. Ao redor, uma mesa circular reunia os membros da redação. Eles receberiam um almoço mais frugal. Uma terceira mesa, no exterior, era ocupada pelas taquígrafas que só teriam direito a uma xícara de chá. Interrogaram Kneese sobre a política ambiental dos Estados Unidos e depois se viraram para mim: "E agora, fale-nos da Europa". Percebi que para meus interlocutores o pequeno apêndice da Ásia a que chamamos Europa era um conjunto homogêneo, da Escandinávia a Portugal! Lembrei-me de que Babur, o primeiro grande mongol no trono de Délhi, não mencionava a Europa em suas longas memórias. No entanto, viveu no século XVI, a era de Vasco da Gama, dos "descobrimentos" e da colonização. Esquecimento? Desprezo? Erro de julgamento?

A CAMINHO DA NOÇÃO DE ECODESENVOLVIMENTO

Em Tóquio, pela primeira vez captei o elo profundo que une a problemática do meio ambiente e a do desenvolvimento. Para mim abriu-se uma caixa de Pandora de perguntas: como reintegrar ao campo do socioeconomista o substrato físico dos processos sociais, os fluxos da energia e da matéria, quando Marx e Durkheim nos convidavam a abstraí-los? O livro de René Passet sobre o econômico e o vivo ainda não tinha sido publicado. O que deve fazer o planejador para conciliar no planejamento a lógica das necessidades com a lógica do mercado e aprender a raciocinar diretamente sobre os valores de uso, e não unicamente sobre os valores de troca? Como introduzir o qualitativo ao lado do quantitativo? Como se acomodar com as escalas de tempo e espaço com que o economista não está acostumado? O horizonte temporal do planejador — vinte anos — não passa de uma fração daquele sobre o qual o ecologista reflete. Os ecologistas trabalham ora sobre uns poucos metros quadrados de um pasto, ora sobre a biosfera, o que significa o infinitamente pequeno e o imenso em relação aos hábitos dos economistas.

Eu tinha muito trabalho pela frente. Assim, soube com alegria que, por sugestão da Unesco, iria participar da preparação da primeira Conferência das Nações Unidas sobre o Meio Ambiente, programada para junho de 1972 em Estocolmo. Em 1971, nos reunimos na Suíça, num motel em Founex, pois em Genebra todos os hotéis estavam lotados por causa de outra conferência.

Duas posições extremas se confrontaram a respeito das relações entre o meio ambiente e o desenvolvimento. De um lado, os partidários do crescimento selvagem, que diziam: "Primeiro o crescimento e depois veremos". Um diplomata brasileiro de ideias progressistas, mas que interpretara errado o meio ambiente como algo que seria simplesmente uma pedra jogada no caminho da industrialização dos países do Sul, nos disse, num momento de discussão livre, "que todas as indústrias poluentes vão para o Brasil, temos espaço suficiente para isso, e no dia em que formos tão ricos como o Japão nos preocuparemos com o meio ambiente". Havia também um inglês que considerava que o meio ambiente era uma invenção das classes ricas e desocupadas que custavam a encontrar uma ocupação. Esses partidários do crescimento selvagem diziam, portanto, que o meio ambiente era algo para amanhã. No oposto, estavam os "zegistas"* de diferentes espécies, partidários do crescimento demográfico zero, do crescimento material zero, e por fim os partidários de parar qualquer crescimento. Graças a esse colóquio conseguimos definir uma via mediana que consistia em dizer: nada de parar o crescimento enquanto houver pobres e desigualdades sociais gritantes; mas é imperativo que esse crescimento mude no que se refere a suas modalidades e, sobretudo, à divisão de seus frutos. Precisamos de outro crescimento para um outro desenvolvimento. Olhando para trás, eu diria que, na prática, saímos de Founex com as ideias claras sobre a articulação do social, do meio ambiente e do econômico. Os objetivos do desenvolvimento são sempre sociais, há uma condicionalidade ambiental que é preciso respeitar, e finalmente, para que as coisas avancem, é preciso que as soluções pensadas sejam economicamente viáveis. Essa posição foi retomada em Estocolmo em 1972, primeira grande conferência internacional sobre o tema.

Aliás, Estocolmo inovou no que se refere à arquitetura desse gênero de encontros. A conferência foi organizada em círculos concêntricos. A assembleia dos representantes dos Estados era no Parlamento sueco, havia conferências públicas com as personalidades convidadas pelo secretariado. Indira Gandhi, primeira-ministra da Índia, fez num teatro de Estocolmo um discurso para denunciar a pior das poluições: a pobreza. Depois havia reuniões *off Broadway* organizadas pela sociedade civil, por exemplo pela associação Eco-eco (de economia e ecologia). Toda a cidade foi palco de um *happening* popular alegre e grave ao mesmo tempo. Nas ruas de Estocolmo, podia-se até mesmo cruzar com as víti-

---

* Partidários do ZEG, Zero Economic Growth (crescimento econômico zero). (N. T.)

mas da poluição do mercúrio na baía de Minamata, episódio que fez do meio ambiente um tema maior no Japão.

A Conferência de Estocolmo inscreveu definitivamente o meio ambiente na ordem do dia da comunidade internacional. Ela decidiu a criação do PNUMA e estabeleceu sua sede central em Nairóbi, mais uma inovação com toques simbólicos: foi o primeiro programa de alcance mundial instalado na África. Maurice Strong, secretário-geral da Conferência, assumiu sua direção. Um papel maior foi desempenhado em Estocolmo por seu chefe de gabinete, Marc Nerfin, que se tornaria um de meus amigos mais chegados. Por vinte anos trabalharíamos num perfeito entendimento de ideias.

Redator da *Voix ouvrière* de Genebra, Marc saiu do Partido Comunista em 1956 em sinal de protesto contra a invasão da Hungria pelas tropas soviéticas. Tornou-se professor na Tunísia, depois juntou-se às Nações Unidas, quando participou da redação do relatório Jackson sobre a reforma (já nessa época) da organização, antes de vir a ser a alma da Conferência de Estocolmo. A carreira de alto funcionário internacional não o seduzia muito. Pediu demissão das Nações Unidas. Escreveu um livro apaixonante de entrevistas com Ahmed Ben Salah. Depois, assumiu a direção do projeto da fundação sueca Dag Hammarskjöld para preparar o relatório "Que fazer? Um outro desenvolvimento", publicado em 1975 por ocasião da sessão especial da assembleia geral das Nações Unidas sobre a nova ordem econômica internacional. Esse verdadeiro manifesto em favor de um outro desenvolvimento, no qual também colaborei, marcará data e será traduzido em várias línguas. Ele encontrará seu prolongamento natural na criação, em 1976, da Fundação Internacional para um Outro Desenvolvimento, à qual Marc se dedicará de corpo e alma. Também lá estarei. Evocarei mais adiante essa extraordinária aventura intelectual e política que certamente merece ser mais bem conhecida.

OS PEIXES CANTAM NO UCAYALI

Foi nos corredores da conferência de Estocolmo que Strong lançou a palavra "ecodesenvolvimento". Tinha um pouco em mente as ilhas paradisíacas do oceano Pacífico. Banhávamo-nos em Rousseau, mas também numa ideia expressada num livro que marcou data, *A próxima Idade Média*, de Roberto Vacca. Era preciso haver lugares que servissem de refúgio em caso de guerra, acidente nuclear e colapso da civilização em seguida a uma catástrofe natural. Em seu livro, Vacca questiona a fragilidade dos grandes sistemas tecnológicos. A palavra parecia suficientemente pregnante para que, no prolongamento das teses debatidas em Founex e retomadas em Estocolmo, me convidassem a tentar tornar mais preciso seu conteúdo. Foi muito curioso, pois primeiro houve o vocábulo, e depois começou-se a escavar o conteúdo. Portanto, trabalharíamos por vários anos no aperfeiçoamento do conceito de ecodesenvolvimento, que nesse meio-tempo se transformara em "desenvolvimento sustentável" (termo que me desagrada profundamente).

A primeira ocasião me seria dada no mês seguinte. Em julho de 1972, devo conduzir uma missão das Nações Unidas para refletir, a pedido do governo peruano, sobre uma estratégia de longo prazo para a Amazônia peruana. Difícil sonhar com oportunidade melhor; novamente o conjunto de circunstâncias era extraordinário. Chego a Santiago do Chile, onde conheço os membros da missão que pertencem à equipe da CEPAL. Dizem-me que a pedido do governo peruano um acadêmico soviético, Wolski, irá se juntar à missão. Não escondo minha surpresa e digo ao secretário executivo da CEPAL: "Para que um acadêmico soviético queira participar de uma missão dirigida por um refugiado político polonês, destituído da nacionalidade polonesa, é porque existe algo muito importante a discutir". E não me engano. Wolski junta-se a nós em Lima. E fica claro desde o primeiro dia que ele está lá para sondar o governo peruano sobre a oportunidade da seguinte operação: abrir um túnel sob os Andes para fazer derivar uma parte das águas do Marañon, um dos rios que formam o Amazonas, e irrigar várias dezenas de milhares de hectares de terras desérticas do norte do Peru. É o equivalente, para a América Latina, da barragem de Assuã, construída pelos soviéticos no Egito. O projeto faraônico me dá frio na espinha quando se pensa na sua eventual repercussão política. Estamos no período de Allende no Chile, há Cuba, e de repente os soviéticos querem investir 1 bilhão de dólares ou mais no Peru. Portanto, peço para ver o general Marcondes Pont, chefe do planejamento peruano — um general de cavalaria — e lhe explico que os termos de referência de minha missão são muito mais modestos. Além disso, Wolski fala de uma região da qual não temos propriamente que falar nem tratar. Proponho-lhe convidar Wolski para que fique uma semana a mais depois do fim da minha missão. Felizmente, ele aceita. Os peruanos acabarão recusando a proposta soviética. Foi a única vez da vida em que me vi metido tão de perto na grande política, e de forma absolutamente acidental. Minhas relações com Wolski foram ruins. No primeiro dia da reunião em Lima ele se permitiu contar uma ou duas piadas antissemitas. Decidi então apresentar durante o resto da missão uma média de dez piadas antissoviéticas das quais, na época, eu tinha um repertório muito fornido. Portanto, nossas relações foram um bocado complicadas, tanto mais que, uma vez o assunto do túnel sob os Andes abandonado, Wolski não tinha rigorosamente o menor interesse na nossa missão. Estava lá para o túnel e mais nada.

 Mesmo assim essa viagem foi extraordinária e nos levou, por exemplo, à beira do Ucayali. Em criança adorei, como já disse, ler o livro de um *globe-trotter* polonês, Arkady Fiedler, que se chamava *Os peixes cantam no Ucayali*. Não imaginava que um belo dia me encontraria à beira desse afluente do Amazonas, numa estação agronômica, no último lugar aonde se pode chegar de jipe e onde eu partilharia, à noite, um trailer caindo aos pedaços com Wolski. O calor era sufocante. Descemos com grande dificuldade pela margem escarpada, onde havia um bar flutuante. Ali encontrei, para minha grande surpresa, uma cerveja morna, uma coleção de medicamentos, todos com prazo vencido, e pêssegos em lata vindos da Califórnia. Como essas latas chegavam e quem as comprava? A globalização tem seus segredos.

Na época, o Peru pensava ter encontrado uma grande jazida de petróleo à beira do Tigre, um afluente do Marañon. A proposta que fazíamos ao governo do Peru era idêntica à que eu tentaria, em 2005, discutir com o governo do Espírito Santo, no Brasil, onde tinham descoberto uma grande jazida de petróleo *offshore*. Tratava-se de usar uma parte dos royalties do petróleo — que vão durar o que durar, mas não será muito tempo — para traçar uma estratégia de desenvolvimento centrada na valorização dos recursos renováveis, da floresta e das águas, já que a Amazônia é um ecossistema de recursos hídricos abundantes. Evidentemente, era preciso manter a floresta de pé por motivos ecológicos, mas aprendendo a fazer um uso correto dos recursos desse ecossistema para construir uma civilização moderna baseada nos recursos renováveis do trópico úmido. Estávamos no centro da problemática do ecodesenvolvimento.

Produzimos então um documento de umas cinquenta páginas, que na realidade seria o primeiro texto que escrevi sobre o ecodesenvolvimento. A história desse documento é muito instrutiva. Primeiro, o governo peruano toma conhecimento dele. Uma semana depois, sou convidado a me apresentar ao Conselho do presidente, a instituição que, na época, governa o Peru. O fato de que eu seja convidado já é bom sinal. No palácio presidencial, vejo-me na frente de um presidente e uns vinte coronéis e generais, a maioria à paisana. Faço uma exposição de quinze minutos, agradecem-me. Saio de lá desconcertado. Mas amigos em Lima me dizem: "Maravilhoso, você ganhou. Se não tiveram perguntas a fazer, é porque aprovaram". Portanto, do lado do governo peruano há entusiasmo.

Vou para Santiago, e na sede da CEPAL, nenhum problema. No caminho de volta para Paris, passo por Nova York e vou à sede do PNUD. Lá me entregam um documento para assinar. Pergunto o que é. "Um contrato de consultor. Queremos ficar com todo o tempo livre que você tiver." Respondo: "Primeiro avaliem meu documento. Estou indo para Paris, não assino nada". Então meu documento é submetido à avaliação de um funcionário romeno do PNUD. Esse funcionário escreve um comentário de duas páginas. Até hoje não sei se foi porque resolveu pedir instruções a sua embaixada, se considerou por conta própria que era prudente apedrejar um relatório assinado por um dissidente polonês, ou simplesmente porque não entendeu nada. O fato é que desse relatório de cinquenta páginas ele tira duas frases. Na primeira, proponho pensar no emprego de zepelins porque na Amazônia poderia ser sensato recorrer aos dirigíveis para transportar cargas pesadas, melhor que construir estradas no meio da floresta. A famosa Transamazônica brasileira, em vias de construção, me parecia um disparate. Por outro lado, o general comandante da região de Iquitos nos fizera visitar as obras de sua pequena Transamazônica peruana. O engenheiro francês da École des Ponts et Chaussées que eu tinha na minha equipe era de opinião que aquela estrada não sobreviveria à primeira chuva torrencial. Quando sobrevoada, a Amazônia dá a impressão de uma imensa planície, mas na verdade o terreno é ondulado, o que acentua os fenômenos de erosão. Dava pena ver os soldados do contingente que trabalhavam na construção do trecho de estrada que o general nos fez percorrer, ou melhor, sobrevoar ao volante de um jipe que ele dirigia de um modo muito brusco. Além disso, explicou-nos que enquanto vivesse tomaria o cuidado de que nenhuma estrada fosse prolongada até a fronteira com o Brasil. Desconfiava de seus colegas brasileiros. Aliás, tinha ideias bem definidas sobre o desenvolvimento da região. Era um homem muito capaz, morreu num acidente de avião pouco tempo depois. Foi nesse contexto que fui levado a sugerir a reabertura do dossiê dos dirigíveis.

A segunda frase, retirada do contexto pelo romeno, falava dos *hovercrafts* (aerodeslizadores) que poderiam efetuar o transporte rápido de passageiros pela rede fluvial da Amazônia. Eu ficara impressionado com as condições sociais terríveis dos bairros populares de Iquitos, onde se amontoavam as mães cercadas de pencas de filhos, abandonadas pelos homens que iam por vários meses para a floresta, de onde voltavam ou não voltavam, reencontrando ou não seu lugar. Por que não prever um serviço de *hovercraft* que levaria para casa ao menos uma vez por mês os operários florestais?

Apoiado nessas duas citações sobre o zepelim e o *hovercraft*, meu romeno sugeriu *grosso modo* que o autor do relatório deveria ser enviado a um psiquiatra. Não me enganei sobre a ideia de que o zepelim poderia se tornar um meio de transporte muito mais sensato para certos tipos de cargas do que a construção de estradas na Amazônia, se bem que, evidentemente, a prioridade devia ser, ali onde fosse possível, o transporte fluvial. O que eu não sabia era que um zepelim não tinha autonomia suficiente para levantar bastante alto e sobrevoar os Andes em segurança. Aliás, talvez hoje o problema esteja resolvido. Quanto ao *hovercraft*, minha sugestão era deslocada porque é um meio de transporte que demanda um consumo alto de energia, mas a crise de energia de 1973 ainda não tinha estourado, e além disso estávamos num país que pensava ter descoberto um grande jazida de petróleo. Portanto, nas Nações Unidas, em Nova York, fui bloqueado; em Lima, os peruanos, ao contrário, me foram favoráveis. Seria uma longa história contar em detalhes quais partes do relatório foram aplicadas e quais as que caíram no esquecimento. Penso que esse relatório teve o mérito de inovar ao propor uma estratégia de desenvolvimento a longo prazo, baseada na valorização dos recursos renováveis, financiada pelos royalties de um recurso esgotável, no caso, o petróleo.

De passagem, abordamos vários aspectos concretos do desenvolvimento da Amazônia, que me serviria muito no decorrer da década de 1990, quando fui por quatro anos conselheiro do secretário de Estado para o Desenvolvimento da Amazônia brasileira, e quando colaborei com a Unesco na montagem de um programa Sul-Sul de trocas de experiências sobre a valorização dos recursos renováveis do trópico úmido.

Por fim, uma das ideias mais fecundas de nosso relatório consistia em propor o financiamento internacional de instituições locais de pesquisa, indispensáveis, pensávamos, à promoção do desenvolvimento endógeno. Na mesma ocasião sugerimos que as Nações Unidas organizassem um concurso internacional para conceber um módulo urbano multifuncional adaptado ao ecossistema tropical úmido e construído com materiais locais. Isso para evitar que os peruanos construíssem perto da jazida de petróleo, às margens do Tigre, uma *company town* petroleira típica e para que se opusessem à transposição mimética do urbanismo ocidental num meio natural muito diferente. Nossa proposta infringia as regras de utilização do dinheiro da ONU. Em Nova York decidiu-se que era preciso enviar uma missão permanente a Iquitos. Isso jamais se faria, pois os peruanos exigiram que à frente da missão fosse nomeado um cientista de fama internacional. Para passar seu tempo a administrar um minúsculo fundo de desenvolvimento!

"COCOYOC PARA TODO O MUNDO!"

Maurice Strong, secretário da conferência de Estocolmo, instala-se em Nairóbi para dar início ao PNUMA. Ele me sonda sobre minhas disponibilidades. Não tenho a menor intenção de partir mais uma vez, de mala e cuia, para o Quênia, tanto mais que Marc Nerfin sai das Nações Unidas pois não quer se tornar um burocrata internacional vitalício. Portanto, só posso contribuir como consultor e nessa condição vou várias vezes a Nairóbi e a Dar El-Salaam. Um dia, na beira da piscina da mansão onde mora, Strong me conta sua infância miserável no Canadá destruído pela grande crise dos anos 1930, seu início nas Nações Unidas, num cargo subalterno, em Nova York, a escapada ao Quênia onde organizou, para grande desespero das autoridades coloniais britânicas, cursos de alfabetização para adultos, a volta aos Estados Unidos e sua ascensão fulgurante no mundo dos negócios, condição, segundo ele, para se fazer ouvir no mundo da política. Aparentemente, para ele a fórmula funcionou, entre outras razões graças à capacidade de dialogar com interlocutores vindos dos meios mais diversos — homens de Estado, diplomatas e intelectuais dos países industrializados e do Terceiro Mundo, banqueiros, empresários, dirigentes das companhias petrolíferas particulares e públicas.

Para preparar a conferência de Estocolmo, Strong e Nerfin se cercaram de uma equipe que incluía várias estrelas ascendentes do sistema internacional, vindas do Terceiro Mundo, em especial o cingalês Gamani Correa, em vias de se tornar secretário executivo da UNCTAD, o uruguaio Enrique Iglesias, que assumirá o secretariado da CEPAL e mais tarde presidirá o BID, o paquistanês Mabhub Haq, de quem já falei, o indiano Ashok Parthasarathi. Os três primeiros são economistas, Ashok é astrofísico e conselheiro da primeira-ministra Indira Gandhi para a política científica. Tem um papel de primeiro plano no movimento das Conferências Pugwash, que reúnem pesquisadores do mundo inteiro em torno da questão do desarmamento. Assim, apenas formado, o PNUMA pode contar com apoios sólidos no Terceiro Mundo e na constelação onusiana. É preciso deslanchá-lo depressa para colocar na órbita certa o ecodesenvolvimento, sem cair na armadilha da gestão do meio ambiente no sentido estrito do termo. Para isso, pensamos que se deve centrar o debate nas modalidades de uso dos recursos naturais na produção e na divisão dos frutos do crescimento. Em 1974, um grande colóquio presidido por Barbara Ward, reunido em Cocoyoc, no México, vai se dedicar a isso.

A lista dos participantes é impressionante. Barbara Ward está no auge de sua celebridade. Seu livro *Only one Earth*, escrito com René Dubos às vésperas da conferência de Estocolmo, foi um *best-seller* mundial. O *gotha* onusiano está bem representado, o equilíbrio geográfico também, com forte participação do Terceiro Mundo e a presença de cientistas americanos e soviéticos. No entanto, temos um pequeno contratempo. Esperamos Fernando Henrique Cardoso, e é um outro Cardoso que aparece. Erro, intriga do Ministério das Relações Exteriores brasileiro? Os mexicanos dão grande importância a esse colóquio, e o presidente Echeverría Alvarez anuncia sua participação na sessão final.

Infelizmente os preparativos do colóquio foram entregues, por motivos políticos, a uma dupla sovieto-americana — Vladimir Kollontai, na época funcionário da UNCTAD em Genebra, e Lincoln Gordon, ex-embaixador dos Estados Unidos no Brasil, envolvido com a organização do golpe de Estado dos generais em 1964. Os estudos preparados sob o comando dos dois passavam longe do assunto. Resolvemos improvisar: lançamos uma discussão franca visando a redigir ali mesmo uma declaração.

Os debates foram muito ásperos, opondo um improvável eixo americano-soviético a uma maioria que eu qualificaria de terceiro-mundista. Um detalhe de bastidor: os soviéticos e o americano falavam-se em russo, pois o participante americano, Wassili Leontief, futuro prêmio Nobel de Economia, era de origem russa. O sociólogo norueguês Johan Galtung era o responsável, com minha assistência, pelos textos que visavam a preparar os projetos sucessivos da declaração final, e que Barbara Ward se encarregaria de aperfeiçoar. Se bem me lembro, em dois dias tivemos de reescrever cinco vezes o texto. Nosso amigo Rodolfo Stavenhagen, antropólogo no prestigioso Colegio de Mexico e futuro subdiretor-geral da Unesco para as ciências sociais, foi despachado para o México a fim de informar o presidente Echeverría do conteúdo do projeto de declaração. Ele deveria acompanhar o presidente durante o trajeto do México a Cocoyoc num ônibus especialmente preparado para as viagens presidenciais. Echeverría não gostava de andar de avião nem de helicóptero. Assim, o ônibus chegou ao nosso hotel seguido por um comboio que transportava diversos jornalistas e equipes de televisão. Stavenhagen foi nos encontrar, pálido e muito acabrunhado, e nos disse: "Tentei explicar a ele do que se tratava e ele cochilou ao longo de toda a viagem". Que fazer? Estava na hora de começar a sessão de encerramento do colóquio, que seria numa maravilhosa ruína de um claustro barroco ao lado do hotel Cocoyoc, um super cinco estrelas, o que me levou a dizer que a declaração de Cocoyoc se resumia em quatro palavras: "Cocoyoc para todo o mundo".

A palavra foi dada ao presidente de todos os mexicanos, o qual, sem olhar uma folha de papel, discorreu quase textualmente sobre o projeto de declaração final. Ele não dormira. Fechara os olhos para melhor memorizar. E tinha uma memória de elefante. Depois de um discurso desses, a resolução foi aceita por aclamação. No dia seguinte, a imprensa mexicana estava delirante: o colóquio de Cocoyoc marcava uma virada na história. Uma luta efetiva contra o subdesenvolvimento demandava parar o sobredesenvolvimento dos ricos. Os países em desenvolvimento deviam se apoiar em suas próprias forças. A expressão empregada, *self-reliance*, não devia ser confundida com autossuficiência. Remetia à confiança em si. Uma canção mexicana, um sucesso na época, propunha uma excelente definição: "Com dinheiro ou sem dinheiro, faço sempre o que bem entendo, e continuo a ser rei". Era de longe a declaração mais radical que as Nações Unidas jamais haviam elaborado.

Partimos contentes. No avião, Georg Picht, professor de teologia da Universidade de Heidelberg e autor de um livro crítico sobre os progressos da ciência, me diz: "Meu papel é avalizar pessoas como o senhor". Dois dias depois, o secretariado da ONU recebe um telegrama que diz, *grosso modo*: "O que é essa declaração de Cocoyoc? Mais uma história dessas e seremos obrigados a rever nossa atitude face ao Programa das Nações Unidas para o Meio Ambiente, cuja vocação é se ocupar da despoluição". Assinado: Henry Kissinger.

Foi a partir daí que o "ecodesenvolvimento" se tornou uma palavra mal apreciada, desaconselhável mesmo, e progressivamente substituída em inglês pela expressão *sustainable development*, atrozmente traduzida em francês como *développement durable*. Levaremos quatro ou cinco anos para de fato reabilitar a noção e retomar a reflexão iniciada em Cocoyoc, graças a uma série de colóquios regionais sobre os estilos de desenvolvimento e o meio ambiente, em particular o colóquio, que foi um grande êxito, organizado em Santiago pelo economista chileno Osvaldo Sunkel, na época diretor da unidade mista PNUMA-CEPAL.

MISSÕES

Continuo a viajar muito pela América Latina. No México, o Instituto Politécnico Nacional me convida para uma série de conferências sobre o ecodesenvolvimento. Meu avião está atrasado, chego às três ou quatro da manhã na Cidade do México. No aeroporto, um cavalheiro que me espera diz que o ministro, chefe da Casa Civil do presidente, virá tomar o café da manhã comigo. Marcamos para as oito horas. Fico sabendo que o governo mexicano está seduzido pelo conceito de ecodesenvolvimento.

Das dez da manhã a uma da tarde, pronuncio primeira conferência no instituto, para um público numeroso, e depois almoçamos. O almoço mexicano é coisa séria. Voltando às cinco da tarde para a universidade, faço uma segunda conferência, e quando estamos em pleno debate, ali pelas sete da noite, recebo um bilhetinho que diz: "O presidente o espera esta noite às 21h30 para jantar na residência oficial". O presidente chega com uma hora de atraso, jantamos na salinha de jantar, mobiliada com bonecas mexicanas, em companhia de uns dez ministros. Já na minha primeira colherada de sopa o presidente diz: "Compreenda que apesar de todo o interesse que tenho por seu trabalho, não posso assistir às suas conferências; assim, peço-lhe que as resuma". Eles comem e eu falo. Quando acabo de falar, estão na sobremesa. É meia-noite, já não estou vendo muito claro, e nesse momento o presidente anuncia: "O ecodesenvolvimento nos interessa. Agora gostaria que cada ministro se manifestasse em relação a suas palavras". E partimos para mais uma hora. No dia seguinte, à noite, ele assina o decreto que cria um Centro de Ecodesenvolvimento — por artes de meu anfitrião no Instituto Politécnico, Ivan Restrepo, que executou seu plano muito bem. Esse centro funcionará por quinze anos, o que me levará ao México várias vezes, até porque um de meus amigos, Miguel Wionczek, irmão de um conhecido cineasta polonês, era um dos pilares do Conselho Nacional da Ciência e da Técnica. O ecodesenvolvimento é algo ligado às transferências de tecnologias e às tecnologias apropriadas, e é disso que ele trata. Também tenho contatos com o Colegio de Mexico, onde ensinam Rodolfo Stavenhagen e Víctor Urquidi, especialista em economia internacional e veterano das grandes conferências onusianas. Nos debates do PNUMA, o México é representado pela esposa — uma polonesa — do ministro das Relações Exteriores, Oma Castañeda. E é também no México que nascem dois de nossos netos. Nosso filho Wladimir lá ensinava depois de ter defendido sua tese de doutorado na Wharton School, na Filadélfia — razão suplementar para ir ao México.

Na Colômbia e na Venezuela, discutimos as técnicas apropriadas. Em Bogotá, pedi para visitar nos arredores da capital uma floricultura que exportava cravos para a Alemanha, por via aérea. Vinte mulheres sentadas a uma mesa comprida verificavam, com um espelho, cada flor antes que fosse embalada. Era bonito ver. Contando com os jardineiros, a empresa empregava trinta pessoas para um hectare. Um agrônomo instalado na Flórida enviava por fax, duas vezes ao dia, as instruções estabelecidas em função das condições atmosféricas. Trinta empregados por hectare! Fico sonhando. Se se pudesse transformar o Brasil numa imensa floricultura, seria preciso mandar buscar todos os chineses e ainda assim faltaria mão de obra! Mas guardo os números: trinta empregados por hectare na floricultura, um na horticultura, um por cem hectares na produção fortemente mecanizada dos cereais. O mix das culturas é uma pertinente variável de planejamento. Voltei a Bogotá um ano depois e já não encontrei no instituto onde trabalhava o colega que me acompanhara na visita à floricultura. Pedi notícias dele. Largara o cargo de diretor para abrir uma floricultura!

Minha terceira e última visita a Bogotá foi em 1982. Dez anos depois de Estocolmo lá se organizava uma grande conferência chamada Ecolombia, um nome bem bolado. A personagem central foi Margarita Botero. Sem parentesco com a família do pintor, mas suficientemente rica para possuir um chalé suíço na cobertura de um prédio, essa delegada de seu país nas grandes conferências internacionais, admirada por sua elegância, e depois ministra do Meio Ambiente, fez avançar imensamente os princípios do ecodesenvolvimento na Colômbia. Para mim, Ecolombia foi memorável por duas razões. Primeira, o comandante Cousteau recebeu nessa ocasião o título de cidadão honorário de Bogotá, junto com um cheque de cem mil dólares oferecido pela Coca-Cola pelos grandes serviços prestados ao meio ambiente. Achei inábil esse gesto.

Segunda, uma tribo de índios fez circular um protesto contra um projeto piloto de ecodesenvolvimento do PNUMA na Sierra Nevada, tão bem descrita por Gabriel García Márquez. Isso não me desagradava, pois sou contra a ideia de projetos pilotos em sítios excepcionais; penso que os princípios do ecodesenvolvimento devem ser banalizados e aplicados em toda parte. Além do mais, desconfio de projetos pilotos na medida em que subentendem um efeito de encadeamento, de disseminação que quase nunca acontece. Apesar disso, o lugar escolhido parecia interessante porque no espaço de algumas dezenas de quilômetros passava-se de um mar tropical a montanhas de neves eternas, o que não era uma má localização para implantar uma escola de gestão de recursos naturais. A tribo reclamava contra o fato de que o projeto iria violar um sítio sagrado, o cemitério dos índios. Achei curioso que o protesto fosse redigido num espanhol extremamente castiço e assinado com polegares sujos de tinta! Supostamente os índios eram analfabetos. Na verdade, a região produzia coca, o que os especialistas do PNUMA não sabiam.

O PNUMA sonhava em ter uma revista destinada ao grande público, no formato *Reader'Digest*, publicada em várias línguas e distribuída mais em bancas de jornal do que em livrarias. A direção foi entregue a Andras Biro. Esse excelente jornalista de origem húngara tinha dado provas de sua habilidade como redator-chefe da revista CERÈS, da FAO. Era amigo íntimo de Marc Nerfin e de todo o nosso grupo. Depois da queda do muro de Berlim, voltou para a Hungria, dedicou-se ao trabalho com os Roms e recebeu o prêmio Nobel alternativo. A revista se chamaria *Mazingira*, "meio ambiente" em suaíli, maneira de lembrar que o PNUMA tinha sua sede em Nairóbi. Foi formado um prestigioso comitê de redação, do qual eu fazia parte, e se iniciaram as conversações entre as Nações Unidas e o editor britânico Robert Maxwell, que na época estava no auge de sua carreira, presidindo os destinos da editora Pergamon em Oxford.

Mazingira terá uma vida curta, pouco gloriosa e muito dispendiosa para as Nações Unidas tendo em vista os resultados decepcionantes desse projeto, que parecia, porém, fadado a um brilhante êxito. Chamando as coisas pelo nome, Maxwell tapeou seus interlocutores onusianos, prometendo-lhes uma distribuição que não era capaz de organizar, pois sua editora se especializara nas revistas científicas elitistas e muito caras. Pouco importa; o fato é que guardo uma lembrança divertida das reuniões do comitê, que se passavam em Oxford. Para nos buscar no aeroporto de Londres, Maxwell mandava seu ou seus Rolls-Royce e nos alojava em seu castelo. A editora ocupava um prédio construído no jardim que havia ao lado de sua residência. Vestindo invariavelmente uma túnica Mao, dando o bolo em seus convidados para os jantares — parece que nunca jantava —, Maxwell se diferenciava, por sua aparência, do luxo ambiente. E os jantares presididos pela sra. Maxwell, aristocrata francesa, com seu jeito muito especial de misturar palavras francesas e inglesas em cada frase, tinham uma atmosfera singular que era um sacrifício para os convivas, pois ela falava muito e rápido.

A força de persuasão de Maxwell era tremenda, assim como sua capacidade de engazopar os interlocutores. Ele dava um jeito de fazer os negócios se arrastarem durante a discussão matutina. Esta era seguida por um suntuoso almoço com champanhe. Invariavelmente figurava no menu o caviar, presente do membro soviético do comitê, genro do primeiro-ministro Kossyguin, que jamais participou de nossas reuniões mas fazia questão de se lembrar de nós. Acrescentem-se a isso um bom conhaque e charutos de Havana. Tudo conspirava para que o comitê se rendesse, à tarde, aos argumentos de Maxwell. Depois o Rolls-Royce nos levava ao aeroporto. No fim do ano, eu recebia um cartão de boas-festas com a foto da família Maxwell na frente do Rolls-Royce, ao pé da escada do castelo. Bob — ele insistia para que eu o tratasse sem cerimônia — usava na foto a sua túnica Mao. Apreciei muito os contatos pessoais com Maxwell, que sabia ser um interlocutor apaixonante. Fez-me a amizade de publicar uma bela coletânea de meus trabalhos sobre o planejamento e queria que eu colaborasse com o seu jornal.

Em suma, a carreira extraordinária desse refugiado tcheco, que durante a guerra se tornou oficial britânico, sua ascensão fulgurante no mundo editorial e político, a reputação corrosiva de que gozava no mundo dos negócios e o respeito que lhe demonstrava o governo de Israel, a derrocada de sua empresa e sua morte misteriosa durante um cruzeiro de iate — suicídio, assassinato com fundo político? —, tudo isso é matéria para uma biografia que aguarda ser escrita.

A TRAGÉDIA CHILENA

Eu ia ao Chile todo ano, desde a primeira longa missão em 1969. Estava lá no verão de 1973, a convite da CEPAL, que decidira criar uma unidade mista com o PNUMA para se ocupar do ecodesenvolvimento. Fiquei até o início de setembro, tendo saído de Santiago uns poucos dias antes do golpe de Pinochet.

Quando cheguei em julho, fui para o hotel onde me hospedara nas viagens anteriores e ali, estranhamente, o ascensorista me perguntou, entre um andar e outro, se eu tinha dólares para trocar. Fiquei espantado com aquele comportamento, novo para mim nesse país. Telefonei a meu amigo Sérgio Bitar, o mais jovem ministro do governo socialista presidido por Salvador Allende. Convidou-me para jantar em companhia do secretário pessoal do presidente Allende, meu estudante em Varsóvia, e de um colega da universidade. Perguntei a eles: "Como vão as coisas?". "Maravilhosamente bem", responderam em coro, "o tempo da palavra passou, agora chegou o da ação." Com que perspectiva? As respostas me pareceram confusas. Então escrevi a Viola dizendo que me sentia espectador de uma tragédia grega cujos heróis estavam felizes de cumprir seus destinos.

Desde os primeiros dias minha visão foi pessimista. A meu ver, fora um erro aumentar fortemente os salários sem se ter a capacidade de crescer a oferta dos produtos de primeira necessidade, cuja demanda literalmente explodiu, provocando inflação e a disparada da cotação do dólar no mercado negro. O problema poderia ter sido contornado se a União Soviética tivesse concedido ao Chile um crédito para financiar a importação dos produtos alimentícios. Mas pelo que sei uma eventualidade dessas nunca foi aventada nem de uma parte nem de outra. Eu não era o único a me inquietar. Maria da Conceição Tavares, economista brasileira muito conhecida, que saíra da CEPAL para trabalhar para Allende, considerava que as dificuldades se acumulavam perigosamente.

Um dia, na Universidade de Santa María, em Viña del Mar, no fim da tarde, diante de um esplêndido pôr do sol sobre o Pacífico, o reitor Domingo Santa María, ex-embaixador em Washington, um dos raros democratas-cristãos que pregava o diálogo com Allende, me perguntou como eu via a situação do Chile. Falei-lhe da tragédia grega. Ao que ele me disse: "Saiba de uma coisa. Se, como você teme, a tragédia acontecer, será uma tragédia grega mais moderna, com os coronéis".

Bitar, que encontrei várias vezes durante essa temporada, me disse que tinham ido a Cuba para a festa nacional desse país, que Fidel os recebera longamente e lhes aconselhara a negociar e se armar ao mesmo tempo! Ora, a teoria local era que, por um lado, o exército chileno jamais trairia seu povo; por outro, havia uma organização sindical poderosa que barraria a ação dos militares, caso necessário. A greve dos caminhoneiros, os desfiles das mulheres com panelas pelas ruas criava um estranho clima.

O funcionário das Nações Unidas que cuidava da instalação do programa conjunto com o PNUMA era um chileno cuja mulher era a líder das protestatárias, furiosamente contra Allende. Foi com ele, no fim de agosto, que fomos a Valdívia, a novecentos quilômetros ao sul de Santiago, para negociar um projeto transfronteiriço de ecodesenvolvimento, em associação com uma universidade argentina da Patagônia. Os aviões não decolavam mais, fizemos de trem o trajeto de quinze horas. Éramos os únicos passageiros não comerciantes do trem. Todos os outros traficavam. Subiam a Santiago para fazer mercado negro. Durante toda a viagem trocavam as informações sobre o que se devia comprar na capital para revender com bom lucro em Valdívia. A passagem de trem, em dólares trocados no mercado negro, custava menos que a corrida de táxi do hotel à estação. Esperavam por nós na estação para nos dizer que não podíamos mais entrar na universidade porque fora tomada pelo MIR (Movimiento de Izquierda Revolucionária), um grupo de extrema esquerda, e que por conseguinte nos reuniríamos no hotel. Essa reunião foi absolutamente descabida. Gastamos dezoito horas para voltar no dia seguinte.

No dia 1º de setembro, um colega sueco me convidou para ir à universidade. Expus algumas ideias sobre um tema que me parecia importante: o emprego e o desenvolvimento. Quando acabei, uma jovem, falando espanhol com sotaque muito parisiense, me interpelou: "O que o senhor disse, embora coerente, é completamente sem pé nem cabeça!". Pergunto o que não tem pé nem cabeça. "A sua reflexão sobre o emprego." Não entendo. "É muito simples, ela me retruca, quando a revolução mundial tiver triunfado, controlaremos o aparelho de produção norte-americano e liberaremos a humanidade da praga do trabalho!" Esta era uma discussão "séria" na universidade, uma semana antes da queda de Allende. É de deixar estarrecido! Verifiquei que Paris não tinha o monopólio do esquerdismo!

Mal ou bem, a CEPAL conseguiu prosseguir suas atividades sob o regime de Pinochet. Pensei que a ONU poderia ter expressado sua desaprovação ao golpe de Estado transferindo para o México a sede principal da CEPAL, que já tinha por lá um escritório importante. Mas faltou-lhe essa coragem política. Seja como for, Osvaldo Sunkel, que tomou a direção da unidade mista, fez um excelente trabalho e até conseguiu organizar uma grande conferência sobre os estilos de desenvolvimento e o meio ambiente na América Latina, retomando assim a problemática de Cocoyoc. Conferências similares ocorreram em Bangcoc, Addis-Abeba e Liubliana, esta para a Europa. Mas quando, no início dos anos 1980, nos encaminhávamos para uma conferência mundial para confrontar os resultados desses encontros regionais, mais uma vez caiu a guilhotina: os conselheiros para o meio ambiente da Comissão Econômica Europeia da ONU, em Genebra, nos comunicaram que o PNUMA não tinha de tratar dos estilos de desenvolvimento. Será preciso esperar a Cúpula da Terra, em 1992, para abordar seriamente esse tema.

A CONFERÊNCIA DO RIO DE JANEIRO

Isso não me impediu de prosseguir minha reflexão. Tentei convencer o reitor da Universidade das Nações Unidas, o indonésio Soedjatmoko, a lançar um programa sobre essa questão fundamental. Tive ganho de causa, mas parcialmente. No início dos anos 1980, ele me encarregou de dirigir um projeto sobre a interface alimentos-energia, que nos permitiu tratar de várias facetas do ecodesenvolvimento e, em especial, das questões pouco estudadas da agricultura urbana e dos sistemas integrados de produção de biocombustíveis e gêneros alimentícios, tema tão atual hoje em dia, de modo a podermos nos libertar progressivamente da dependência das energias fósseis. A agroenergia constitui, sem dúvida, uma parte importante, mas uma parte apenas, da civilização moderna do vegetal, baseada na exploração sistemática do trinômio biodiversidade-biomassas-biotecnologias e dando lugar à produção de alimentos, biocombustíveis, adubos verdes, materiais de construção, fibras e plásticos, vários produtos da química verde, sem esquecer a farmacopeia e os cosméticos. O século que começa saberá avançar nessa direção? Olhando para trás, constato que esse programa foi a proverbial andorinha que não fez verão.

Foram necessários mais alguns anos para convencer os governos de que se devia retomar a Conferência de Estocolmo e galgar uma nova etapa em direção a um desenvolvimento respeitoso do meio ambiente. A sra. Bruntland, ex-primeira-ministra da Noruega, dedicou-se a isso com seriedade à frente de uma comissão de notáveis criada para tal fim. Esse passo foi dado com a Cúpula da Terra, que se reuniu no Rio de Janeiro em junho de 1992.

Maurice Strong foi confirmado na função de secretário-geral da conferência. Convidou-me a escrever um dos documentos da cúpula sobre o desenvolvimento e o meio ambiente. O texto me serviu, mais adiante, de base para um livro sobre as estratégias de transição para o século XXI, publicado com prefácio de Maurice Strong na Índia, no Brasil, Japão, Itália, Polônia e, evidentemente, na França, com o título *Écodéveloppement*.

A Conferência do Rio foi realmente uma Estocolmo + 20. Esses dois decênios viram a maioria dos países se dotar de legislações e administrações ambientais, e as empresas, ao menos algumas, se convencerem de que o meio ambiente poderia ser uma fonte de lucros e não apenas um custo adicional. Os países do Sul compreenderam que tinham interesse em infletir suas estratégias de desenvolvimento de modo a integrar a dimensão ecológica, tanto assim que o nome oficial da Cúpula da Terra compreendia o meio ambiente e o desenvolvimento, e não mais apenas o meio ambiente, como em Estocolmo. Pessoalmente, pensei que, pela lógica, os dois termos deveriam ser trocados, mas não se podia pedir demais.

A conferência, que se desdobrou num vasto e pitoresco fórum dos movimentos sociais e num programa de conferências científicas paralelas, foi um imenso sucesso midiático. O fórum se passou no bairro do Flamengo e atraiu um público numeroso e entusiasta. Enquanto isso, as delegações oficiais se reuniam no Riocentro, em Jacarepaguá, sob a proteção do exército. As normas de segurança eram draconianas, o que realçava o contraste entre essas reuniões paralelas mas na verdade separadas. Quase me dei mal por causa disso. Na abertura da conferência, fui para lá sem ter me munido previamente de um crachá. Ninguém me avisara que era preciso ir na véspera a um hotel em Copacabana. Meu táxi foi parado em quatro portões sucessivos. Resignado a não participar da sessão solene de abertura, pedi ao motorista que me levasse de volta à cidade. E ele me disse: "Deixe-me tentar um passe de mágica". E foi o que fez. Voltou ao portão principal e interpelou o militar de plantão: "Tenente, estou transportando um velhinho que não está se aguentando mais em pé. Deixe-me entrar". A barreira se abriu. Os cariocas têm fama de espertos e desinibidos. Acredito de bom grado.

Os resultados da Cúpula pareciam estar na medida das expectativas: as convenções sobre a biodiversidade e os climas, uma Agenda 21 fornida, com um rico rol de ações a empreender, e que, esperávamos, em breve seriam detalhadas por milhares de Agendas 21 locais elaboradas coletivamente no mundo todo. Tínhamos a sensação de uma missão bem cumprida. Infelizmente, o entusiasmo criado pela Cúpula do Rio não se concretizou e, até hoje, as Agendas 21 locais são poucas.

No meu entender, esse fracasso se deve em primeiro lugar à incapacidade das Nações Unidas de organizar o pós-conferência. O documento volumoso e indigesto que continha os quarenta capítulos da Agenda 21 deveria ter sido reapresentado numa brochura de oitenta páginas — uma página de resumo e uma página de sugestões de ações por tema. Essa brochura deveria ter sido traduzida em todas as línguas faladas nos países membros da ONU. A assembleia geral que se reuniu no fim de 1992 deveria ter feito votar uma recomendação com essa finalidade. As brochuras teriam sido amplamente distribuídas às coletividades locais, aos movimentos sociais, aos meios de comunicação. Na ausência de tal campanha, não conseguimos surfar na onda de interesse, e mesmo de entusiasmo, suscitada pela Cúpula da Terra.

A essa inabilidade se acrescenta uma razão mais profunda. A maioria das recomendações da Cúpula do Rio ia em sentido contrário à contrarreforma neoliberal que, na época, estava no auge. O desenvolvimento socialmente includente e respeitoso do meio ambiente não é compatível com o *laisser-faire* econômico. Tanto assim que os dez anos que se seguiram à conferência do Rio foram, em diversos aspectos, uma Rio – 10. O entusiasmo arrefeceu.

Não penso que a conferência seguinte, a de Johannesburgo, tenha recolocado as coisas nos eixos. Não estive presente, embora, como presidente da associação 4D, tenha participado da preparação ao lado do coletivo das ONGs francesas. Tentei, sem sucesso, como aliás imaginava, convencer os conselheiros do primeiro-ministro e do presidente da França que o país poderia tomar a iniciativa de propor o adiamento da Conferência de Johannesburgo. Mais valia postergar sua data um ou dois anos, tempo para preparar um programa de ação concreto e realista, do que se sacrificar ao rito das conferências decenais que desacreditam a ONU e a comunidade internacional devido à ausência de resultados. O desenvolvimento não se dá por encantamento.

Durante a comemoração, no Parlamento sueco, do trigésimo aniversário da Conferência de Estocolmo, e depois na Conferência do Rio + 10, convocada pelo presidente da República brasileiro, voltei à carga. Responderam-me que a África do Sul tomaria muito mal uma decisão dessas. Lá, o presidente Chirac fez um discurso memorável sobre "a casa que está queimando", mas a conferência se contentou com palavras sem consequências práticas.

Não temos tempo a perder para conjurar a ameaça das mudanças climáticas de consequências deletérias e irreversíveis. A redução das emissões de gás de efeito estufa, previsto pelo protocolo de Kyoto, representa um décimo do esforço que seria preciso fazer nos próximos decênios para sustar o aquecimento de nosso planeta. Pergunto-me se tal acordo internacional não acaba sendo contraprodutivo. Uma ponte só se torna ponte quando liga as duas margens do rio. A analogia com as negociações sobre o desarmamento salta aos olhos. Pouco me importa saber que as duas superpotências nucleares, que no início dispunham, cada uma, de um arsenal capaz de fazer explodir o planeta duzentas vezes, tenham chegado a um acordo para reduzir à metade a quantidade de ogivas nucleares! Não gosto de bancar Cassandra, mas tenho a impressão de que sofremos da "síndrome do Titanic", segundo o título sugestivo de um recente ensaio de Nicolas Hulot, que faz eco ao maravilhoso filme de Fellini *E la nave va*. E sinto-me às vezes um êmulo de Dom Quixote. Mas nem por isso perco as esperanças. O prefeito de Paris prepara-se para lançar uma Agenda 21. Quinze anos depois da Cúpula da Terra. Antes tarde do que nunca.

FRANKLIN, GANDHI, DUBOS

Esses três pensadores, cada um a seu modo, ilustram um aspecto importante do conceito de ecodesenvolvimento.

Comecemos por Benjamin Franklin, já que os Estados Unidos acabam de festejar seu bicentenário. Seu pragmatismo, aliado a um sentido agudo de observação, o levou a se interrogar, entre mil outras coisas, sobre o melhor modo de se vestir nos trópicos. Numa carta a Mary Stevenson ele sugere à amiga uma experiência muito simples — passear ao sol com um vestido meio branco meio preto — para daí concluir que soldados e marinheiros enviados às Índias orientais e ocidentais deveriam usar uniformes brancos. Mas, também, que valia a pena pintar de preto os muros em que estão encostadas as árvores frutíferas (*fruit walls*) de modo a guardar durante o dia o calor do sol e, assim, proteger as plantas contra as geadas noturnas.

Franklin também foi um dos pioneiros da organização do tempo. Tendo casualmente acordado às seis da manhã num belo dia de verão, percebeu que seu quarto estava banhado pela luz do sol. Logo começou a calcular o desperdício de velas decorrente da falta de sincronização entre as atividades humanas e a luz do dia. Segundo seus cálculos, os parisienses poderiam economizar por ano 64 milhões de libras de velas. Levando essas reflexões a suas últimas consequências, pensou em propor ao governo três medidas: um imposto sobre as janelas munidas de postigos, o racionamento das velas e um tiro de canhão matinal para "acordar os vagabundos e abrir seus olhos para seus próprios interesses". Felizmente, os parisienses escaparam por um triz dessa primeira versão do horário de verão.

Franklin simboliza, a meu ver, o conceito novo de conhecimento prático que foi um dos traços originais do desenvolvimento americano: a engenhosidade para inventar os recursos, a faculdade de contar consigo mesmo. Afinal de contas, o conceito de *self-reliance*, interpretado, é verdade, de modo bastante individualista, deve muito aos transcendentalistas americanos.

Fazer ecodesenvolvimento é, em grande medida, saber aproveitar os recursos potenciais do meio, é dar provas de *resourcefulness* na adaptação ecologicamente prudente do meio às necessidades do homem.

Meu segundo *maître à penser* é Gandhi. Por muito tempo negligenciado e até mesmo vilipendiado pelos economistas do desenvolvimento, hoje ele aparece como precursor importante de nosso modo de conceber o desenvolvimento, embora esteja fora de questão seguir nos mínimos detalhes o pensamento dele, por vezes contraditório e ocasionalmente passadista, com seu modo ingênuo de negar a luta de classes, sua idealização — desmentida pela história — da idade de ouro das comunidades aldeãs de outrora.

No pensamento de Gandhi eu gostaria de sublinhar antes de tudo o lugar preponderante ocupado pela problemática ética. Qualquer economia política, que o admita ou não, é baseada num conjunto de postulados éticos e, portanto, normativos. Gandhi leva a preocupação ética a ponto de perder de vista o próprio conceito de produtividade: o que conta é o serviço que os homens prestam uns aos outros. Mas o fato é que sua resposta à pergunta "desenvolvimento para quem?" não deixa pairar nenhuma dúvida: as massas pobres dos aldeãos, os párias rebatizados como filhos de Deus (Harijans), as viúvas, todos os deserdados deste mundo são próximos de seu coração. Incansavelmente, ele lhes ensina a contar consigo mesmos, mostrando que é possível se organizar em vista de uma melhora da qualidade da vida no nível do rés do chão: limpando as aldeias, seguindo preceitos simples mas eficazes de higiene, aprendendo a tirar partido das plantas locais para a alimentação e os cuidados com a saúde, empregando técnicas simples ao alcance de todos, instruindo-se nas escolas que proveem, graças ao trabalho dos alunos, suas necessidades materiais.

É fácil fazer a crítica à roda de fiar (*ambar-charkha*) no plano econômico. Assim como é possível relevar certos aspectos francamente retrógrados na volumosa obra de Gandhi, que conta mais de cem volumes, na maioria coletâneas de artigos de jornais escritos ao fio dos dias. Mas Gandhi visava a outro objetivo: restabelecer a confiança dos aldeãos em si mesmos, restituir-lhes a dignidade, inculcar o gosto pela ação cívica, cotidiana, modesta mas eficaz, ensinar-lhes a se servirem dos meios à mão. Em suma, nesse pensador religioso havia um matiz de pragmatismo frankliniano. Mas posto a serviço de uma ética diametralmente oposta: Franklin pregava o enriquecimento do indivíduo, Gandhi, ao contrário, recusava submetê-lo à tirania das necessidades incessantemente crescentes e à corrida aos bens materiais. Pregava o autocontrole das necessidades, a frugalidade erigida em virtude — um traço comum com Mao Tsé-tung. Deve-se ver nisso o reflexo das condições objetivas que reinavam nos campos asiáticos? Pouco importa. O problema colocado por Gandhi é, para nós, de candente atualidade. Quanto é suficiente? É uma questão muito gandhiana que traz à baila os dois últimos séculos da filosofia social dominante no Ocidente. Pois, com poucas exceções, os pensadores liberais e os marxistas concordam em ver na escalada ininterrupta de aspirações, necessidades e consumos, um critério de progresso.

Por último, para acrescentar a dimensão ecológica ao conceito de desenvolvimento, apelarei para um texto de René Dubos, chamado "Simbiose entre a Terra e a humanidade". Aqui, impõe-se uma polêmica de duas vertentes: contra os que, fiéis à tradição clássica e neoclássica do pensamento econômico, conseguem esquecer que todas as atividades humanas têm um substrato físico e energético, e portanto ecológico, do qual é impossível abstrair. Mas também contra os conservacionistas extremados que, em nome da proteção à natureza, gostariam que cessasse qualquer intervenção do homem. É contra estes últimos que o artigo de Dubos fornece argumentos que me parecem decisivos. Ao longo de sua história os homens fizeram depredações e provocaram desastres ecológicos. Mas também conseguiram modificar profundamente a superfície da Terra sem por isso profaná-la, criando novas estruturas ecológicas perfeitamente duráveis, embora muito diferentes do meio original. Dubos cita como exemplo os parques ingleses e, mais genericamente, as paisagens européias humanizadas. No limite, poderíamos dizer que cada campo é um ecossistema artificial, criado pelo homem em cooperação com a natureza, no sentido de que se inscreve nos grandes ciclos ecológicos do qual dependem os equilíbrios naturais. Como observou Clifford Geertz, o leque de práticas culturais do homem vai desde a agricultura baseada na queimada, que está tão perto quanto possível do ecossistema florestal (os jardins polinésios e as hortas dos índios amazônicos imitam a arquitetura da floresta), até o arrozal inundado — um verdadeiro aquário feito integralmente pelo homem. Um ecossistema no estado de natureza se presta em geral a diversas transformações muito diferentes umas das outras. E é lícito pensar que o esgotamento progressivo dos recursos não renováveis nos levará a criar no futuro ecossistemas novos — terrestres ou aquáticos — que permitam a produção de grandes quantidades de recursos renováveis, os quais, contanto que sejam bem administrados ecologicamente, são inesgotáveis. Segundo Dubos, é fácil alegar que a "natureza sabe mais". Muitas vezes acontece-lhe fabricar ecossistemas ineficazes, desperdiçadores ou estéreis. Mas nossa imaginação e nossos conhecimentos deveriam nos permitir modelar o material bruto da natureza como ecossistema dotado de qualidades que não encontramos na natureza selvagem. O que está em jogo é estabelecer entre o homem e a natureza relações simbióticas no sentido profundo do termo. "Não se deve ver na terra nem um ecossistema que se trataria de manter imutável, nem uma pedreira a explorar em nome de motivações econômicas egoístas e míopes." Trata-se de um jardim que se deve cultivar desenvolvendo as faculdades criativas do homem.

Em suma, precisamos abandonar o falso critério de artificialidade ou naturalidade de um ecossistema e, mais que postular um impossível *status quo* entre o homem e a natureza, nos esforçarmos para encontrar os meios a um só tempo socialmente úteis e ecologicamente prudentes de valorizar os recursos naturais.

14. A FIPAD: "Nem príncipe, nem comerciante: cidadão"

Em 1977, a Fundação Internacional para um outro Desenvolvimento (FIPAD) instala-se em Nyon, na Suíça. É uma iniciativa de Marc Nerfin e seus amigos, apoiados por personalidades de peso dentro das Nações Unidas e por certo número de governos do que na época se chamava *like minded countries*, isto é, os países escandinavos, Holanda e Canadá e, de quebra, do lado do Terceiro Mundo, Venezuela e Argélia. Essa fundação inscreve-se logicamente na continuidade das reflexões contidas no relatório "Que fazer?" da fundação sueca Dag Hammarskjöld publicado em 1975. O texto — manifesto por um outro desenvolvimento — tivera grande repercussão. A fundação foi domiciliada em Nyon, e não em Genebra, por duas razões muito pragmáticas. De um lado, era mais barato; de outro, obrigava os que queriam nos ver a andar uns quilômetros a mais, o que reduzia o número de visitantes pouco motivados.

Aí é que nascerá o projeto do "terceiro sistema", a partir do poder emergente da sociedade civil organizada. A FIPAD funcionará até o início dos anos 1990. Graças a esse primeiro projeto, terá a possibilidade de organizar centenas de colóquios, publicar regularmente um dossiê que acolherá as vozes dos que têm dificuldade em ser ouvidos. Esses dossiês eram gratuitos, impressos em papel reciclado, voluntariamente sóbrios na apresentação gráfica. E se as primeiras tiragens foram de 3 mil exemplares, elas acabarão por atingir mais de 20 mil exemplares! Foi provavelmente a publicação "alternativa" mais lida no mundo durante mais de um decênio, dando lugar a uma mistura fecunda de ideias e experiências. A coleção completa das 81 edições do "Ifda Dossier", publicadas entre 1978 e 1991, está acessível na internet (http://www.dhf.uu.se/ifda).

Não sei por onde começar a história dessa fundação, em que se cruzam os militantes dos movimentos alternativos do Sul, políticos, diplomatas, altos funcionários das Nações Unidas. Ali se encontram pessoas de todos os continentes, e mesmo dos Estados Unidos, pois tínhamos entre nós Richard Falk, da Universidade de Princeton, e Gar Alperovitz, uma das figuras de proa de um *think tank* progressista de Washington. Essas trocas de experiências envolviam o novo papel da sociedade civil. "Nem príncipe, nem comerciante: cidadão", proclamava o título de um artigo fundador de Marc Nerfin, publicado em 1986.

Começamos por pensar as relações de poder dentro das sociedades dominadas, a aliança que se faz entre o Estado, as forças do mercado e as "profissões mutilantes", segundo a expressão de Ivan Illich, isto é, arquitetos, médicos e juristas, que detêm o monopólio das decisões importantes em detrimento da liberdade dos cidadãos. Tudo isso cria uma relação de força assimétrica no que concerne à sociedade civil, que aqui consideramos de modo diferente do conceito clássico, pois a dissociamos das forças do mercado. Como uma sociedade pode se libertar? Pela auto-organização da sociedade civil; é isso, a nosso ver, a emergência do "terceiro setor do poder", o fenômeno novo de nossa época. Mas não basta. Ainda que a auto-organização da sociedade civil dê lugar ao nascimento de uma multiplicidade de projetos de desenvolvimento local, a soma deles não pode ser considerada suficiente para definir uma estratégia de desenvolvimento. A auto-organização da sociedade civil é sem dúvida importante, mas a luta política pelo controle do Estado continua a ser igualmente decisiva. Além disso, é preciso pensar na autogestão das empresas. Portanto, estamos lidando com três protagonistas: o Estado, a sociedade civil e as empresas. E com uma espécie de triângulo dos poderes. O importante é o que se passa entre eles, as relações de força. No sistema do "socialismo real", os sindicatos funcionavam como correias de transmissão do Estado. Com o advento do Solidarnosc, na Polônia, eles se tornaram, ao contrário, uma emanação da sociedade civil, e a mesma instituição mudou, por assim dizer, de campo e de sentido.

Idêntico raciocínio pode se fazer quanto à Igreja. Tradicionalmente, a Igreja católica era um dos pilares dos regimes latino-americanos baseados na grande propriedade rural e numa fortíssima polarização social; depois, com a teologia da libertação, a Igreja católica se transformou em crítica das desigualdades, apoiou os combates dos deserdados, junto aos quais formou as comunidades eclesiais de base.

Além disso, a FIPAD publicava quatro vezes por semana um boletim dedicado às atividades da ONU em Nova York, Genebra e Roma. Essa periodicidade foi uma proeza que Marc Nerfin conseguiu realizar graças a correspondentes nas três cidades. O boletim logo se tornou uma preciosa ferramenta de informação, principalmente para os pequenos países, a respeito de tudo o que se passava nas diferentes comissões das Nações Unidas. A ideia principal da fundação não era a desconexão (sobre a qual Samir Amin teorizará), mas a preocupação de trabalhar as interfaces entre os países do Sul, o sistema onusiano e os países do Norte conquistados pela ideia de uma ordem internacional menos assimétrica.

Por definição, éramos ecumênicos, abertos a todos os contatos, sem aceitar porém a ajuda dos governos dos cinco membros permanentes do Conselho de Segurança da ONU.

Travamos contatos estreitos com a Tanzânia e apostamos no êxito de seu programa de desenvolvimento aldeão Ujamaa. O presidente Julius Nyerere era muito aberto à cooperação Sul-Sul, tema em que a FIPAD se engajou a fundo. Sob sua presidência, a Comissão Sul publicou um relatório sobre as implicações do desenvolvimento vistas da perspectiva do Terceiro Mundo.

Na África também tínhamos relações fraternas com o ENDA (Environnement et Développement de l'Afrique), que depois se tornou ENDA Terceiro Mundo, uma ONG estabelecida em Dakar. E com seu extraordinário *spiritus movens*, Jacques Bugnicourt, ou Gros Bubu, como o chamavam as crianças das ruas de Dakar, que conheciam esse personagem excêntrico, verdadeiro missionário do desenvolvimento, que vivia percorrendo a África e também a América Latina e a Índia, onde criou escritórios do ENDA. Ainda o vejo chegando à minha sala, no boulevard Raspail, tiritando no mês de novembro, dentro de uma espécie de blusão de safari que ele jamais tirava, e dizendo: "Cheguei, estou trocando de avião em Paris".

Por motivos óbvios, mas também graças ao dinamismo de Rajni Kothari, a Índia teve um lugar importante na vida de nossa fundação. A abertura para os países árabes era assegurada por Ismail Sabri Abdallah, para o Brasil, por Fernando Henrique Cardoso. No México, conseguimos capitalizar os contatos feitos durante a reunião de Cocoyoc. No Chile, a FIPAD deu apoio aos intelectuais de oposição ao regime de Pinochet. Nos países industrializados, seguimos de perto a criação de empresas autogestionárias nos Estados Unidos, as ações cidadãs visando o fortalecimento da autonomia econômica das cidades, especialmente em Saint-Paul e Minneapolis, e o projeto Cornucopia (abundância) do Instituto Rodale na Pennsylvania, que propunha a criação de cinturões verdes em torno das cidades da costa leste para reduzir sua dependência alimentar em relação à Califórnia e à Florida. Isso para dizer que não havia fronteiras geográficas no nosso interesse em detectar as experiências capazes de se transformar em embriões do terceiro sistema do poder. Minha filha Céline preparou para a FIPAD uma lista das instituições comprometidas com o fortalecimento da autonomia das cidades (*urban self-reliance*).

Sem dúvida vivi na FIPAD o período mais enriquecedor de meu percurso, pela diversidade das pessoas que pude conhecer e pela intensidade dos debates aos quais fui associado. Era uma aventura a um tempo alegre e grave. Penso que a FIPAD merece certamente uma ou várias teses, de tal forma sua irradiação foi importante. A recepção da FIPAD nos meios acadêmicos foi, salvo raras exceções, quase inexistente. É um mundo fechado em si mesmo e, a bem da verdade, não o escolhemos como alvo. Entre os diplomatas, manifestamente marcamos pontos. Nossas palavras eram ouvidas e apreciadas em diversas chancelarias. A lei italiana da ajuda ao Terceiro Mundo foi fortemente influenciada pela FIPAD. Aliás, os italianos deram seu apoio à fundação num momento em que o dos outros países começou a declinar.

Uma história me deu satisfação e me fez refletir sobre o encaminhamento das ideias e seus percursos por vezes insólitos. Em seguida à conferência de Estocolmo de 1972, lancei a ideia dos "pedágios nos oceanos" para os navios petroleiros a fim de coletar os fundos necessários à vigilância e manutenção dos oceanos. Reiterei-a, por ocasião do naufrágio do *Amoco Cadiz*, num artigo da página de opiniões do jornal *Le Monde* e a desenvolvi num breve artigo dos "Dossiers de la FIPAD". Ali eu defendia um tributo equivalente a um milésimo do PIB mundial — um décimo de um décimo de um décimo — para financiar a gestão do meio ambiente. Argumentava que se se multiplicassem pequenas taxas, tais como os pedágios nos oceanos e nos ares (na forma de sobretaxa em passagens aéreas), as taxas internacionais nas noites passadas em hotéis de turismo e algumas outras do gênero deveríamos conseguir arrecadar de modo relativamente indolor um milésimo do PIB mundial.

Para minha surpresa, essa proposta apareceu, dois anos depois, no discurso do primeiro-ministro da Índia na cúpula dos países não alinhados. Radjiv Gandhi sugeriu a criação de um imposto mundial de um por mil do PIB mundial para financiar a pesquisa de técnicas limpas e colocá-las à disposição, gratuitamente, do conjunto dos países do Terceiro Mundo. A fonte de inspiração era o Boletim da FIPAD, que os conselheiros do primeiro-ministro da Índia liam regularmente.

O epílogo é triste. A proposta, um pouco ingênua em sua formulação, admito, merecia — e ainda merece! — um verdadeiro debate público. Ora, a mídia ocidental simplesmente a silenciou, e as chancelarias a ignoraram.

A ECONOMIA SOCIAL, OS TEMPOS DE VIDA
E DE SOCIEDADE

A emergência do "terceiro sistema" como fenômeno marcante de nosso tempo acontece nos três mundos e não unicamente no Terceiro Mundo. Aliás, seria falso considerar o desenvolvimento como algo que diz respeito apenas aos países do Sul. Esse conceito universal também se refere à França e aos países industrializados. Trata-se de uma ideia-força, que serve ao mesmo tempo de quadro conceitual para interpretar a história — tanto a das nações ricas como a dos povos mais pobres — e para introduzir uma reflexão prospectiva sobre o modo de inflectir sua trajetória por um ato coletivo de voluntarismo responsável. A pesquisa geo-histórica sobre o desenvolvimento passa necessariamente por análises comparativas. A comparação é tão importante pelas semelhanças como pelas diferenças que revela. O próprio Terceiro Mundo é plural, e é chamado a trilhar uma multiplicidade de caminhos diversos. Estamos nas antípodas do pensamento único.

Por conta do percurso de minha vida, fui chamado a levar adiante uma comparação entre três "mundos": o do Sul, sobre o qual trabalho como especialista e no qual invisto minha experiência, o do "socialismo real", que não existe mais desde a queda do muro de Berlim, e aquele onde vivo, a França. Esforcei-me em fazer meus doutorandos trabalharem sobre esses três "mundos" e não simplesmente sobre o Terceiro Mundo. Quando elaboramos o conceito de ecodesenvolvimento, dissemos que se aplicava à França e a qualquer outro país.

Meu interesse pela economia social deriva de minha fidelidade ao papel do Estado, enxuto, desburocratizado, limpo mas ativo, do respeito por certo planejamento descentralizado e não autoritário e, sobretudo, das diferentes formas de cooperação que a sociedade civil pode e deve experimentar. A "economia social" não rejeita o lucro. É preciso rentabilizar certas produções e investir na pesquisa, na renovação das ferramentas, na formação. Ela não se baseia, porém, na apropriação individual do lucro. É evidente que o setor cooperativo e a "economia social" em geral têm um papel importante a desempenhar na economia mista que é a nossa. No entanto, o controle social do funcionamento da economia social em sua forma presente exige ser melhorado.

Partidário de uma economia descentralizada, não subscrevo, porém, uma utopia de origem anarquista que acredita poder decompor a complexidade do mundo em uma multiplicidade de pequenas unidades autossuficientes.

Penso que devemos atentar para a boa articulação dos espaços de desenvolvimento, do local ao planetário, passando pelo regional e pelo nacional. Devemos tomar como ponto de partida o planetário e descer progressivamente para o local? Ou, ao contrário, partir do local e subir ao global? A interação entre esses dois procedimentos é essencial para o estabelecimento de um sistema de regulação eficiente.

É possível imaginar uma economia mista público-privada em escala mundial em que a economia social ocupe um papel maior? Se sim, como conciliar os interesses locais, regionais, nacionais, transnacionais? Sabemos que para certos setores industriais e para os mercados de matérias-primas e fontes de energia seria desejável uma regulação planetária. Mas como promovê-la? Se insisto no potencial da economia social em seu conjunto — cooperativas, mutualismo, associações e fundações —, não espero muita coisa da chamada economia solidária, que se apresenta como alternativa mas não consegue sair da marginalidade. Aplaudo todas as experiências de economia solidária,* mas por ora a maioria vem de pequenos grupos que têm o imenso mérito de se mostrar confiantes, em vez de afundar no desespero ou na violência. É louvável e bom, mas não é daí que virão as grandes soluções.

Sou mais propenso a considerar que o verdadeiro debate para impulsionar uma outra sociedade é o que foi colocado por Hannah Arendt, Ivan Illich, André Gorz e alguns outros. Ele diz

---

* A expressão economia solidária corresponde à de economia social na acepção europeia. (N. T.)

respeito ao sentido e ao lugar do trabalho, às opções relativas à sua produtividade e aos tempos de trabalho heterônomo e de trabalho autônomo. A reflexão sobre nosso futuro consiste em compreender que qualquer aumento de produtividade do trabalho implica uma escolha entre mais produtos ou menos tempo de trabalho, e uma resposta à pergunta: "Quanto é suficiente em matéria de consumo material?". Ainda é preciso introduzir nessa discussão a questão da repartição equânime da carga de trabalho entre todos os que desejam trabalhar. Um romancista italiano, Carlo Levi, falava dos "campos de concentração do ócio forçado". O "lazer", para aquele que trabalha, e o "ócio forçado", para aquele que não encontra trabalho, não são, nem de longe, sinônimos.

Para o padre Lebret, desenvolvimento é a construção de uma civilização do ser na repartição equânime do ter. A repartição equânime do tempo de trabalho está subsumida nessa formulação que constitui um modelo de clareza e síntese.

O estudo comparativo dos modelos culturais da utilização dos tempos é um magnífico campo de trabalho, abrindo uma perspectiva para a diversidade cultural e as margens de liberdade que um dia se oferecerão a nós quando conseguirmos reduzir de modo controlado a obrigação do trabalho heterônomo. E quando conseguirmos uma reorganização flexível dos tempos da vida, um outro recorte do dia, da semana e do ano de trabalho, anos sabáticos que ofereçam a possibilidade de se reciclar numa nova profissão, de prosseguir os estudos e fazer pesquisas desinteressadas, sem relação com o emprego exercido como ganha-pão e como participação no trabalho necessário para garantir o funcionamento harmonioso da sociedade — com a universidade se tornando um lugar a que se vai para alargar as perspectivas culturais, para desabrochar, e não para obter um diploma profissional.

A análise dos modelos culturais da utilização do tempo na sociedade constitui um ponto de entrada incontornável para a problemática dos estilos de vida e de desenvolvimento, que engloba também a dos estilos de consumo, ou seja, os elementos essenciais à determinação dos objetivos do desenvolvimento, elo mais importante, e de longe o menos trabalhado, do planejamento.

Para avançar nessa direção, é preciso associar as populações interessadas, promover um grande debate de sociedade, que deve ser contínuo como o próprio planejamento. Nossos esforços nessa direção, empreendidos no quadro do PNUMA durante os anos 1980 não foram muito longe. Foi mais um entre os mil projetos fracassados de minha carreira, mas em cuja legitimidade acredito firmemente.

Acrescentarei que o estudo dos modelos culturais de utilização do tempo é igualmente útil no caso de economias muito pouco evoluídas, em que as atividades de subsistência têm papel determinante. Aí encontramos a questão dos limites de mudança de comportamento, capital para se compreender a passagem à economia de mercado, indo do trabalho autônomo ao heterônomo, ao passo que em nossas sociedades é o caminho inverso que se impõe.

A UNIVERSIDADE DAS NAÇÕES UNIDAS

Meu envolvimento com a FIPAD coincide com minhas atividades na Universidade das Nações Unidas (UNU), criada, creio, em 1973. Tive minhas férias interrompidas pelo pedido urgente que me fizeram para escrever um texto sobre como eu concebia seu funcionamento. O texto deve ter sido suficientemente iconoclasta, pois jamais me confirmaram se o receberam! Durante a gestão do primeiro reitor, um americano, fiquei totalmente afastado da UNU. Em 1976, o governo japonês provocou a demissão desse reitor. O Japão ofereceu hospedar a UNU em Tóquio e lhe deu uma verba substancial — 100 milhões de dólares —, mas os outros países industrializados não o seguiram nesse gesto. Apesar de sua reputação de *fund raiser*, o reitor americano não conseguira reforçar as finanças da UNU. Os japoneses propuseram então a candidatura do indonésio Soedjatmoko. Antes de assumir o cargo, ele pediu que a FIPAD, em vias de se constituir, lhe organizasse uma reunião privada a fim de refletir sobre a inflexão a dar à UNU. Reunimo-nos perto de Genebra e ele me convidou a visitar a UNU. Assim, fui a Tóquio, onde trabalhei duas semanas e produzi um memorando sobre minha concepção da Universidade:

1) A Universidade das Nações Unidas deve aspirar a se tornar a consciência crítica do sistema das Nações Unidas. Sua carta lhe dá total independência intelectual, e por conseguinte ela é o lugar privilegiado para pensar o funcionamento das Nações Unidas, muito em especial, para comparar e avaliar as pesquisas feitas pelas diferentes agências onusianas.

2) Pode também exercer as funções de uma unidade de prospectiva do sistema das Nações Unidas. A ONU deve ter "batedores" para alertá-la sobre os problemas a surgir.

3) É antes de tudo uma "Universidade das universidades". É muito pequena para fazer a diferença por meio de suas próprias pesquisas. Em compensação, sua condição de Universidade das Nações Unidas lhe permite promover sinergias com outras universidades, no mundo inteiro, através de concursos de teses e de intercâmbios de professores e bolsistas. Creio na virtude dos concursos de ideias, contanto que se proponha uma lista restrita e bem pensada de temas de pesquisas.

Meu memorando não teve continuidade. Mas o reitor me pediu que, de imediato, eu me ocupasse de um programa concreto que o próprio Soedjatmoko chamara de "interface alimentos-energias". Ele se situava perfeitamente na órbita e no prolongamento do ecodesenvolvimento e aceitei. Mas qual não foi minha surpresa ao saber que o funcionário da UNU encarregado de meu programa era um polonês — e que polonês! —, um dos que mais contribuíram para me pôr na rua em 1968!

Na sua primeira ida a Paris, de onde eu supervisionava o programa, ele me perguntou desde quando eu estava na França. Respondi: "Você sabe muito bem", e nunca mais tocamos nesse assunto. Tive de me decidir a trabalhar com ele e, afinal, a coisa não se passou tão mal assim; falávamos polonês e tínhamos muitos conhecidos em comum.

Entre as ações iniciadas no quadro do programa detenho-me em três.

Testei um "modelo" de intercâmbios internacionais que me parece mais eficaz do que os colóquios tradicionais. Organizei para os diretores de quatro projetos brasileiros uma viagem cujo itinerário foi o seguinte: Rio-Dakar, e ali reunião de trabalho com a equipe de Jacques Bugnicourt, do ENDA; depois, um encontro em Paris, seguido por um giro pela Índia e pela China. Em cada um desses países, encontros, seminários, debates. Ao voltar da China, uma parada em Tóquio para a visita à UNU. Os brasileiros regressaram com 2 mil slides, cem quilos de documentos. O custo total dessa operação não ultrapassou o de um colóquio.

Quanto às pesquisas, nosso programa insistiu nos sistemas integrados de produção de alimentos e de biocombustíveis, tema que recupera toda a sua atualidade, desde 2005, com o petróleo caro e as mudanças climáticas que recolocam na ordem do dia a substituição das energias fósseis pelos produtos da agroenergia. Nosso programa foi, como já disse, a proverbial andorinha que, há um quarto de século, não fez verão, embora tenha marcado data.

Também trabalhamos muito com a agricultura urbana, a transformação dos corredores sob as linhas de alta-tensão em hortas, e mais genericamente com o ecodesenvolvimento urbano.

Esse tema foi objeto de um importante seminário em São Paulo, que reuniu os prefeitos das grandes cidades da América Latina.

O CÍRCULO CONDORCET, A 4D, A PRO-NATURA

Além de meu trabalho na FIPAD, fui associado a outras organizações da sociedade civil. Meu colega e amigo Jean Chesneaux me introduziu no Círculo Condorcet em Paris. Por vários anos frequentei esse lugar estimulante de encontros e trocas de ideias. Nem por isso consegui convencer os Círculos Condorcet da França — são mais de quarenta — e a Liga de Ensino em que se apoiam a realizar sistematicamente campanhas de educação voltadas para os alunos de liceus e de universidades em torno dos grandes temas de atualidade. Seis ou oito bons cartazes permitem abordar qualquer questão. É uma forma extremamente barata de comunicação. Sempre se encontra numa escola ou numa faculdade um corredor onde afixar seis cartazes sobre os direitos humanos ou qualquer outro tema escolhido. Caberia depois aos membros dos Círculos Condorcet fazer palestras seguidas de debates.

Também tentei lançar um grupo de trabalho sobre a crise da social-democracia. Não funcionou. Lamento, pois para opor ao neoliberalismo uma verdadeira alternativa de sociedade é preciso refundar a social-democracia enredada no oximoro "sim à economia de mercado, não à sociedade de mercado".

Saímos da guerra em 1945 com três ideias-forças: o pleno emprego como objetivo social central, o Estado protetor como complemento, e o planejamento. Ninguém na época sonhava em não planejar ou não aceitar um Estado intervencionista. Essa receita funcionou por três decênios, principalmente nos países nórdicos. Um retorno à "boa" social-democracia dessa época seria provavelmente o que há de mais sensato, claro que a melhorando e corrigindo. É óbvio que nunca se pode fazer uma completa volta atrás — felizmente, aliás! — e nem há fórmulas definitivas. Houve excessos de estatismo, corrijamo-los. Houve excesso de voluntarismo, aprendamos a ser voluntaristas de modo mais responsável. E cada vez mais democratas no sentido profundo do termo, fazendo opções políticas de modo realmente coletivo em vez de homologar pelas urnas as soluções tecnocráticas.

O social e o ambiental deveriam ter se encontrado no ponto de partida da Constituição europeia. Infelizmente, construímos uma Europa mais thatcheriana, enfeudada na ideia da concorrência e pregando a privatização dos serviços públicos. Isso se fez num momento em que a maioria dos países da Europa ocidental era governada por partidos que se identificavam com a social-democracia. É preciso gritar em alto e bom som que deixamos escapar uma chance histórica de construir a Europa social, uma Europa que seria administrada com outros princípios que não os da economia de mercado desenfreada. Ainda teremos de penar muito até corrigir isso. Tanto mais que o alargamento da Europa introduziu países governados à direita. A crise da social-democracia favoreceu a implantação de uma Europa que não é aquela a que aspiro.

Além de pertencer ao Círculo Condorcet, assumi por alguns anos a presidência da 4D, uma ONG criada por Michel Mousel logo depois da Cúpula da Terra, e me associei a outra ONG cujas raízes são brasileiras e a sede, parisiense: Pro-Natura International.

Os quatro "D" significam "debates e dossiês sobre o desenvolvimento durável". Minha presidência coincidiu com a preparação da Cúpula de Johannesburgo, e penso que desempenhei certo papel na instalação de um coletivo de ONGs francesas para preparar essa cúpula. Mas seria preciso mais tempo para prolongar essa dinâmica e fazer a "conversão de um *try*", como dizem os jogadores de rúgbi.

Em julho de 2002, às vésperas de Johannesburgo, o presidente Chirac convocou uma reunião no Palácio do Elysée. Sendo o mais velho, fiquei em frente de Jacques Chirac, que me tratava amavelmente de "senhor presidente", o que obrigou Roselyne Bachelot, ministra do Meio Ambiente, a usar "senhor presidente da República" para nos diferenciar. Achei Jacques Chirac apaixonado e bem informado sobre os problemas do meio ambiente, apaixonado porque fez questão de permanecer duas horas e meia conosco, deixando mofar na sala de espera um convidado estrangeiro de prestígio. Único senão, as subvenções agrícolas. Aí, bloqueio total. Insistiu em nos explicar que a política agrícola da União Europeia e da França eram muito favoráveis ao resto do mundo. Diante de seu entusiasmo e do domínio dos dossiês, os três ministros presentes pareciam por fora do assunto.

Como presidente da 4D, participei na primavera de 2002, em Lyon, de uma conferência da Cruz Verde, uma ONG internacional presidida por Mikhail Gorbatchev. Quando foi destituído de suas funções na União Soviética, ele descobriu que tinha alma de ambientalista e ergueu a bandeira verde (nenhuma alusão ao Islã) no lugar da vermelha. Foi um encontro insólito, pois ao longo de toda a conferência seu presidente oficiava em russo. De quebra, o encontro começou com uma prece ecumênica pelo futuro do planeta, reunindo no palco um padre católico, um imã, um rabino e um monge budista. Sob o comando do ex-presidente do Partido Comunista soviético. Nada mau! O primeiro-ministro Lionel Jospin honrou a conferência com sua presença e aceitou se reunir na prefeitura de Lyon com os representantes das ONGs francesas. Para mim foi a ocasião de voltar à questão do estatuto do desenvolvimento sustentável. Longe de ser um apêndice das políticas de meio ambiente, o desenvolvimento sustentável é um conceito transversal que deve informar e coordenar o conjunto das ações do governo e que, por conseguinte, deveria ter seu lugar junto ao gabinete do primeiro-ministro. Foi Yves Cochet, então ministro do Meio Ambiente, que me respondeu, passando longe do assunto. Ele imaginava que, no futuro, o Ministério do Meio Ambiente deveria se chamar Ministério do Meio Ambiente e do Desenvolvimento Sustentável. A incompreensão era total. Em seu pacto ecológico apresentado a todos os candidatos à eleição presidencial francesa em 2007, o ecologista Nicolas Hulot propôs a criação de um cargo de vice-primeiro-ministro encarregado de coordenar as ações para o desenvolvimento sustentável. Mas enquanto esse encarregado não tiver sob sua tutela o conjunto dos ministérios econômicos, é lícito duvidar da eficácia do dispositivo.

Também fiz parte por algum tempo da Comissão de Desenvolvimento Sustentável criada pelo governo. Pedi demissão em sinal de protesto contra o modo como a ministra do Meio Ambiente, Dominique Voynet, criou obstáculos à comissão presidida por Christian Brodhag, oriundo de outra facção do Partido Verde. Escrevi a ela que aquilo que podia, no início, parecer uma hibernação prolongada se tornar uma morte não anunciada e que eu não tinha o costume de emprestar meu nome a operações semelhantes. Nunca recebi resposta.

A "cultura do meio ambiente" é relativamente recente e ainda não penetrou o bastante nos movimentos associativos. Basta ver a fraqueza dos sindicatos franceses nessa matéria. O que me chama a atenção em todos esses debates é a assimetria da informação. De um lado, a EDF, a estatal da eletricidade na França, com dossiês volumosos confeccionados pelos melhores escritórios de engenheiros; de outro, o presidente da associação para a proteção das aves aquáticas! O debate é absolutamente desigual.

Penso que enquanto não se tiver institucionalizado uma relação de força menos assimétrica no debate contraditório, o confronto será apenas de fachada.

Seria essencial ter em conta que a conscientização ambiental nos obriga a trabalhar com uma escala múltipla de tempos e espaços, enquanto o calendário eleitoral impele os governos ao imediatismo. Não temos mais o direito de avaliar unicamente o que vai acontecer nos próximos anos quando as decisões comprometem decênios, e mesmo séculos, como no caso da implantação de centrais nucleares. Tampouco temos o direito de avaliar os efeitos dessa implantação unicamente no distrito em questão, pois eles podem se manifestar em níveis regional, nacional, planetário e, por que não, na biosfera. A nuvem radioativa de Tchernobil não se deteve nas nossas fronteiras, a despeito do que as autoridades nos disseram na época!

15. Que cidades para qual desenvolvimento?

No início de maio de 2004, houve em Paris um encontro que levou à unificação das quatro principais associações de cidades do mundo. Estive estreitamente ligado a um dos episódios iniciais dessa epopeia.

Às vésperas da Cúpula da Terra, no Rio de Janeiro, em junho de 1992, Jaime Lerner, na época prefeito de Curitiba, mais tarde governador do Paraná, depois presidente da União Internacional dos Arquitetos, organizou uma conferência de três dias sobre a cidade e o meio ambiente. Eu tinha encontrado Lerner em Arc-et-Senans, durante a preparação da primeira conferência mundial sobre o hábitat: a de Vancouver, em 1976. Lerner me seduziu desde nosso primeiro encontro. Serge Antoine convidara arquitetos poloneses, suecos, britânicos e franceses para discutir experiências das cidades novas da Europa e sua importância para os países do Terceiro Mundo. Um jovem arquiteto brasileiro — era ele — então interveio: "Senhoras e senhores, segui com atenção as exposições, mas devo dizer que o conjunto das cidades novas da Europa, construídas nesses dois últimos decênios, corresponde a um ano de crescimento demográfico de uma única cidade como a do México. Assim, nossos problemas são de natureza totalmente diferente". Vi uma arquiteta polonesa chorar de raiva.

Encontramo-nos durante os preparativos dessa conferência, para os trabalhos sobre a América Latina, em Caracas, onde Lerner relatava com entusiasmo seu mais recente achado: fazer passar todas as tubulações e fiações de infraestrutura de uma favela situada nos morros de Caracas pelos corrimões das escadas que levavam até lá. Como prefeito, fez de Curitiba uma cidade considerada referência mundial em transporte público, com um sistema de ônibus rápidos circulando em pistas exclusivas. O acesso é feito em paradas construídas para minimizar o tempo de entrada no ônibus, pôr os passageiros ao abrigo das intempéries e, de quebra, obrigá-los a ficar em fila indiana, o que torna praticamente impossível o trabalho dos batedores de carteiras! Também transformou uma antiga pedreira de Curitiba em uma ópera inteiramente construída de arame... Um homem cheio de ideias e invenções, conhecido também por suas qualidades de administrador e capacidade de diálogo com a população.

O encontro de Curitiba lançou a proposta de fundir as quatro principais associações de prefeitos das grandes cidades do mundo. Duas tinham sede na França. Fui, em seguida, encarregado de presidir na conferência do Rio a sessão que apresentava as conclusões do encontro de Curitiba. Essa sessão foi precedida por um almoço que me deixou profundamente triste, pois os quatro presidentes não pararam de brigar a respeito da ordem em que tomariam a palavra. Depois tive de enfrentar um mini-incidente diplomático: no momento em que começávamos nossa sessão, um conselheiro da embaixada da França se aproximou e me entregou um envelope que continha um telegrama do prefeito de Paris, Jacques Chirac, convidando as quatro organizações a se reunirem proximamente em Paris. Temi que Pierre Mauroy, presidente das Cidades Unidas, tivesse um ataque cardíaco! Essa iniciativa, da qual talvez ninguém se lembre, concretizou-se catorze anos mais tarde. A prefeita de São Paulo, Marta Suplicy, foi então eleita presidente da nova associação, sob o olhar enternecido do prefeito de Paris Bertrand Delanoë, que ignorava que em 1992 Chirac enviara um telegrama para torpedear a ação de Mauroy na conferência do Rio. Pequeno avesso da grande história, que me permite encadear e dizer por que e como fui levado a tratar um pouco dos problemas urbanos.

A CIDADE É UM ECOSSISTEMA

O ponto de partida é uma pergunta muito simples que resume a história econômica do mundo: quando e como se produz um excedente agrícola que permite que a cidade exista? Como eu tinha estudado muito a noção de excedente, a ponto de elaborar uma modelização macroeconômica, não podia deixar de ser sensível à questão urbana. Fernand Braudel dizia que a cidade está na origem do desenvolvimento, e que ela impulsiona a dinâmica civilizacional. Ainda assim, é preciso garantir seu abastecimento, o que a torna tributária do desenvolvimento rural. Como bom polonês, eu conhecia a literatura populista russa e o delicioso livro *Viagem de meu irmão Alexis ao país da utopia camponesa* (1920). O autor, Ivan Kremniov, cujo nome verdadeiro era Alexander Chayanov (1888-1937), era um eminente teórico do cooperativismo. Ele imagina que seu herói acorda em 1984 (nada a ver com o romance de George Orwell) numa cidade-jardim, Moscou, povoada por apenas cem mil habitantes. Um decreto de 1934 eliminara todas as cidades de mais de 200 mil habitantes. A iniciativa individual sustentada pelo sistema cooperativo multiplicara os progressos, e a agricultura era altamente produtiva. As grandes cidades tinham apenas uma função cultural. Lá se ia para visitar museus e assistir a espetáculos.

Em Paris, a dialética cidade-campo continuava a me preocupar, e apreciei o notável trabalho de Anatole Kopp sobre os debates russos dos anos 1920 (*Changer la vie, changer la ville*, 1975). No momento em que fui levado a trabalhar sobre o ecodesenvolvimento do Terceiro Mundo, foi impossível não me debruçar sobre a questão da hipertrofia urbana, da proliferação das favelas e dos bairros periféricos precários. No início dos anos 1970, nos países de governos autoritários dominava a teoria absurda de que se devia, pura e simplesmente, destruir as favelas. Precisávamos opor uma alternativa.

Vivi um episódio muito instrutivo durante minha temporada na Índia, quando em 1957 fui à cidade industrial de Kanpur, no norte do país. Eu acompanhava o embaixador polonês e estávamos visitando uma favela particularmente miserável, formada por cabanas de barro semiescavadas na terra. Explicaram-nos que os operários da fábrica vizinha viviam graças ao aluguel de seu próprio lugar, uns de dia, outros de noite. Havia um rodízio de quatro pessoas numa cabana de cinco a seis metros quadrados. E enquanto visitávamos essa favela, alguém de repente rompeu o círculo dos funcionários em torno de nós e nos entregou uma petição. Petição que os funcionários quiseram tomar, mas que, é claro, guardamos para decifrá-la quando voltássemos a Délhi. Tratava-se de um texto em urdu — que nenhum de nós sabia ler — dirigido ao primeiro-ministro Nehru, suplicando que eles não fossem desalojados da favela, pois ela ficava nas proximidades do local de trabalho e realojá-los a dez quilômetros de lá, ainda que em moradias consideradas "modelos", significava para eles o abandono do trabalho, isto é, a agravação da miséria... A problemática da favela é extremamente complexa, e não se deve, em nenhuma hipótese, ceder à ideia de que graças ao progresso técnico chegaremos a demolir tudo isso e oferecer a cada família um belo apartamento.

Foi o arquiteto inglês John Turner que teve o imenso mérito de assinalar o grande potencial social dos movimentos populares nas favelas em torno da autoconstrução do hábitat. Lembro-me de nossas discussões. Nossa principal divergência era a respeito do papel do Estado. Continuo convencido de que o Estado tem grande responsabilidade na organização socioeconômica e que deve apoiar ativamente as populações locais, ao passo que para Turner o Estado, acima de tudo, não devia se meter em nada. Que quer dizer ecodesenvolvimento para a população urbana marginalizada e pobre? A autoconstrução assistida, insisto na palavra "assistida", podia se tornar o eixo de uma dinâmica desenvolvimentista, contanto que se resolvessem os inúmeros problemas legais, em especial o da propriedade da terra.

Aliás, toda cidade é um ecossistema. Portanto, dispõe de um potencial de recursos desperdiçados, mal utilizados, latentes, que é preciso valorizar em benefício das populações. Isso me levou a trabalhar sobre a agricultura urbana nos interstícios das cidades. No quadro do programa da UNU sobre a interface energia-alimentos, consegui ajudar certo número de projetos de pesquisa muito concretos sobre o potencial da agricultura urbana.

Ao mesmo tempo, sofremos alguns fracassos. Meu amigo Jorge Wilheim — então secretário do Planejamento do estado de São Paulo — lançou um programa de valorização dos quintais nos bairros populares para produzir legumes e frutas. Apesar do nome sugestivo ("Aproveite o seu quintal"), a iniciativa não foi longe. Respondiam-nos: "Moço, nós não viemos para a cidade para sujar as mãos de terra e assim que eu tiver uns trocados vou bater uma laje de concreto para que as crianças não entrem de pé sujo dentro de casa". Interessante. O mesmo programa teve aparentemente mais sucesso em Belo Horizonte. Nunca devemos esquecer certas circunstâncias que fazem com que as mesmas ideias que aparentam ser boas num lugar sejam rejeitadas em outro. No entanto, algo me parece certo: o enorme potencial de que dispõe uma cidade para enriquecer seu ecossistema e não degradá-lo, como o faz com tanta frequência. Ela deve administrar minuciosamente todos os seus recursos, conservar a energia, recuperar a água da chuva e evitar o desperdício da água encanada, reciclar o lixo etc. Lerner instalou em Curitiba um programa muito engenhoso: pagava em passagens de ônibus os sacos de lixo levados para o depósito pelos moradores.

Durante um seminário no Rio de Janeiro fiz aos responsáveis pela política ambiental a seguinte pergunta: "Por que nesta cidade em que chove tanto ninguém pensou em fazer cisternas para abastecer de água as favelas?". Seguiu-se um silêncio constrangedor, até que alguém arriscou uma resposta: "No Nordeste, o senhor seria ouvido imediatamente porque a ausência de água é vista como um obstáculo maior. Mas aqui a chuva não é um recurso, é um inimigo. É tão violenta que destrói os barracos e carrega os utensílios e a mobília doméstica". Não insisti. Quando voltei um ano depois à mesma instituição, fui brindado com uma fantástica sessão de slides sobre como os moradores da favela se abasteciam de água, e havia a foto de um barraco cercado por dez banheiras recolhidas nos escombros! O conceito da cisterna estava bem presente na cabeça das pessoas, embora não estivesse na dos responsáveis.

Mais ou menos na mesma época se colocou o problema da proliferação dos ratos nas favelas e a impossibilidade de usar pesticidas muito fortes porque matariam também os cachorros, os gatos e até as crianças. O responsável pela saúde urbana propôs a criação de um cordão sanitário que impedisse que os ratos descessem para a Cidade Maravilhosa. O antropólogo Celso Bredariol se recusou a aplicar essa sugestão e rebateu com um raciocínio de simplicidade bíblica. Para atacar os ratos, convém perguntar de que se alimentam. A resposta é evidente: alimentam-se de lixo. Por conseguinte, é preciso organizar a coleta de lixo nos lugares onde não há como subir com as caçambas, nos morros muito íngremes aonde não chegam os serviços de limpeza urbana. Então ele concebeu um sistema extremamente simples, convidando os moradores da favela a construírem espécies de canais de madeira que despejariam o lixo até onde a caçamba conseguisse chegar. O resultado foi conclusivo: a população dos ratos diminuiu fortemente e isso criou uma dinâmica social. Os moradores perceberam que podiam resolver um problema que até então lhes parecia insolúvel. Autoconstruíram um sistema de saneamento.

Esse primeiro sucesso de uma iniciativa de ecodesenvolvimento numa favela do Rio de Janeiro teve grande repercussão mas, infelizmente, depois de um curto período de glória veio o esquecimento. No entanto, continuo convencido de que deve ser lançado um programa de gestão do meio ambiente urbano, mobilizando a população e criando empregos remunerados para a reciclagem do lixo, a recuperação, com material de demolição, dos solos erodidos para torná-los passíveis de construção, visando a projetos de autoconstrução assistida de moradias populares, conservação de energia e de água. Transformar os detritos em recursos é aumentar o produto interno bruto graças à melhor utilização do aparelho de produção existente. Paralelamente, convém prolongar o ciclo de vida das infraestruturas, dos equipamentos e do parque imobiliário propondo uma manutenção cuidada, criadora também de numerosos empregos. Os investimentos de reposição serão reduzidos, liberando o capital para novos investimentos.

Uma conferência coorganizada pela prefeitura de São Paulo, a CEPAL e a UNU reuniu os prefeitos das grandes cidades da América Latina. Jorge Wilheim, que foi a alma dessa conferência, dela tirou uma espécie de observatório das inovações de gestão local. Penso que se tratou de um ancestral do atual programa das Nações Unidas sobre "as boas práticas" contra o qual tenho uma crítica a fazer. Se nos concentramos unicamente nas boas práticas, tendemos a cair na apologia e a nos afastarmos das condições singulares que as viram nascer, e também a silenciar as dificuldades encontradas. Parece-me igualmente importante interessar-se pelas "más práticas".

Durante uma viagem à Amazônia peruana, topei com uma missão de veterinários suíços que estavam aclimatando vacas suíças. As vacas estavam ótimas, pois havia um veterinário para cada quatro. Tomavam o pulso delas toda manhã, ao meio-dia e à noite, davam-lhes todo o necessário para que suportassem bem os rigores do clima. Quanto à questão de saber que fim levariam as vacas no dia em que estivessem entregues aos camponeses locais, os bravos veterinários me responderam que não era problema deles. O objetivo era mostrar ser possível, graças a "boas práticas", transplantar uma vaca suíça para a floresta amazônica. Nesse caso, por que não ter experimentado aclimatar o búfalo asiático, já habituado ao mesmo clima equatorial úmido?

AS IMPLICAÇÕES DA QUESTÃO URBANA

É difícil estimar o grau de urbanização dos países do Terceiro Mundo. Em muitos deles, a começar pelo Brasil, as estatísticas são falseadas pelo emprego de critérios absurdos. Há povoados que são considerados "cidades" porque exercem uma responsabilidade administrativa qualquer. No livro *Cidades imaginárias*, José Eli da Veiga mostrou que o Brasil é bem menos urbanizado do que gostam de dizer os que pensam que o grau de urbanização é um indicador de modernidade.

Aliás, já não se sabe onde acaba o campo e onde começa a cidade, a supor que esse enfoque dicotômico tenha sentido. Em 1996 houve em Istambul a Cúpula das Cidades. Junto com Ricardo Abramovay, professor da USP, apresentei uma comunicação sobre as relações cidades-campos que ia de encontro à ideia, infelizmente muito presente em Istambul, de que a urbanização é um indicador de progresso. Até ouvi alguém dizer que um meio seguro de evitar a devastação das florestas tropicais na África consistia em esvaziar os campos de suas populações, amontoando-as nas favelas. Ao sul do Saara, quase três quartos dos "citadinos" vivem em favelas!

A bem da verdade, os moradores de favelas ainda não são "urbanos", mas antes "candidatos à urbanização". As favelas são, na melhor das hipóteses, purgatórios, noção otimista, como mostrou Jacques Le Goff, já que não exclui a chegada ao Paraíso. Seria preciso empregar o termo "urbanização" de modo mais rigoroso e estrito, reservando-o aos que têm um teto, um emprego decente e a possibilidade real de exercício de cidadania.

Uma das questões sobre a qual me bato no Brasil é que é menos complicado e mais barato pensar num novo ciclo de desenvolvimento rural do que reproduzir o percurso da Europa, pois isso equivale a aceitar passivamente o êxodo das populações rurais para a cidade incapaz de absorver o afluxo de mão de obra, e por isso mesmo equivale à ratificar a maior tragédia cultural do Terceiro Mundo: o mimetismo. Volta e meia nos martelam: "Mas olhem o que aconteceu na Europa, olhem o que aconteceu nos Estados Unidos". Eu olho, mas tenho a obrigação de pensar na pluralidade das vias do desenvolvimento em vez de adotar como regra universal a trajetória dos países hoje mais ricos.

Na Europa, a urbanização dos refugiados do campo ocorreu junto com a imigração maciça dos camponeses para as Américas. Duas guerras mundiais e os *gulags* suprimiram outros milhões deles. Enfim, os que chegavam às cidades encontravam, até um passado recente, empregos na indústria. Ora, entramos numa fase de desindustrialização no sentido de geração de empregos. De agora em diante, a produção industrial progride essencialmente por intermédio dos ganhos de produtividade do trabalho, e não da contratação.

Mais que apostar na reprodução em escala mundial da trajetória que nós seguimos, deveríamos questionar a oportunidade, e sobretudo o sentido, de um processo que pode ser incontrolável e resultar na favelização do planeta. Seríamos mais sensatos se puséssemos no centro do debate sobre o desenvolvimento um novo ciclo de desenvolvimento rural.

A esse respeito gostaria de contar a extraordinária provocação intelectual de um de meus amigos mexicanos, Eduardo Terrazas, pintor, publicitário e, durante certo tempo, professor de arquitetura em Harvard. No início dos anos 1970, o presidente do México o enviou em missão à Tanzânia. Lá, o presidente Julius Nyerere o consultou sobre seu projeto de criar uma nova capital, Dodoma, no lugar de Dar Es-Salaam. Ao fim de alguns meses, Eduardo lhe enviou uma carta em que dizia: "Senhor presidente, uma capital deve ser o símbolo da política conduzida por um país. O senhor optou pelo desenvolvimento rural e aldeão e, por conseguinte, sua nova capital deveria ser reduzida ao mínimo: um mastro para içar a bandeira nacional, uma sede para o Parlamento, um hotel para os deputados. Quanto ao resto, o senhor deve retomar a tradição de um governo itinerante que se desloca de uma região à outra". O resultado não se fez esperar, meu amigo foi despachado e um escritório canadense de arquitetura se encarregou de instalar em Dodoma uma cidade como qualquer outra...

Durante sua estada na Tanzânia, Eduardo observou que os tanzanianos comiam milho duas vezes por dia. Esse cereal foi introduzido pelos alemães durante a colonização, sem o *savoir-faire* que o acompanha. Como mexicano, estava escandalizado com aquele prato único, quando na verdade o milho permite toda uma culinária e dá lugar a uma rica cultura. De nossa conversa sobre o milho na Tanzânia nasceu um projeto que reservamos à Unesco: promover uma exposição itinerante sobre a cultura do milho (no sentido antropológico da expressão) preparada pelo México, outra sobre a cultura do bambu que seria organizada pela China, e assim por diante. E circular com essas exposições das grandes civilizações do vegetal a fim de promover as trocas das técnicas e do *savoir-faire* e de estimular a imaginação social indispensável à valorização dos recursos renováveis. Se um dia eu escrevesse o livro de todos os projetos fracassados, este teria lugar de destaque!

A questão urbana não pode ser separada da do ordenamento do território. Existe incontestavelmente um *continuum* urbano-rural que devemos aprender a gerir. Com os novos meios de comunicação, podemos muito bem transferir para os campos atividades que eram tradicionalmente urbanas. Por que não satisfazer o desejo de muitos citadinos de morar no campo, lá trabalhar e ir no fim de semana para a cidade, a fim de se beneficiar de seus espetáculos, museus e bibliotecas, um pouco à maneira preconizada pelo romance utópico de Kremniov? O desenvolvimento rural será cada vez menos um desenvolvimento agrícola. A pluriatividade dos membros da família do agricultor será um elemento essencial disso. Aliás, é perfeitamente possível imaginar que as atividades intelectuais migrem para o campo.

Ao lado disso, devemos imaginar uma cidade na qual se minimizem os deslocamentos dispendiosos em energia. Entre os projetos que não consegui levar a termo, há o estudo comparativo dos perfis energéticos das cidades, em função da topografia, do clima, mas também dos estilos de vida e de organização espacial.

Um de meus primeiros estudantes que fizeram tese sobre o ecodesenvolvimento no Brasil, Rodrigo Ramalho, arquiteto de formação, elaborou um trabalho muito interessante que não teve a continuidade que merecia. Refletimos sobre o ecodesenvolvimento do litoral de Alagoas. O litoral depende da marinha nacional, e portanto esperávamos uma forte intervenção em matéria de organização do território. O litoral brasileiro se estende por mais de 7500 quilômetros e compreende zonas a proteger, outras a equipar para um turismo não predatório, ou para a aquacultura. A isso se acrescentam os portos, as implantações da indústria pesada, a exploração do petróleo *offshore*. Os brasileiros são muito competentes em perfuração submarina profunda. Evidentemente, nada aconteceu! Recentemente, voltei a esse assunto no Espírito Santo, que queria se dotar de um ambicioso plano de desenvolvimento alimentado pelos *royalties* do petróleo *offshore*. Propus que todas as prefeituras costeiras se organizassem em um sindicato intermunicipal para tratarem juntas da questão da organização do litoral, onde teriam de fazer coabitarem cinco Ps: praia, portos, pesca, piscicultura e petróleo.

No CIRED fizemos uma reflexão similar a respeito da enseada de Brest, objeto de uma tese de Patrick Lagadec, que depois se tornou especialista nos "riscos maiores". Na época da tese, projetavam construir ali uma refinaria de petróleo. Pensávamos que havia na França vários outros locais possíveis para uma refinaria, ao passo que só havia uma enseada de Brest. Era preciso preservar o potencial marinho, sem por isso lhe atribuir uma "vocação", fosse ela a aquacultura, e deixar essa questão em aberto para o futuro. O geógrafo francês Jean Tricart desconfiava, com muita razão, dessa noção de "vocação" para um sítio. Em contrapartida, o que se pode estudar com rigor são os "empecilhos objetivos" que existem, mas que o progresso técnico pode suprimir. No liceu, no Brasil, aprendi que as savanas não tinham o menor interesse do ponto de vista da agricultura e que sua única vocação era a pecuária extensiva, quando na verdade hoje elas formam a principal fronteira agrícola do mundo, graças aos progressos da agronomia, que corrigiram seus solos.

A questão que dá título a este capítulo e a um livro que coordenei continua a me apaixonar e também a me desorientar por sua complexidade. A Universidade de São Paulo acaba de inaugurar seu segundo campus metropolitano na zona leste dessa megalópole, numa imensa cidade-dormitório de quase 4 milhões de habitantes, a maioria vivendo em meio a grande pobreza. A universidade e o SEBRAE se puseram de acordo, por sugestão minha, para ali criar um observatório socioeconômico pensado também como um instrumento de cooperação com as diversas organizações locais da sociedade civil. Espero que esse observatório nos permita compreender melhor a complexidade da economia urbana real, indo além da dicotomia simplista do formal-informal. Nesse terreno temos de lidar com um emaranhado de modos de produção diversos: o fora do mercado (economia doméstica), a produção protocapitalista (o artesão e o pequeno empresário que não faz distinção entre as contas da empresa e as da família), a produção e a distribuição capitalistas (empresas privadas e públicas, grandes e pequenas, nacionais e estrangeiras), por fim o embrião da economia social, e tudo isso sofrendo a concorrência das mercadorias estrangeiras vindas do contrabando, em especial as bugigangas chinesas vendidas pelos camelôs.

A ideia veiculada na literatura de um circuito separado da economia popular não corresponde à realidade. Os supermercados que pertencem às grandes redes de lojas estão muito presentes nos bairros pobres por causa de seus preços competitivos. E, por outro lado, os prestadores de serviços e artesãos encontram mercado nos bairros ricos, e não ali onde moram.

Como já disse, são bairros-dormitórios; os empregos estão em outro lugar. No entanto, a presença de vários terrenos outrora industriais permite pensar em sua recuperação sob forma de centros de prestação de serviços técnicos, e até mesmo de agrupamentos de pequenas empresas artesanais e industriais, de preferência organizadas em cooperativa, de modo a consolidar o embrião da economia social.

Alegro-me, aliás, que uma pesquisa comparativa sobre os movimentos sociais nas favelas de São Paulo e de Mumbai tenha sido implantada por Marie-Caroline Saglio, professora francesa de antropologia e autora de um importante livro sobre Bombaim. Marie-Caroline acaba de passar três anos em São Paulo.

16. Brasil, terra de pesquisas. O futuro que tarda

Desde 1968 Paris era meu aeroporto, a partir do qual eu percorria o mundo, mas progressivamente o Brasil se tornou minha principal terra de pesquisas. Sem dúvida fui levado a isso por minha vivência brasileira, de 1941 a 1954, por meus laços familiares, pelas amizades, das quais algumas datam de vários decênios, pelos estudantes brasileiros — já em Varsóvia, e mais numerosos em Paris —, pela simpatia irradiante dos brasileiros, sua alegria de viver e seu modo convivial de ser, sua vivacidade de espírito.

Mas certamente nada disso teria bastado sem o aspecto capital de que o Brasil representa um caso típico de mau desenvolvimento, ainda mais consternador na medida em que possui trunfos poderosos para decolar. O século XIX foi marcado pela ascensão fulgurante dos Estados Unidos, o século XX pela expansão do Japão e dos Tigres da Ásia. O século XXI pertencerá ao Brasil? Ou ele se contentará de permanecer o país do eterno futuro que tarda a chegar? Mais de sessenta anos se passaram desde que Stefan Zweig escreveu *Brasil, país do futuro*.

Essa pergunta me intriga. Tenho a petulância de querer contribuir, ainda que na margem, para que esse gigante entravado consiga romper as amarras que o impedem de modernizar sua estrutura fundiária anacrônica. De fato, a herança envenenada de seu passado colonial continua a obliterar o sistema político. A democracia brasileira ainda não se libertou das práticas clientelistas, das tentativas repetidas de privatização do Estado e da corrupção. Os benefícios do crescimento e da modernização econômicos são confiscados por uma elite estreita.

Ora, o Brasil dispõe de condições excepcionais para percorrer a via de um desenvolvimento duplamente virtuoso, no plano social e ambiental. *Hic et nunc.* Aqui e agora. Vivi mal o desencanto que se seguiu à imensa onda de esperança levantada pela vitória de Lula na eleição presidencial de 2002. O PSDB e o PT — dois partidos que, juntos, poderiam formar uma coligação de centro-esquerda — se enfrentam como inimigos inconciliáveis. O resultado é desastroso. Tanto o presidente Fernando Henrique Cardoso, oriundo do PSDB, como o presidente Luiz Inácio Lula da Silva, oriundo do PT, só conseguiram governar à custa de alianças com os partidos tradicionais de centro-direita, habituados a práticas clientelistas deploráveis.

Depois da Conferência de Estocolmo e de minhas primeiras pesquisas sobre o ecodesenvolvimento, o Brasil começou a desempenhar um papel-chave na difusão dessa ideia. O governo da época era, sem dúvida, autoritário, mas não totalitário, e havia muitos interstícios onde agir. Evidentemente, isso não se faz do dia para a noite, e continuo a percorrer outros países da América Latina, como México, Chile, Peru, Colômbia, Venezuela. Já não consigo muito bem situar o momento em que o Brasil tomou um lugar cada vez maior, e em que nosso intercâmbio franco-brasileiro se intensificou.

A presença na Universidade de Paris-I do eminente economista Celso Furtado constituiu um elemento muito forte do dispositivo. Eu mantinha ligação com o CEBRAP — centro de estudos criado por Fernando Henrique Cardoso com o apoio do arcebispo de São Paulo e da Fundação Ford e viveiro de inúmeros políticos da pós-ditadura. O CEBRAP era um notável centro de análise da sociedade brasileira, que me pôs em contato com vários pesquisadores de grande qualidade. Eu também participava das reuniões anuais da SBPC, onde a sociedade civil ia discutir reformas a realizar. Foi lá que assisti, no Recife, em 1974, à volta de Celso Furtado ao Brasil. Embora exilado político, ele obteve a autorização de falar durante uma mesa-redonda sobre o meio ambiente, contanto que o público da sala não ultrapassasse cem pessoas. Assim, houve um auditório de cem pessoas e, no corredor, setecentas a oitocentas pessoas que se amontoavam para entrar e ver Furtado, personagem lendário e muito influente por seus textos. Estávamos nós dois conversando com os outros participantes da mesa-redonda quando chegou uma moça muito excitada, plantou-se diante de Furtado e lhe disse: "O senhor ouviu a grande notícia? Furtado vai estar conosco hoje!". Na época, sua foto não aparecia na imprensa e ela não o reconhecera.

Há nessa época uma forte demanda de trabalho em comum entre o Brasil e a França; inscrevo diversos estudantes de pós-graduação brasileiros, os convido a se preocupar, com a questão ambiental no quadro do CIRED e multiplico as visitas ao Brasil. Depois do Nordeste, é a Amazônia que eu descubro.

ANDANÇAS; A IMPORTÂNCIA DO TERRENO

Essas travessias pelo Brasil, as *andanças** — gosto dessa palavra em português, muito figurada — serão absolutamente deci-

---

* Em português no original. (N. T.)

sivas para mim, por diversas razões. A primeira é que começo a entender muito depressa a importância fundamental do terreno. Em 1978, em Belo Horizonte, Jacques Bugnicourt — que dirigia o ENDA em Dakar — faz uma conferência extraordinária, porque se recusa a ser traduzido; não fala uma palavra de português, fala três de espanhol e, por conseguinte, desenha no quadro-negro o que conta. Tem um autêntico dom de comunicador, e todos se entusiasmam. Em seguida a essa conferência nasce o primeiro projeto de ecodesenvolvimento no Brasil. Escolhemos, sem visitá-lo, o vilarejo de Juramento, cujo prefeito, um jornalista, ganhou o "prêmio de excelência" atribuído aos jornalistas que escrevem sobre ecologia.

O projeto será um fracasso retumbante. Tínhamos transposto para a realidade brasileira, depressa demais, uma reflexão baseada em outras realidades. Não nos demos conta de que Juramento era uma aglomeração de alguns milhares de pessoas, nômades que deixaram seus campos de origem e sonhavam em chegar à cidade grande. Pararam em Juramento, vários talvez ali ficariam até a morte, mas não havia identidade comum entre seus habitantes, contrariamente ao caso africano relatado por Bugnicourt. Aqui, nada de um passado, nada de tradições a partilhar, nada que servisse de cimento para unir os desenraizados. O prefeito era um jornalista sem grandes escrúpulos, que se casara com uma herdeira rica, bem mais velha que ele. Não tinha o menor interesse pelo desenvolvimento local; o quiproquó foi total, pois o prefeito esperava um maná de verbas públicas que jamais chegariam.

Mas outras viagens foram mais proveitosas. Como a que fiz com Octávio Elísio Alves de Brito, subsecretário de Ciência e Tecnologia de Minas Gerais. O estado andava em plena crise de energia. Um grupo financeiro brasileiro acabava de comprar uma vastidão de terras à beira da represa da barragem de Três Marias, entre Belo Horizonte e Brasília, para plantar algumas centenas de milhares de hectares de mandioca, reservados à produção de álcool. Na época desconhecíamos que, ao contrário do álcool de cana, cuja eficácia energética é muito elevada por causa do uso do bagaço como fonte de energia complementar, o que é extraído da mandioca necessita de uma grande dose de energia externa, o que torna o negócio contraprodutivo. No entanto, eu sonhava em voz alta: "Abrimos uma cooperativa rural com cem famílias de camponeses, cada uma dispondo de vinte hectares; com a mandioca plantada, fabricamos álcool, damos as folhas aos porcos e, depois, como estamos à beira da água, usamos os excrementos dos porcos para alimentar os peixes e desenvolver a piscicultura". E nos dirigimos ao governo para que nos ajudasse a montar essa cooperativa e equipar também duas ilhas na represa: uma para criar um observatório ecológico das transformações da região, e outra para criar uma "fazenda-modelo" que serviria de escola.

Durante essa viagem, estava acompanhado por cerca de dez pessoas, na maioria jovens pesquisadores. A certa altura, entramos numa balsa para atravessar um braço da represa. E ali ficamos, nossos dois carros *off-road* e um caminhão. Perguntamos ao caminhoneiro para onde ele ia. Respondeu que ia para Feira de Santana, na Bahia, a 960 quilômetros. Perguntamos o que transportava. "Peixe", disse. Peixe transportado do interior de Minas até o litoral do Atlântico é algo que nos espanta. Fizemos mais perguntas: "Que peixe? — Olhem vocês mesmos". Descobrimos uma tonelada de piranhas no gelo! Meus interlocutores me desaconselhavam a piscicultura numa represa infestada de piranhas. Eu retrucava que era possível construir cercados protegidos; mas não nos viera ao espírito que as piranhas pudessem ser objeto de comércio. Por que uma carga daquelas? Porque os baianos apreciam a sopa de piranha como um afrodisíaco requintado. Desse episódio tirei uma lição: não se pode discutir o desenvolvimento sem ter um profundo conhecimento da ecologia cultural.

Essa viagem foi de grande riqueza. Atravessamos quilômetros e quilômetros de espaços recém-reflorestados, onde não havia vivalma. Depois chegamos a uma aldeia acima da qual passavam fios elétricos sem que nenhuma casa estivesse ligada à rede elétrica. Uma mulher grávida estava cozinhando na rua diante de um barraco com poucos metros quadrados. Ali vivia com dois de seus filhos, e um outro estava a caminho. Os dois primeiros tinham ficado na casa dos avós, o marido trabalhava na floresta. No meio daquela imensidão, ela não tinha sequer alguns metros quadrados para si mesma! Como a lei brasileira reserva dez metros de cada lado de uma estrada como terras devolutas, propus em vão que se permitisse às populações pobres ali fazerem suas hortas.

Para que serve a teoria nas ciências sociais? Para suscitar questões. Quanto às respostas, só vêm mesmo das observações de campo. Essas *andanças* pelo Brasil me convenceram de que computador é bom, uma biblioteca é bom, mas nada substitui o contato com o terreno, com os que ali vivem e que acumularam experiências, fracassos, surpresas. Essa indispensável abertura à ecologia cultural devo-a às peregrinações reflexivas que mexem permanentemente nas fronteiras entre as disciplinas. Mais que na justaposição de pesquisadores de formações diferentes, creio numa transdisciplinaridade ativa na cabeça de cada pesquisador!

Minhas relações com o Brasil se intensificaram a partir dos anos 1980, quando ainda havia a ditadura militar, mas se organizaram eleições diretas nos estados. Franco Montoro, democrata convicto, tornou-se governador de São Paulo. Cercou-se de alguns de meus amigos, como Fernando Henrique Cardoso, que lhe sucedeu no Senado. Reencontrei José Serra, que mais tarde seria o candidato perdedor das eleições presidenciais contra Lula, mas que em 2004 foi eleito prefeito de São Paulo e, em 2006, governador do estado. Conheci-o quando era um brilhante jovem economista, em Santiago, onde se exilara depois do golpe de 1964. Serra era muito ligado a Cardoso e trabalhava com ele no CEBRAP. Fui apresentado a Luiz Carlos Bresser-Pereira, também economista e homem político, várias vezes ministro, Paulo Sérgio Pinheiro, que na época trabalhava no gabinete do governador. Mais tarde ele fundaria o Núcleo de Estudos sobre a Violência, na USP, e teria um papel importante na Comissão de Direitos Humanos da ONU. Na mesma época, Jorge Wilheim era secretário do Planejamento da cidade de São Paulo. Portanto, muitos conhecidos e amigos, que davam grande importância ao desenvolvimento local e ao ecodesenvolvimento. Um exemplo entre outros de uma ação de ecodesenvolvimento: o uso das terras periurbanas mais ou menos "ociosas" para produzir os alimentos necessários às cantinas escolares, para abastecer as prisões, os hospitais etc.

Depois, em 1985, veio o retorno da democracia no Brasil e nosso intercâmbio se fortaleceu mais. Fernando Henrique Cardoso ia com frequência a Paris. Toda quarta-feira, na Maison des Sciences de l'Homme, reunia-se um grupo de reflexão sobre o Brasil contemporâneo, em português. No início, foi um ponto de encontro dos estudantes brasileiros em Paris. Depois, recebeu diversas personalidades e pesquisadores brasileiros que estavam na França. Com a volta da democracia, submeti ao presidente da EHESS a ideia de criar um Centro de Pesquisas sobre o Brasil Contemporâneo (CRBC). Ideia aceita. Assim, deixei minhas funções no CIRED para me dedicar inteiramente ao Brasil.

No plano institucional, mais um passo será dado durante o primeiro governo de Cardoso, que apoiará pessoalmente a criação de uma cátedra de ciências sociais brasileiras na França, financiada pelo Banco do Brasil e administrada pela MSH. Esse dispositivo permite convidar todo ano dois professores brasileiros, cada um durante um semestre. Trata-se de uma cátedra itinerante, que circula entre diversas universidades francesas. Também é itinerante disciplinarmente. Todas as ciências sociais se incluem. Por fim, a universidade francesa que acolhe esse colega brasileiro se compromete a reconvidá-lo por um mês durante três anos. Privilegiamos a relação duradoura.

A ESPÉCIE MAIS AMEAÇADA: O HOMEM

Paralelamente, minhas atividades no Brasil se organizam em resposta a demandas específicas. Durante o primeiro governo de Fernando Henrique, fui consultor junto ao secretário para a Amazônia do Ministério do Meio Ambiente.

Nativo da Amazônia, físico, diplomado por uma prestigiosa universidade americana, José Seixas Lourenço foi sucessivamente reitor da Universidade Federal do Pará, diretor do Museu Goeldi, em Belém, e do Instituto Nacional de Pesquisas Amazônicas, em Manaus, e depois criador da Unamaz — uma associação de cerca de oitenta universidades e organismos de pesquisas de todos os países amazônicos. Cercou-se de uma pequena equipe de quatro consultores, eu entre eles.

Os grandes problemas da Amazônia ultrapassam amplamente o quadro da floresta, a começar pelo da sobrevivência de seus mais de 20 milhões de habitantes, sendo que muitos vivem em situações econômicas e sanitárias de inacreditável precariedade. Como diz um poeta local, de todas as espécies ameaçadas na Amazônia, a mais ameaçada se chama homem. Insistimos também no fato de que mais da metade dessa população é, agora, urbanizada; de certa forma, a Amazônia é uma vasta floresta urbanizada. Não pode se satisfazer com projetos pilotos, de alcance limitado, apoiados modestamente pelos países industrializados. Mesmo quando têm êxito, esses projetos não constituem uma resposta na escala do desafio amazônico. Não é através da soma de pequenos projetos locais, que beneficiam algumas dezenas de famílias de cada vez, que vai se salvar a floresta amazônica e garantir o desenvolvimento da região.

A fim de sensibilizar a opinião pública, propusemos lançar fóruns sobre a Amazônia nas universidades do sul do Brasil, pois seu futuro é uma questão nacional. Conseguimos também organizar um importante colóquio em Brasília, aberto pelo presidente da República. Mas ao se iniciar o segundo mandato presidencial houve uma reforma ministerial e nosso trabalho não foi longe. Elaborar uma estratégia de desenvolvimento para a Amazônia demandaria uma secretaria junto à Presidência, ou talvez até um Ministério da Amazônia. Mas, sobretudo, não se deve subordinar a política de desenvolvimento da Amazônia à do Ministério do Meio Ambiente.

Para mim e meus colegas foi uma decepção, mas os anos passados na Secretaria da Amazônia muito me ensinaram. Mais que nunca, continuo convencido de que é preciso ousar pensar o desenvolvimento da Amazônia numa escala compatível com a miséria social de seus habitantes e com o potencial da região. A ideia de transformá-la em megarreserva natural é inadmissível e irrealizável. Também desconfio da política de atribuição de enormes reservas às tribos indígenas que as habitam. Pode-se desenhar tudo num mapa, criando-se assim uma boa consciência. Mas conseguir fazer respeitar as demarcações exige um pessoal considerável, que o Brasil não está em condições de oferecer. Sem falar das populações indígenas que são uma presa fácil para os aventureiros e que se deixam corromper. A bem da verdade, mais que à multiplicação das reservas naturais e indígenas, eu seria favorável à criação de "reservas de desenvolvimento" em terrenos que já sofreram a ação do homem e precisam ser reabilitados por meio de projetos agroflorestais e de plantação de florestas para uso econômico. A superfície delas ultrapassa a da França!

Tentei encorajar na Amazônia, sem sucesso, apesar do entusiasmo que o projeto causou no governador do Amapá — estado fronteiriço com a Guiana —, uma reforma agrária baseada na criação de cooperativas de produtores de azeite de dendê, um pouco seguindo o exemplo do que fora feito na Malásia, mas cuidando para que as plantações se fizessem em terrenos já desmatados, de modo a manter de pé a floresta primária. AgroPalma, uma indústria de óleos controlada por capital nacional, muito bem informada sobre as técnicas modernas, nos disse que estava pronta para construir fábricas, contanto que cada cooperativa tivesse um mínimo de 5 mil hectares de dendezeiros, que AgroPalma fornecesse as mudas e a assistência agronômica (para garantir a qualidade do produto), que dispusesse da exclusividade da compra, e que a cooperativa aceitasse vender a matéria-prima a um preço fixado em função da cotação do azeite de dendê no mercado internacional.

À razão de dez hectares por família, isso representava quinhentas famílias, ou seja, perto de 3 mil pessoas. Dez hectares de dendezeiros garantem um emprego permanente durante o ano todo. Dez hectares suplementares (estamos na Amazônia!) destinados à produção de alimentos para uso doméstico, e um pouco de agroflorestal, de criação de aves ou piscicultura deveriam garantir a ocupação de um ou dois membros da família. Acrescentem-se a isso os empregos na fábrica, no transporte, os serviços técnicos e sociais, o comércio, tudo o que é necessário a uma vila agroindustrial de 3 mil habitantes, sem esquecer o cabeleireiro, primeiro sinal de prosperidade rural.

Quando apresentei esse projeto ao ministro, ele me disse: "Não volte para Paris, tenho uma boa sala livre ao lado da minha. Faça duzentos projetos do gênero". Preferi esperar que o primeiro tomasse corpo. Vários ministros se sucederam. Continuo esperando.

Sou crítico a respeito da ajuda que os países mais industrializados se comprometeram a dar ao desenvolvimento da Amazônia por ocasião da cúpula do G-7 em Houston [1990]. A contribuição financeira prometida derreteu como manteiga ao sol, enquanto os prazos se dilataram. Deu-se ênfase aos pequenos projetos pilotos, que já mencionei, e à modernização de alguns institutos de pesquisa. Considero que, nesse campo, poderia ter se avançado muito mais.

Mas minha crítica de fundo vai para a cooperação na forma de projetos administrados pelo Banco Mundial ou outras instituições multilaterais, o que envolve tratativas caso a caso, que consomem muito esforço e tempo, privando os países em desenvolvimento da autonomia de decisão. Preferiria que a cooperação se fizesse na forma de programas plurianuais cuja inteira responsabilidade caberia aos países da região, enquanto os doadores se reservariam o direito de reduzir, e mesmo suspender os financiamentos em caso de uma avaliação negativa dos resultados do programa, a ser feita por uma comissão de especialistas independentes.

Embora todo mundo concorde com o papel capital da floresta amazônica no plano climático, e que todos se tenham posto de acordo para um grande projeto multilateral de pesquisa sobre o tema, a cooperação Norte-Sul em torno do desenvolvimento dessa megarregião anda mal, pelo menos em nível multilateral. A Organização do Tratado de Cooperação Amazônica, que reúne todos os países da região, também padece de falta de dinamismo.

Nas relações bilaterais, as coisas se passam um pouco melhor, ao menos no que se refere à França, embora seja certo que nossa colaboração ganharia em se concentrar em torno de um número mais limitado de programas comuns, em vez de se dispersar numa profusão de projetos pontuais. Em todo caso, o Centre de Coopération Internationale en Recherche Agronomique pour le Développement (CIRAD) e o Institut de Recherches pour le Développemet (IRD), antigo ORSTOM, estão presentes, e o Centre National de Recherches Scientifiques (CNRS) se comprometeu com a cooperação transfonteiriça entre a Guiana e o Amapá, dando seu apoio às iniciativas do governador João Capiberibe, que sonhava em fazer do estado uma referência do ecodesenvolvimento para todo o Brasil. Um diálogo frutífero se estabeleceu entre os especialistas franceses e brasileiros em biodiversidade.

Para muitos europeus, a Amazônia é uma floresta em chamas no meio da qual correm alguns índios. É verdade que a destruição da floresta avança, sob o impulso de interesses múltiplos, num ritmo assustador de 10 mil quilômetros quadrados por ano. Por muito tempo a ausência de reforma agrária no Brasil ia a par com o estímulo da colonização na Amazônia. Mas os solos se esgotaram depressa e os camponeses transformaram as terras desbravadas em pastos, e o gado, mesmo magro, constitui uma poupança em cima de quatro patas. Finalmente, é a criação de gado a responsável, em grande parte, pela destruição da floresta, por onde também avançam os grandes plantadores de soja. A isso se acrescenta a exploração selvagem da madeira. Só uma parte ínfima da produção de madeira e de seus derivados é submetida à certificação de organismos que zelam pelo respeito às regras de gestão ecológica das florestas.

E como imaginar que os aventureiros vindos de longe deixarão em paz uma floresta cujo subsolo contém tantas riquezas? Os garimpeiros, dispostos a tudo, e os que vão à cata de diamantes não hesitam em corromper os índios. Um cacique indígena que possui na cidade vizinha uma mansão com piscina e passeia num belo automóvel protegido por guardas-costas é uma realidade perturbadora, embora casos assim ainda sejam muito isolados.

Portanto, demarcaram-se reservas muito generosas que, a meu ver, na maioria dos casos não são respeitadas; todos fecham os olhos para a corrupção de certos chefes tribais. A questão indígena existe, não quero negá-la, se bem que eu considere que a Europa se preocupa mais com os 300 mil índios da Amazônia do que com dezenas de milhões de "tribais" da Índia. Seja como for, o problema central continua a ser o do bom uso da natureza, sem subtraí-la ao desenvolvimento.

AS RESERVAS DE BIOSFERA

Não sou totalmente contra as reservas naturais, mas penso que não se deve multiplicá-las exageradamente, e sim apenas o estrito necessário para garantir a proteção da biodiversidade e criar corredores ecológicos. Defendo a banalização da política respeitosa do meio ambiente, extensiva a todo o território, mais que a demarcação, generosa no papel, de reservas para servirem de álibi a uma gestão predatória do meio natural.

Dito isso, creio nas virtudes do conceito de "reservas de biosfera" proposto pela Unesco, já que essas reservas comportam em torno do núcleo inviolável (salvo para a pesquisa) uma zona tampão e uma zona de transição, em que as atividades humanas são toleradas, submetidas a um caderno de encargos ecológico.

Essas zonas de transição constituem outros tantos laboratórios para responder à questão de saber quais atividades econômicas são compatíveis com a proteção de ecossistemas frágeis.

Fizemos disso o ponto de partida de um programa da Unesco sobre a cooperação Sul-Sul, em torno da valorização dos recursos renováveis do trópico úmido. Esse programa se iniciou logo depois da Cúpula da Terra, em 1992, com um colóquio em Manaus. Permitiu reunir, para uma troca de experiências, os responsáveis pelas reservas de biosfera de vários países da Ásia, África e América Latina. Nossas reuniões foram feitas localmente.

A mais pitoresca foi provavelmente a de Mananara-Norte, em Madagascar, perto de uma reserva de lêmures, numa região montanhosa encravada à qual só se tem acesso por mar ou avião. A população local não usa nenhum animal de tração ou de carga. Lancei-me no elogio à mula. Responderam-me que ela não era adaptada ao clima. Na verdade, recusavam a mula porque tinha sido usada pelo exército colonial francês. Lembrei-me de meus dissabores quando em 1964, em Ankara, defendi o cultivo com animais atrelados na África, em detrimento do trator.

Em Mananara, ficamos alojados numa hospedaria (se posso usar esse termo) que punha à disposição dos viajantes cabanas sobre palafitas, no alto ora de uma criação de patos, ora de um chiqueiro. Tive sorte. Coabitei com os patos.

SUDENE, E DEPOIS SEBRAE

Consolei-me com a parada imprevista de meu envolvimento com o dossiê amazônico implicando-me na renovação da SUDENE, a convite de Sérgio Moreira, seu novo responsável. Esse organismo de desenvolvimento regional do Nordeste foi criado por Celso Furtado no fim dos anos 1950 e desnaturado pelos militares. Furtado queria torná-la, antes de tudo, um lugar onde os governadores da região se concertariam para dialogar a uma só voz com o governo federal. A SUDENE devia pensar o Brasil do ponto de vista do Nordeste e zelar para que a superação das disparidades regionais se inscrevesse na lista das prioridades nacionais. Os militares fizeram dela uma dependência do governo central, controlada por uma burocracia gigantesca. A sede da SUDENE no Recife tem várias centenas de metros de comprimento e possui catorze andares, espaço para alojar todo o governo brasileiro. Minha primeira proposta foi que nos livrássemos daquela construção monstruosa, semivazia, assombrada pelos demônios do estatismo desmedido e corrupto. E não era uma simples *boutade* de minha parte.

Pus Sérgio Moreira em contato com Celso Furtado que, como se imagina, tinha muito interesse em que a SUDENE reatasse com seus objetivos iniciais. No fim de 1996, uma grande reunião se organizou no Recife com a presença de vários governadores e representantes do governo federal. Sérgio Moreira começou a trabalhar com entusiasmo. Para mim, colaborar para salvar a SUDENE era um projeto sonhado.

Nova decepção. Ao fim de alguns meses, Sérgio foi chamado a exercer novas funções. Assumiu a direção do SEBRAE, o serviço brasileiro de apoio às pequenas empresas. O projeto de reforma da SUDENE foi posto em hibernação, e depois retomado por Marcos Formiga, admirador de Celso. Reassumi o serviço. Infelizmente, não por muito tempo. FHC resolvera fechar a instituição, estimando que estava muito contaminada pela corrupção. Presidi a comissão que organizou na SUDENE um colóquio internacional em homenagem a Celso por seus oitenta anos. Celso não deve ter apreciado a liquidação dessa instituição, pouco depois do colóquio. E se bem que jamais tenha se queixado, não podia deixar de estar decepcionado com o fato de que FHC tivesse se inspirado tão pouco em sua visão do desenvolvimento do Brasil. Seu sucessor, o presidente Lula, criou um grupo de trabalho para ressuscitar a SUDENE, mas quatro anos se passaram sem que esse anúncio fosse seguido de efeito. Celso Furtado morreu sem ver a SUDENE ressuscitada.

Eu era bastante ligado a Celso Furtado. Seus dois livros sobre a formação da economia brasileira me influenciaram muito. Eles mostram o partido que o economista do desenvolvimento pode tirar do que eu chamaria de *histoire raisonnée*. Witold Kula procedia de modo similar em seus estudos da economia feudal da Polônia. Eu tinha estabelecido um contato epistolar com Celso desde Varsóvia. Em Paris, tornamo-nos amigos e, no correr dos anos, nosso intercâmbio se intensificou. Pouco antes de seu falecimento em 2004, Celso me fez a grande gentileza de prefaciar um livro publicado no Brasil.

Assim que se instalou na presidência do SEBRAE, Sérgio Moreira começou de modo muito feliz a reformá-lo e me convidou a colaborar nesse projeto. Herdara uma instituição impregnada por uma visão individualista do espírito empresarial, muito à americana, e, de quebra, atolada na rotina: cursos de formação e atividades de consultoria para microempresários, algumas incursões na área dos créditos, com a ilusão de que os microcréditos distribuídos pelas ONGS, embora caros por causa dos elevados custos de transação, fariam a diferença.

Não penso que num país como o Brasil seja possível dispensar os créditos subsidiados para os pequenos fazendeiros, artesãos e prestadores de serviços. Isso já se faz para os agricultores, mas em escala insuficiente. Seria preciso abolir a assimetria que os privilegia em detrimento dos pequenos produtores não agrícolas. Quanto ao microcrédito no estilo Grameen Bank, encontra sua principal utilidade junto a todos os que precisam de um pequeno capital de giro para o qual conseguem uma rotação rápida. Claramente: um vendedor ambulante de salsichas e de bebidas no estádio de futebol, ou de sorvetes na praia compra diariamente sua mercadoria. Seu capital de giro roda quatro, dez, e até vinte vezes por mês. A partir daí, a taxa de juros, ainda que exorbitante — no Brasil, pode atingir 4% ou 5% ao mês —, não tem muita importância. O mesmo acontece com a costureira que compra uma máquina de costurar de segunda mão, condição para que possa ter acesso a uma atividade econômica. Mas esses casos são muito limitados.

Em compensação, Grameen inovou no que diz respeito à responsabilidade solidária para os empréstimos feitos a grupos organizados de tomadores de crédito, primeiro passo para o mutualismo e o empreendorismo coletivo. Nessa linha, as tontinas africanas, funcionando como caixas de poupança, e os empréstimos rotativos constituem um caso que nos aproxima das cooperativas. A entreajuda e o mutualismo são uma modalidade de seleção, tanto quanto a luta. Mais que soçobrar, como vítimas do darwinismo social dos mercados, os pequenos produtores devem se entender e se organizar. O empreendorismo coletivo não se opõe e não elimina a iniciativa individual. Muito pelo contrário, lhe dá uma base. A cooperação e a concorrência não se excluem. A expansão industrial da "Terceira Itália" (a Itália do Nordeste) se baseia num feliz equilíbrio entre as duas, fruto de uma longa evolução da economia urbana em certas províncias italianas. As pequenas empresas podem se dar bem com esse sistema, ao lado das grandes. O SEBRAE trabalhou muito para promover esse modelo no Brasil. Eu diria que talvez tenha pecado por excesso de zelo, no sentido de que esse modelo de organização industrial não se decreta e não se improvisa. A concentração em determinado local de um grande número de empresas do mesmo setor, grandes e pequenas, ainda não forma um conjunto industrial semelhante aos de Terza Italia.

    Entidade pública, mas não fazendo parte do aparelho estatal, o SEBRAE funciona cada vez mais como uma agência de desenvolvimento, propondo-se a defender os interesses dos pequenos produtores. Seu campo de ação se situa no limite do privado com o público, entre o arquipélago das grandes empresas modernas e o oceano das pequenas atividades econômicas de baixa produtividade em que a maioria dos brasileiros pena para sobreviver. O que está em jogo é passar das estratégias de sobrevivência às estratégias de desenvolvimento, criar para essa massa de pequenos camponeses, artesãos, comerciantes e prestadores de serviços, microempresários de todo tipo, oportunidades de trabalho decente, mais produtivo, mais bem remunerado, e com acesso à cobertura social. Vasta empreitada, que não poderá ter êxito sem um feixe de políticas simultâneas e convergentes, baseadas no princípio do tratamento desigual dos desiguais, ou seja, da discriminação positiva em favor dos mais fracos.

É preciso atacar de saída as seguintes questões: a desburocratização dos trâmites para se criar uma microempresa, a simplificação do regime fiscal e a redução dos encargos fiscais, o acesso à Previdência Social, aos créditos preferenciais, aos mercados (inclusive aos mercados públicos), aos conhecimentos e à ajuda técnica. Um projeto de lei nesse sentido, elaborado com o concurso do SEBRAE, foi finalmente votado pelo Congresso, depois de uma gestação de muitos anos.

O SEBRAE e o PNUD me confiaram a direção de um relatório sobre a inclusão social pelo trabalho. O livro, publicado em 2001, teve um belo sucesso na imprensa. No plano pessoal, permitiu-me afinar minhas ideias sobre uma estratégia de criação de empregos no Brasil, tema que me levou a trabalhar por algum tempo com o escritório brasileiro da Organização Internacional do Trabalho e a aprofundar o conceito de desenvolvimento socialmente includente, a pedido da OIT.

Minha colaboração com o SEBRAE consistiu em ajudar seus escritórios regionais, presentes em todos os estados brasileiros, a empreender projetos de pesquisa aplicada capazes de orientar a prática da instituição. Por exemplo, com os escritórios da Bahia e do Rio de Janeiro lançamos um projeto sobre a praia, lugar de convívio social e trabalho. Até hoje não existe nenhum estudo sobre os trabalhadores da praia, se posso chamá-los assim. Ora, eles são muito numerosos nesse país cujo litoral tão extenso é o lugar preferido de encontro e lazer para milhões de brasileiros e brasileiras ricos e pobres.

No SEBRAE de São Paulo, envolvi-me, junto com a USP, na organização do Observatório Socioeconômico da Zona Leste.

Em São Paulo, Bahia e Minas Gerais, tentamos construir sinergias positivas entre as grandes empresas produtoras de papel ou siderúrgicas consumidoras de carvão vegetal e os pequenos fornecedores de madeira, de modo a estimular o desenvolvimento rural integrado, criador de empregos e respeitoso da natureza.

Esse tema nos remete à agroenergia. Tudo leva a pensar que a produção de biocombustíveis conhecerá uma conjuntura excepcional no Brasil. É preciso fazer tudo para que esse novo ciclo de desenvolvimento rural beneficie em primeiro lugar os pequenos produtores, agricultores familiares, cooperativas agroindustriais, prestadoras de serviços técnicos, transportadores. E inventar, no caminho, um modelo democrático de agronegócio. O jogo não está decidido. É grande o perigo de recair na pista do poderoso agronegócio, concentrador de riquezas e de terras.

O SEBRAE inscreveu a agroenergia na lista de suas prioridades. Só posso me alegrar, tanto mais que trabalho sobre esse assunto em parceria com o Instituto de Estudos Avançados da USP e com a UNCTAD, embora avalie as dificuldades que nos espreitam. O combate promete ser duro.

Se devo fazer um rápido balanço dessa profusão de atividades, das *andanças* que me levaram aos quatro cantos desse país-continente, das batalhas de ideias, minha impressão é ter realmente posto a mão na massa, não ter sido unicamente um pesquisador de gabinete, ter semeado algumas ideias e encontrado interlocutores fascinados, como eu, pelo potencial desse povo e desse país e angustiados porque o futuro custa a chegar, e gerações de brasileiros continuam a nascer e a morrer sem terem tido o direito de usufruir a vida. É uma responsabilidade esmagadora que pesa sobre as elites desse país, sobre nós, já que me identifico com elas.

Foi uma escolha que não lamento. Continuo a preferir o tumulto dos aeroportos ao silêncio das bibliotecas. Aprendi muito e continuo a aprender em contato com o concreto. Um dia perguntei a Russell Ackoff, arquiteto de formação, papa da pesquisa operacional nos Estados Unidos, pilar da Wharton School e consultor de empresas, em que consistia sua profissão: "Em resolver problemas". "Reais", ele deveria ter acrescentado. É mais apaixonante que os jogos de paciência, as partidas de xadrez ou as palavras cruzadas.

17. Índia, terra de inspiração

Meu compromisso com o Brasil em parte me afastou da Índia, mas me esforcei em continuar fiel a meus amores e amizades. Várias vezes fui à Índia ao longo desses anos. Aliás, o programa franco-indiano, administrado pela MSH e pelo Conselho Indiano para a Pesquisa em Ciências Sociais, levou a Paris muitos pesquisadores indianos; entre eles havia vários amigos e cúmplices intelectuais de longa data. Pela casa de Daniel e Alice Thorner em Paris, sempre aberta aos visitantes vindos da Índia, passou a fina flor da intelligentsia indiana. Daniel e Alice sozinhos fizeram mais para aproximar a Índia da França do que todos os programas oficiais.

As viagens ao país foram ocasiões de recarregar as baterias. Já sublinhei minha dívida intelectual com a Índia. Os anos vividos em Délhi foram decisivos em minha formação. As trocas com os colegas e amigos indianos ao longo da vida sempre me estimularam. Em virtude de sua complexidade sociocultural e da excelência de seus intelectuais, a Índia continua a ser o laboratório mais importante do desenvolvimento e o único lugar em que surgiram, na época de Nehru, os elementos de uma autêntica "terceira via" infelizmente abandonada. Também já evoquei meu fascínio pela mestiçagem cultural do espírito científico, pregado por Nehru, com a empatia de Gandhi face às massas camponesas pobres, mestiçagem personificada por uma geração de intelectuais, meus contemporâneos e parceiros na reflexão sobre o desenvolvimento.

Creio que desde o último quarto do século XIX a Índia produziu várias gerações de economistas do desenvolvimento cuja contribuição foi, com raras exceções, silenciada na literatura sobre o assunto, ao menos nos livros que circulam nos países ocidentais.

A história da ideia de desenvolvimento pede para ser reescrita, incluindo-se aí seus precursores. Discutimos um projeto desses com Fernando Henrique Cardoso e Albert Hirschman sob a forma de obra coletiva. Mas o projeto não foi adiante, embora tivéssemos esboçado o sumário, no qual incluímos em particular capítulos sobre os populistas russos e as controvérsias entre ocidentófilos e eslavófilos na Rússia, as polêmicas latino-americanas no século XIX entre os defensores do livre-câmbio e do protecionismo, as fontes japonesas da Restauração Meiji, a contribuição dos economistas indianos de 1850 a 1950, o pensamento econômico dos países leste-europeus entre as duas guerras mundiais, e enfim o elo que ligava essa reflexão sobre os desafios do desenvolvimento à periferia capitalista da Europa, com as teorias contemporâneas do desenvolvimento aplicadas aos países do Sul: os trabalhos feitos na Inglaterra, sob as bombas alemãs, pelos refugiados leste-europeus que iriam preparar no Royal Institute of International Affairs em Londres os planos de reconstrução de seus países no pós-guerra. Vários participantes desse exercício foram, uma vez terminada a guerra, para os secretariados da ONU e das agências internacionais. Lamento que os autores da história intelectual das Nações Unidas, em vias de elaboração, não tenham dedicado mais espaço à genealogia da ideia de desenvolvimento e ao papel fundamental da primeira geração de funcionários onusianos, comprometidos de corpo e alma na problemática do desenvolvimento.

A ÍNDIA, LABORATÓRIO DO DESENVOLVIMENTO

Entre os economistas indianos contemporâneos, quatro muito me influenciaram. K. N. Raj, ex-reitor da Universidade de Délhi, originário do Kerala, é autor de um notável estudo sobre a pobreza nesse estado indiano, realizado a pedido das Nações Unidas há mais de trinta anos. No estudo ele mostrou que o Kerala atingira um nível de desenvolvimento social muito superior àquele que era de esperar a julgar por seu produto interno bruto *per capita*, muito modesto e inferior à média nacional, enquanto indicadores como esperança de vida e mortalidade infantil o situavam a meio caminho entre a Índia e a Europa.

Essa façanha se explica pelo efeito sinérgico de vários fatores: o nível relativamente alto de alfabetização e escolarização das meninas; uma minirreforma agrária, realizada pela administração comunista, que permitiu a várias famílias terem acesso a lotes de terra que, se nos parecem minúsculos, bem cultivados fazem uma diferença na alimentação; um sistema eficaz de venda de arroz a preços subsidiados e uma rede de postos de saúde facilmente acessíveis devido à extrema densidade da população rural costeira. O futuro econômico do Kerala iria depender dos investimentos que criassem novos empregos. Mas o efeito combinado de melhor alimentação, cuidados de saúde e educação das mulheres traduziu-se em uma baixa da taxa de fertilidade bem antes que a Índia adotasse uma política de controle da natalidade. O progresso social é a melhor maneira de iniciar a política de controle de natalidade.

O estudo de Raj impõe-se como leitura obrigatória a todos os que se ocupam do desenvolvimento. Graças a ele, o Kerala, muito mais pobre que o Pendjab mas com indicadores sociais bem melhores, tornou-se um caso célebre de dissociação de indicadores sociais e econômicos, com implicações epistemológicas importantes, e destacando-se do economicismo ambiente.

O Kerala nos surpreendeu também pelo dinamismo de seu desenvolvimento cultural, pela criação de milhares de círculos rurais de leitura e pela produção extraordinária de brochuras de vulgarização científica, pela mobilização dos estudantes inventoriando a biodiversidade e pelo planejamento participativo do desenvolvimento local. A certa altura, Joan Robinson pensou em sair de Cambridge para se juntar a K. N. Raj no recém-criado Centro de Estudos para o Desenvolvimento, em Trivandrum, capital do Kerala.

Ao diálogo com Sukhomoy Chakravarty, morto prematuramente, devo uma melhor compreensão dos avanços e limites do planejamento indiano, que, como já disse, é até hoje a tentativa mais importante de inventar uma "terceira via". Continuo convencido de que um balanço sério dessa experiência precisa ser feito.

Os textos de Deepak Nayyar, também ex-reitor da Universidade de Délhi, constituem a meu ver a análise mais sofisticada da globalização e de seus efeitos perversos no Terceiro Mundo. Em 2004 cogitou-se no nome de Nayyar para se tornar secretário executivo da UNCTAD. Penso que nesse cargo ele estaria no lugar certo.

Chego agora a Amartya Sen, prêmio Nobel de Economia, que conheci quando ele era muito jovem, em Délhi, e com quem colaborei várias vezes. Suas três contribuições fundamentais são a análise rigorosa das escolhas das técnicas, tema de sua tese de doutorado, o estudo magistral das epidemias de fome e a demonstração de que elas não resultam da penúria de alimentos mas de sua carestia provocada pela raridade e amplificada pela especulação, de modo que se tornam inacessíveis aos pobres, e por último — no cruzamento do econômico, do político e do ético — a fusão das problemáticas do desenvolvimento e dos direitos humanos.

Foi essa leitura de Amartya Sen que me levou a propor a reconceitualização do desenvolvimento em termos de universalização efetiva do conjunto das chamadas três gerações de direitos: os direitos políticos, civis e cívicos (a democracia como pedra angular, *foundational value*, diz Sen); os direitos econômicos, sociais e culturais, incluindo o direito ao trabalho decente; e por último os direitos coletivos ao desenvolvimento, ao meio ambiente, à infância.

Mas minhas amizades indianas não são apenas com economistas. Penso em especial em Rajni Kothari, politólogo e prospectivista que encontrei pela primeira vez na Universidade de Baroda, em 1958, e que se tornou um dos pilares da FIPAD. Foi diretor de um dos programas da UNU na mesma época que eu, animador de um centro de pesquisa em Délhi, fundador da rede Lokayan, que reúne as organizações indianas da sociedade civil, militante irrepreensível da causa de um outro desenvolvimento, crítico sem condescendência da contrarreforma liberal, autor de uma obra imensa, parceiro e cúmplice de muitas aventuras intelectuais.

Juntos, conhecemos em Tóquio, durante uma reunião da UNU, Fei Tsiao Tung, o famoso antropólogo chinês, presidente da Academia de Ciências Sociais da China e vice-presidente da Assembleia Nacional. Liberado de seu anjo da guarda, que não se desgrudava um milímetro, mas tinha sono pesado, Fei bateu às dez da noite no quarto do hotel onde Rajni e eu estávamos. Nossa conversa terminou tarde. Fei esperava que as pequenas cidades da China se tornassem núcleos de um desenvolvimento industrial à italiana, com uma fortíssima especialização local e as pequenas empresas familiares desempenhando o papel dominante.

Esse encontro teve para mim um desdobramento que eu não esperava. Recebi uma carta de Fei me anunciando que ia a Paris e propondo fazer uma conferência na MSH. Enviamos a ele um convite formal. Dias depois, o conselheiro cultural da embaixada da China nos visitou, munido de uma trena, para examinar a sala onde haveria a conferência, medir a distância que a separava do elevador, dar uma olhada no *vis-à-vis* das janelas e nos avisar que devíamos fornecer à embaixada, dois meses antes da data da conferência, uma lista nominal dos convidados. Soubemos nessa ocasião que Fei ia à França como membro de uma importante delegação governamental convidada pelo presidente Mitterrand. A chegada de nosso hóspede a Paris foi precedida pelo envio de uma caixa com várias centenas de exemplares do texto de sua conferência, no original chinês e na tradução francesa. Fei falaria em chinês e uma intérprete leria a tradução francesa.

Felizmente, Fei, Heller e eu ficamos na mesma mesa durante o jantar oferecido pelo embaixador chinês ao presidente francês. Heller não teve muita dificuldade em convencer Fei a transformar essa encenação sem o menor interesse numa sessão de perguntas e respostas em inglês, língua que esse ex-estudante de Bronislaw Malinowski na London School of Economics dominava perfeitamente. No dia seguinte, para desespero dos representantes da embaixada chinesa, Fei, com uma franqueza surpreendente, respondeu durante duas horas às perguntas feitas, entre outros, pelos dissidentes chineses refugiados em Paris. Sem dúvida, ele estimara que podia se permitir essa liberdade, protegido por sua fama, seus cargos, sua idade avançada e seu passado. Na época do Grande Salto à frente, Fei fora mandado para uma comuna, e sua reeducação se prolongou por vários anos, antes que fosse reabilitado e coberto de honrarias. Seja como for, depois dessa visita a Paris o contato se rompeu.

Mas voltemos a meus amigos indianos e às discussões estimulantes sobre a política científica e técnica, ocorridas no instituto dirigido por Rahman, grande historiador da ciência, amigo de Jean-Jacques Salomon no Conservatoire National des Arts et Métiers de Paris. Rahman me fez entender o estatuto do artesanato na Índia antiga: a busca espiritual da perfeição pelo artesão-artista sem medir o tempo necessário para a realização da obra, aceitando o anonimato e relegando a segundo plano qualquer consideração econômica.

Paralelamente, Ashok Parthasarathi, delegado governamental das novas energias, me fez seguir de perto o nascimento da indústria indiana de captores e lâmpadas solares a pilha, que garantem a iluminação de uma família por várias horas, pois a recarga das baterias se faz durante o dia numa oficina que serve ao conjunto dos moradores da aldeia.

Ainda nesse terreno, Amulya Reddy, professor de química no Instituto Indiano das Ciências, de Bangalore, criou o centro ASTRA, dedicado às aplicações das ciências e técnicas nas zonas rurais. Para isso, instalou-se com seus doutorandos numa aldeia. Quando precisavam fazer pesquisas mais sofisticadas no laboratório, pegavam o ônibus e iam a Bangalore.

De seu lado, M. S. Swaminatchan, pai da revolução verde na Índia e agrônomo mundialmente conhecido, criou a fundação que se tornou o núcleo da "revolução duplamente verde" (*ever-*

green revolution), combinando a busca de produtividade com o respeito ao meio ambiente, e zelando, ademais, para que as técnicas novas beneficiassem os pequenos agricultores, em suma, pondo em prática as ideias mestras do ecodesenvolvimento. O mesmo cientista está hoje à frente de um ambicioso programa que visa à criação em cada aldeia indiana — são mais de 600 mil — de um centro de inovação equipado de computadores. A originalidade do projeto está na ideia de que monitores especialmente formados auxiliarão os moradores das aldeias a se organizarem em grupos de ajuda mútua para aprenderem juntos a se servir da informática e melhor administrar suas produções e vendas.

Também tive ocasião de colaborar com os ambientalistas indianos. Anil Agarwal, fundador do Centro sobre a Ciência e o Meio Ambiente, de Nova Délhi, e da importante revista *Down to Earth*, foi para mim, como vários outros mundo afora, um interlocutor muito escutado. Trabalhamos juntos durante a preparação do fórum paralelo à Cúpula da Terra em 1992. Sem recorrer às verbas públicas ou às fundações internacionais, Anil conseguiu a façanha de produzir três relatórios-cidadãos sobre o estado do meio ambiente na Índia, inteiramente preparados e financiados pelos movimentos sociais. Seu sucesso foi imenso, e a política do governo foi infletida em função do diagnóstico e das recomendações que figuravam nessas publicações.

Penso que esse exemplo merece ser retomado pelos movimentos sociais e associações de defesa dos direitos humanos para produzir periodicamente um relatório-cidadão sobre os direitos humanos (e daí, sobre o desenvolvimento) no planeta de modo a nos libertarmos do monopólio da informação detido pelos governos e organizações internacionais interestatais.

Mudando de registro, tentei pôr em contato o ecologista Gadgil e o historiador Guha, autores de uma apaixonante história ecológica da Índia, com seus colegas brasileiros para escreverem uma história ecológica cruzada dos dois países. Organizamos dois seminários em Uberaba. Guardo em minha sala magníficos cartazes anunciando os encontros de Uberaba sobre a diversidade cultural e biológica. Num, o Taj Mahal se reflete na imagem de uma igreja barroca de Ouro Preto, o outro apresenta uma fantástica quimera, meio tigre de Bengala, meio onça.

Por Shekhar Singh, responsável pelas reservas de tigres na Índia e pelo ecodesenvolvimento das regiões adjacentes, fiquei sabendo dos problemas por vezes insólitos com que se deparam os administradores dessas reservas. Tal como certa tribo que acredita que a melhor maneira de ir para o céu é ser devorado por um felino. Como impedir os velhos de irem às reservas para se imolar? Tanto mais que no meio da reserva ergue-se um templo que, todo ano, atrai inúmeros peregrinos. O templo se ergue no lugar onde dois amigos foram surpreendidos por um imenso tigre. Um deles gritou ao outro: "Fuja, eu me sacrifico". Ao que o amigo respondeu: "Não, fuja você, eu me imolo". Tocado por tanta generosidade, o tigre deixou-os fugir. O interesse da história cruzada é que a mesma lenda existe no Brasil, mas com uma mensagem muito diferente. Um dos amigos vê uma onça e diz ao outro: "Espere-me aqui um instante", e depois dá no pé. O outro, prestes a ser devorado, lhe grita: "Você é amigo da onça". Essa expressão entrou na linguagem corrente no Brasil.

Shekhar Singh propôs um enfoque inovador da gestão das bacias fluviais. Os volumes de água necessários à manutenção do ecossistema e ao abastecimento em água potável das populações ribeirinhas são subtraídos ao controle do mercado. O que sobra é vendido aos agricultores e às indústrias. Desse modo, a antinomia entre a lógica das necessidades sociais e a lógica mercantil é superada, dando lugar a um modelo híbrido.

Esse modelo foi proposto para a bacia do Ganges, o que mostra a importância do que estava em jogo. Por ora, nada é definitivo, tanto mais que os movimentos ecológicos na Índia são contrários aos projetos governamentais de construção de grandes barragens. O clima não é propício ao exame sereno das opções em matéria de gestão das bacias.

Meus esforços para fazer-me de *go between* entre a Índia e o Brasil encontraram eco junto às autoridades dos dois países? Se eu devesse me ater às palavras, poderia acreditar. Ainda bem recentemente, durante sua passagem por Paris, o primeiro-ministro indiano me encorajou a persistir. Mas lido com duas burocracias pesadas e nossos meios de ação são limitados. Aliás, pouquíssimos indianos têm um verdadeiro conhecimento do Brasil, e a recíproca é verdadeira. Mas sou obstinado. Não desisto. Continuo a tentar. Neste momento, procuro promover um diálogo sobre a agroenergia, campo em que os dois países têm um belo papel a desempenhar.

18. O fio de Ariadne

Embora eu sempre prefira olhar para a frente, trabalhar neste livro me obrigou a dar uma olhada no retrovisor. Foi um exercício perigoso, pois meu retrovisor-memória possui as propriedades mágicas de um caleidoscópio. Afago-o e ele compõe belas imagens que dão prazer e boa consciência. Não sei se permaneço prisioneiro de meu brinquedo, mas ainda assim tenho a sensação de ter cumprido um caminho marcado a um só tempo pela unidade de propósito e por uma progressão:

1) a desconstrução e a reconstrução do megaconceito do desenvolvimento, mil vezes repetidas, a verificação de sua utilidade como instrumento de análise histórica feita através do estudo comparado das trajetórias dos diversos países e dos episódios situados em épocas diferentes. Paul Veyne tem razão em dizer que tudo se compara com tudo, desde que se tomem as precauções necessárias;

2) e também seu emprego como instrumento da planejamento para enfrentar a elaboração das estratégias e das políticas nacionais que aspiram ao progresso social;

3) enfim, e é aqui que intervém a progressão, a incorporação, nas reconstruções sucessivas, de elementos novos, o enriquecimento da ideia do desenvolvimento de modo que permita questionar melhor a realidade plural e móvel.

Pois o desenvolvimento é um conceito processual que habita o tempo e atua sobre espaços diversificados. Somos remetidos à história e à prospectiva, e depois ao planejamento, no que se refere aos tempos do desenvolvimento, e à geografia e à ecologia, incluindo-se a ecologia cultural, no que se refere aos espaços do desenvolvimento.

As ciências sociais têm essencialmente um valor heurístico. Ajudam a fazer as perguntas certas, cuja pertinência e articulação não são nada evidentes e que não viriam ao espírito de um observador pouco experiente. Mas as respostas a essas perguntas só podem vir da práxis.

Desconfio das ciências sociais instrumentalizadas tendo em vista as experiências históricas, das quais fui testemunha, e os estragos produzidos pelo dogmatismo de todas as cores, do marxismo à teologia do mercado, sobretudo quando postos a serviço de governos autoritários. No entanto, penso que elas têm muito a oferecer para a formulação das normas. O desenvolvimento é um conceito por excelência normativo, que incorpora um conjunto de valores explícitos — uma axiologia.

Estamos aqui na encruzilhada do econômico, do social, do político e do ético, um campo caro a Amartya Sen. O desenvolvimento como conceito normativo exerce uma dupla função: a de instrumento de avaliação das trajetórias históricas seguidas pelos diferentes países e a de quadro para elaborar os projetos que, no futuro, devem inflectir essas trajetórias.

Empreguei a palavra "megaconceito". Por sua multidimensionalidade, a ideia de desenvolvimento permite articular os diferentes campos de conhecimentos de que ela depende visando a uma ação finalizada e voluntarista. Portanto, é um metaconceito organizador da complexidade, um metaconceito relativo à transdisciplinaridade. Dito isso, por sua indeterminação e inflexão voluntarista, o desenvolvimento de que se ocupam as ciências sociais tem pouco a ver com o desenvolvimento dos biólogos. O empréstimo do vocábulo não foi feliz. A torre de Babel está no auge quando os representantes das diferentes disciplinas, sentados em volta de uma mesa, empregam os mesmos vocábulos para designar significados muito diferentes. Como a prática do desenvolvimento remete tanto à pluridisciplinaridade quanto ao comparatismo, sofri muito durante os múltiplos colóquios sobre a pluridisciplinaridade, organizados pela Unesco, que caíram na armadilha da justaposição de discursos monodisciplinares, hermeticamente fechados uns aos outros, embora lhes aconteça ter um vocabulário comum.

Sempre defendi a pluridisciplinaridade e o comparatismo. Nunca aceitei que o desenvolvimento seja considerado como dependendo unicamente dos saberes econômicos, e apresento-me como socioeconomista ou ecossocioeconomista. Alguns de meus estudantes pagaram um preço alto, infelizmente, por esse *parti pris* epistemológico, quando se viram diante de comissões monodisciplinares de contratação no CNRS ou em nossas universidades.

Mas ainda é preciso esclarecer como se articulam os diferentes saberes entre si. Como economista, devo incorporar ao meu raciocínio parâmetros de comportamento dos sujeitos econômicos que a economia não é capaz de estudar, mas que são outras tantas variáveis para o sociólogo, o psicólogo, o etnólogo. Aliás, a pluridisciplinaridade não se decreta. Impõe-se por si mesma quando os problemas são corretamente apresentados em sua complexidade, em vez de serem fatiados em rodelas disciplinares segundo as melhores partições do século XIX. Por ocasião da redação do relatório da Unesco sobre as principais tendências nas ciências sociais, travamos um debate apaixonante sobre a necessidade de organizar a pesquisa a partir dos problemas e não das disciplinas. Infelizmente, quarenta anos depois ainda não chegamos lá, pelo menos na França.

PLANEJAMENTO E DESENVOLVIMENTO

Mantenho a convicção de que o desenvolvimento e o planejamento são estreitamente ligados. Logo depois da Segunda Guerra Mundial, repito, havia um acordo tácito, quase universal, sobre a pregnância de três ideias-força para exorcizar a memória da grande crise e do Holocausto que foi sua consequência, para impedir definitivamente sua volta: o pleno emprego, o Estado protetor e o planejamento. Quando Von Hayek escreveu em Londres, em 1944, seu libelo contra o planejamento (*The Road to Serfdom*), era ele o dissidente. Todos os outros planejavam! O capitalismo reformado que surgiu no Ocidente e o socialismo real no bloco comunista partilhavam essas três ideias; as divergências profundas se referiam ao modo de promover sua execução.

Eu começava meus estudos de economia no Rio de Janeiro em 1947, já trabalhando no serviço cultural da legação da Polônia. O planejamento me apareceu naturalmente como a parte nobre da disciplina em que me iniciava. Precisarei de bons quinze anos para compreender que o planejamento não era uma província da economia, que a economia era um dos saberes que o planejador devia usar, e que o planejamento era por natureza pluridimensional — como o desenvolvimento — e, de fato, pluridisciplinar. Enquanto isso, saí fervorosamente em busca de manuais de planejamento, pois na faculdade não encontrava. Quem, no Rio dessa época, pensava em ensinar o planejamento? Foi uma felicidade quando caí nos livros de Charles Bettelheim. Ele foi meu primeiro *maître à penser*, antes que eu tomasse contato epistolar com Oscar Lange, reitor da Escola de Planejamento e Estatística de Varsóvia. Meu interesse pelo planejamento nunca fraquejou desde então.

A implosão da União Soviética marcou o fim de certo planejamento centralizado, autoritário e ineficaz. A este, não tenho dificuldade em dizer adeus. O planejamento soviético era baseado no falso princípio de que é possível exorcizar todas as incertezas cinco, dez ou quinze anos antes, por meio da minuciosa alocação do conjunto de recursos materiais e humanos de um país, atribuindo força de lei a esse gigantesco jogo de um exército de peritos-contadores incapazes de avaliar a veracidade dos dados de base e, por vezes, tendo como único instrumento o ábaco. Nesse planejamento não havia lugar para os imprevistos de toda ordem: políticos, econômicos, e mesmo catástrofes naturais. Além disso, a função mais importante do planejamento — a escolha dos objetivos — era reservada às instâncias políticas. Os planejadores soviéticos eram, no máximo, contadores nacionais.

Na Polônia, esse modelo de planejamento foi publicamente desprezado depois do *aggiornamento* de 1956 e denunciado da mesma maneira que a "economia lunar" que lhe servia de base. Trabalhos muito sérios e dignos de nota foram feitos para modificar de fio a pavio a metodologia do planejamento. Kalecki era seu principal inspirador. Mas as inércias políticas — deve-se falar de inércia ou de ativismo dos conservadores? — impediram que instrumentos de análise muito finos fossem corretamente aplicados, que o debate da sociedade a respeito dos objetivos acontecesse de modo democrático, que as funções de planejamento, de avaliação dos projetos e de sua execução dependessem de instâncias administrativas independentes e se passassem de forma transparente — como a *glasnost* que Gorbatchev se esforçou inutilmente em instituir —, com uma imprensa pluralista que garantisse o necessário *feedback* vindo da sociedade. Acabamos por compreender que, para ter sucesso, o planejamento devia andar junto com a democracia. A conta não batia.

Chegando a Paris, tive ocasião, como já contei, de entrar em contato com os planejadores de empresas americanas. O intercâmbio que tivemos me fortaleceu na minha convicção de que fora do planejamento não havia salvação. Se todas as grandes empresas planejam, como imaginar um Estado privando-se de planejamento? Aliás, aprendi que o planejamento devia ser estratégico, e não exaustivo, devia ser contínuo e flexível, capaz de ajustar paulatinamente seus objetivos, tomando, a cada vez, o mínimo de decisões necessárias para se manter na trajetória desejada. Disso resultava que o planejamento devia ser um diálogo e uma negociação em que intervinham todos os atores do processo do desenvolvimento. A experiência mais conclusiva do planejamento francês, antes que fosse desmontada, consistiu em promover o diálogo social com vistas a definir as grandes orientações da política.

Em suma, minha visão do planejamento definiu-se por oposição à versão soviética. Mas considero absurdo pensar que o planejamento morreu por causa do que lhe aconteceu no ex-império soviético. Mais que nunca precisamos de um planejamento renovado. A ironia da história é que os computadores de que hoje dispomos permitiriam levar a cabo — sem que isso seja, porém, necessário — a contabilidade minuciosa dos recursos físicos e humanos que os planejadores soviéticos empreenderam com a ajuda de ábacos. Persisto e assino embaixo: o planejamento é indispensável para a concretização eficaz do desenvolvimento. O conceito de desenvolvimento foi, ultimamente, muito criticado e vilipendiado. Trata-se, a meu ver, de um mal-entendido e de uma moda intelectual passageira que consiste em colar o prefixo "pós" em todos os conceitos: pós-modernismo, pós-desenvolvimento e assim por diante. As críticas não se dirigem à ideia, mas ao mau uso dela. E são de duas ordens.

De um lado, critica-se a ideologia do desenvolvimento — note-se o deslocamento da ideia à ideologia — por ser um instrumento banal nas mãos das antigas e novas potências coloniais, uma cilada armada aos países emergentes, prometendo ajudá-los a decolar rumo a um futuro radioso a fim de mantê-los mais ainda subordinados. Evoca-se como apoio a doutrina de Truman. É não entender nada da fantástica reviravolta ocorrida na geopolítica mundial entre 1945 e 1960, da aceleração sem precedente da história, observada pelo historiador britânico Geoffrey Barraclough, e cujas balizas foram a independência da Índia em 1947, a vitória da Revolução Chinesa em 1949, a conferência de solidariedade afro-asiática em Bandung, em 1955, a expansão do movimento dos países não alinhados, a descolonização da África, a revolução cubana às portas dos Estados Unidos. Foi essa vaga de fundo que impôs a problemática do desenvolvimento — um avatar da velha aspiração ao progresso social — às chancelarias do mundo todo e à ONU. Evidentemente, assiste-se em seguida a toda espécie de cooptações, desvios e manipulações da ideia de desenvolvimento, a ponto de esvaziá-la de sentido, de torná-la uma dessas palavras ocas que certos políticos apreciam. Mas não é razão para jogá-la fora.

Voltemos ao segundo processo feito contra a ideia de desenvolvimento. Como lamentavelmente quase todos os políticos que se diziam a favor do desenvolvimento fracassaram, devemos de uma vez por todas concluir pela inanidade do desenvolvimento e instalarmo-nos no "pós-desenvolvimento". Frente a essa corrente de pensamento, formularei três objeções.

Primeiro, o balanço das políticas implantadas nos países emergentes é mais matizado do que pretendem seus críticos mais ferozes, embora o desencanto provocado pelas múltiplas formas de mau desenvolvimento constitua a dominante. Mas não é essa a principal questão.

Não vejo como a avaliação crítica das trajetórias percorridas pelos diferentes países pode dispensar o uso do conceito de desenvolvimento e de seu oposto — o mau desenvolvimento — como instrumentos de avaliação, padrões normativos. Sem esses padrões, não é possível fazer julgamentos de valor.

Uma tipologia simples das formas de crescimento econômico constitui uma boa primeira abordagem. Durante os chamados Trinta Gloriosos, os trinta anos de prosperidade que vão de 1945 a 1975, nosso crescimento foi rápido e socialmente positivo. Mas foi marcado por uma forte degradação do meio ambiente. Um país como o Brasil conheceu um longo período de crescimento muito rápido, acompanhado de modernização; foi, no entanto, socialmente perverso e, de quebra, pago pesadamente com a degradação do meio. Posso imaginar um crescimento sustentado e respeitoso do meio ambiente mas catastrófico no plano social, por ser incapaz de criar um número suficiente de oportunidades de trabalho decente. Nenhuma dessas modalidades de crescimento deveria ser confundida com o desenvolvimento. Todas elas pertencem às diferentes formas de mau desenvolvimento, devendo o termo desenvolvimento ser reservado às soluções triplamente vencedoras — um crescimento econômico sustentado, socialmente inclusivo e em harmonia com o meio ambiente.

Por que eu deveria me privar desses instrumentos de análise apresentados aqui de modo sumário?

Minha terceira objeção se refere ao fraco conteúdo do "pós-desenvolvimento", uma casca vazia ou um sinônimo de "decrescimento material", que retoma por conta própria o discurso ecologista puro e duro, incapaz de influenciar as realidades sociais e se refugiando numa temporalidade que nos leva a crer que, até lá, estaremos todos mortos há tempos. Nosso problema é o que podemos fazer *hic et nunc* em favor do social sem hipotecar demais o futuro. Para nos guiar, temos a ideia de desenvolvimento. Suas finalidades são sociais e éticas, mas ela integra as condicionalidades ecológicas e busca a viabilidade econômica como meio para que as coisas se façam. Não podemos nos furtar à pergunta feita por Christian Comeliau: "Que crescimento para qual desenvolvimento?".

Continuo a pensar que o desenvolvimento será uma ideia-força no século XXI, como foi, com pífios resultados, no século passado. Cabe-nos tirar todas as conclusões dos fracassos sofridos e redefinir em função dessa análise os objetivos a perseguir. O ano de 2005 aparece como um ano-ruptura, da mesma maneira que 1945 — fim da Segunda Guerra Mundial — e 1970 — tomada de consciência ecológica. Acabamos de nos dar conta de que a transição para o pós-petróleo começou. É uma inflexão capital. É de esperar que conseguiremos avançar na direção das civilizações modernas do vegetal, funcionando com a energia solar captada pela fotossíntese.

Campos de futuro se delineiam. Eles me apaixonam mais ainda na medida em que eram as barricadas de ontem. Vejo-me mergulhando de novo na problemática em que me iniciei: o desenvolvimento rural dos países do Sul. Não foi por acaso que a FAO convocou em março de 2006 uma conferência internacional sobre as reformas agrárias e o desenvolvimento rural — a primeira em 27 anos.

TIRAR PARTIDO DOS FRACASSOS

Antes de abordar os campos de futuro, gostaria de me deter um instante nos projetos que não consegui levar adiante e que lamento particularmente. A análise das razões de um fracasso costuma ser muito instrutiva. Não vou me entregar a esse exercício de autoflagelação narcisista que consistiria em enumerar todos os meus fracassos. Vou me limitar a evocar os que me são mais caros, por causa de suas implicações metodológicas.

A começar pelo projeto concebido com meu mestre Kalecki de estudar as técnicas engenhosas e muito simples aplicadas pelo exército dos vietcongues, em sua luta pela libertação do Vietnã, no transporte e na produção rural. Nossa ideia era que condições extremas levassem a soluções que, em tempos normais, não viriam ao espírito. Tratava-se de identificar quais dessas técnicas podiam encontrar uma aplicação em tempos de paz. Nosso raciocínio era bastante próximo daquele de F. Schumacher, o apóstolo das técnicas intermediárias. Kalecki e Schumacher tinham trabalhado juntos durante a guerra no Instituto de Estatísticas, em Oxford. O Estado-maior polonês cortou pela raíz nossas veleidades.

Trinta anos depois retomei a ideia de utilizar o estudo de casos-limite como fonte das soluções aplicáveis em maior escala no projeto da Unesco sobre as colaborações Sul-Sul a respeito da valorização dos recursos renováveis do trópico úmido. Formamos uma rede de reservas de biosfera dentro da qual as atividades econômicas seriam submetidas a um condicionamento rigoroso no plano ecológico. As reservas podem servir, assim, de laboratório para elaborar e testar práticas florestais e agrícolas aplicáveis *a fortiori* nos espaços que não apresentam as mesmas limitações ambientais. Mais genericamente, o estudo dos casos extremos permite balizar o campo do possível e escapar à tirania das médias que apagam a diversidade, as diferenças que contam. A diversidade é uma palavra-chave no estudo dos caminhos plurais do desenvolvimento.

Lamento não ter sabido convencer a Unesco a empreender a redação de uma história ecológica da humanidade baseada na exploração da matriz ecossistemas-culturas.

Nas células colocam-se os diferentes elementos de cultura material: alimentos, energia, hábitat etc. Nas linhas correspondentes a cada ecossistema são escritas as respostas dadas à satisfação dessas necessidades elementares pelas diferentes culturas — por exemplo, os povos da floresta tropical úmida na Amazônia, na África e na Ásia. O ecossistema encontra-se, por assim dizer, fora do parêntese, e então se obtém uma visão geral da diversidade cultural. Mas se em vez de ler as linhas lermos as colunas, obteremos a imagem da adaptabilidade de uma cultura aos diversos ecossistemas, por exemplo, os árabes da costa do oceano Atlântico, passando pelos desertos e as regiões semiáridas até o trópico úmido na Ásia.

Continuo convencido de que uma obra dessas é factível a partir da massa de dados acumulados por historiadores, geógrafos, antropólogos e viajantes. Ora, ela poderia prestar um grande serviço pedagógico ilustrando o entrelaçamento entre a diversidade biológica e a diversidade cultural, entre a história natural e a história de nossa espécie, de que é tecido o nosso passado e no qual se inscreverá nosso futuro. Os ecologistas falam de coevolução. É, penso eu, um bom conceito.

Sempre mantive a preocupação com o comparatismo. O pesquisador de ciências sociais deve atenuar assim a ausência de experiências em escala natural e em laboratório, exercitando-se em comparações que constituem viagens através do espaço, através do tempo ou através dos dois. As comparações mais ousadas são permitidas enquanto subscrevermos ao adágio "comparação não é razão" e tomarmos o cuidado de construir a comparação de modo transparente, indicando seus objetivos e suas limitações.

Outro campo de pesquisas comparativas em que não consegui avançar o suficiente foi colocar em perspectiva as trajetórias seguidas pelas quatro "baleias", países-continentes designados também pela sigla BRIC — Brasil, Rússia, Índia, China. A forte ascensão deles tem muito a ver com seu tamanho, que lhes permite adotar estratégias que nenhum pequeno país seria capaz de empreender. Um termo de comparação obrigatório são os Estados Unidos. A bem da verdade, as baleias pertencem a duas subespécies: o Brasil e a Rússia dispõem de uma fronteira agrícola ainda amplamente aberta. Este não é o caso da China nem da Índia. Várias vezes tentei montar na MSH, na Unesco e no Brasil projetos comparativos sobre as "baleias". Com Christian Comeliau, organizamos um pequeno livro comparando a Índia e o Brasil. Tenho a sensação de ter ficado no meio do vau. Mas esses projetos fracassados ainda podem voltar à tona; não perco as esperanças; no entanto, o tempo começa a me faltar.

19. Barricadas de ontem, campos de futuro

Mais uma vez o acaso jogou a meu favor. Em 2004, fui convidado a participar da décima primeira UNCTAD, em São Paulo. Por duas razões: tanto como um dinossauro que participara da preparação da primeira UNCTAD em Genebra, quarenta anos antes, quanto como autor de um estudo recente, patrocinado pelo secretariado da UNCTAD, sobre os países menos desenvolvidos, e intitulado "Da armadilha da pobreza ao desenvolvimento includente".

Os organizadores da conferência de São Paulo me pediram para apresentar as grandes linhas desse estudo numa mesa-redonda de ministros encarregados do desenvolvimento. Em minha exposição insisti nas perspectivas de um novo ciclo de desenvolvimento rural nos países tropicais, bem colocados para construir — assim como outros povos construíram as grandes civilizações antigas do vegetal — civilizações modernas do vegetal, movidas a energia solar captada pela fotossíntese, e situadas num nível muito superior da espiral do conhecimento.

A exploração do trinômio biodiversidade-biomassa-biotecnologia promete futuros radiosos, pois as biotecnologias intervêm nas duas extremidades do processo de produção, tanto para aumentar os rendimentos de biomassa como para alargar o leque dos produtos derivados — alimentos para homens e animais, adubos verdes, bioenergias, materiais de construção, matérias-primas industriais, insumos para a química verde, a farmacopeia, os cosméticos. Nessa ótica, os países tropicais se beneficiam de uma dupla vantagem comparativa, por sua grande biodiversidade e pelos climas propícios à produção de biomassa, ali onde as restrições hídricas não criam obstáculo.

O importante é avançar nessa via sem esquecer que esses países devem acima de tudo remediar a crise social, ao déficit agudo de oportunidades de trabalho decente. Os pobres são pobres demais para poder se dar ao luxo de não trabalhar. É por isso que o desemprego aberto é menos difundido que o subemprego, o trabalho precário e as atividades informais de todo tipo, que no máximo asseguram a sobrevivência, mas não o desenvolvimento.

O desenvolvimento rural socialmente includente e em harmonia com o meio ambiente exige soluções intensivas em conhecimentos e mão de obra, econômicas em capital e recursos naturais. Devem apelar para a "revolução duplamente verde", garantindo rendimentos elevados por hectare, respeitando as limitações ecológicas e dirigindo-se aos camponeses tropicais que René Dumont chamava "a maioria silenciosa do mundo rural", a mais importante categoria social do planeta, representando quase a metade da humanidade.

Minha exposição chegou no bom momento. Em 2004, a alta do preço do petróleo já começava a inquietar porque tínhamos percebido que estava ligada ao esgotamento das reservas — de uns tempos para cá as jazidas recém-descobertas são inferiores ao volume da produção de petróleo. Geólogos competentes anunciam que o pico de produção do petróleo é iminente e, portanto, que o fim da era petrolífera começou. Embora ela deva se prolongar por vários decênios, é de esperar que as cotações do petróleo se orientem estruturalmente para a alta, sem falar dos acasos da geopolítica do petróleo — quão incertos e perigosos! Em outras palavras, soou a hora dos biocombustíveis. Tanto mais que o etanol usado como aditivo ou substitutivo da gasolina torna-se competitivo em relação ao petróleo quando este é vendido a 35 dólares o barril, e o biodiesel se torna competitivo a partir de 60 dólares o barril, limite transposto em 2005.

À saída da mesa-redonda de São Paulo, fui contactado por uma funcionária da Fundação das Nações Unidas, que me abriu portas às quais eu normalmente não tinha acesso. O ano de 2005 me permitiu avançar no lançamento de várias operações em torno do tema "da era do petróleo a uma nova civilização verde". Seis meses de petróleo caro realizaram o que trinta anos de discursos ambientalistas não conseguiram.

VIVA A CRISE!

Acabo de terminar outro estudo para a UNCTAD sobre as consequências do alto preço do petróleo para os países menos desenvolvidos.

A julgar pelo passado, o maná dos lucros extraordinários trazidos pela disparada dos preços do petróleo mergulhará os países produtores no que os economistas chamam de "doença holandesa". Esse dinheiro não será empregado no financiamento do desenvolvimento, mas monopolizado e dilapidado pelas elites no poder. A valorização da moeda local e a abundância de divisas se traduzirão por importações crescentes que acabarão por destruir a produção local. Nove em dez vezes o dinheiro fácil do petróleo é um dinheiro maldito.

Quanto aos países importadores do petróleo, num primeiro tempo a situação deles beirará a catástrofe. Mas para alguma coisa a desgraça serve. É de se esperar que examinarão seriamente seu potencial de economias de energia e de substituição de combustíveis à base de petróleo por biocombustíveis, e que as organizações internacionais lhes concedam uma ajuda eficaz para isso. Como o Brasil é o país que acumulou o maior *savoir-faire* nesse campo — ao menos no que se refere ao etanol —, a cooperação técnica Sul-Sul será bem-vinda.

Em junho de 2005, fui convidado a lançar o debate sobre a opção dos biocombustíveis num seminário organizado em Paris pela Agência Internacional de Energia — uma emanação da OCDE — em cooperação com o governo brasileiro e a Fundação das Nações Unidas. Na mesma época, proferi uma conferência no Instituto de Estudos Avançados da USP, descrevendo as grandes linhas de um ambicioso projeto que contamos realizar, com a colaboração de vários organismos de pesquisa, durante os anos 2006-08 para avaliar as perspectivas da transição no Brasil da civilização do petróleo para aquela, nova, da biomassa. Continuo convencido de que esse país, mais que qualquer outro, tem perfeitas condições de conseguir fazer isso no espaço de três a quatro decênios. É uma Terra da Boa Esperança, como dizia Pierre Gourou, o grande geógrafo tropicalista de quem tomei emprestado o termo "civilização do vegetal".

Outro candidato, a julgar por um estudo recente de Amory Lovins, excelente especialista das questões de energia, são os Estados Unidos. Seu estudo, em parte financiado pelo Pentágono, parte da premissa de que em vez de gastar bilhões de dólares para manter as linhas de fornecimento em petróleo do Oriente Médio, mais valeria gastá-los num programa de substituição de importações americanas de petróleo. O consumo de combustíveis pode ser reduzido à metade ao se substituir a frota automotiva por uma nova geração de carros ultraleves. Um gigantesco programa de produção de biocombustíveis — em grande parte a partir de detritos vegetais transformados em etanol celulósico graças às tecnologias recém-criadas — se encarregaria de reduzir em um quarto as importações atuais, ao que se deve acrescentar também a racionalização do uso de gás natural.

Em escala mundial, os cálculos estão por ser feitos para saber até onde se poderá avançar na substituição de energias fósseis por produtos da agroenergia, e em que ritmo, sem pôr em perigo o objetivo de segurança alimentar e sem provocar o desmatamento maciço das florestas naturais.

É de esperar nos decênios futuros uma recomposição drástica do mapa agrícola do mundo, devido à má gestão dos recursos hídricos. A sobre-exploração dos aquíferos assegura hoje a prosperidade de certas regiões nos Estados Unidos, México, Paquistão e Índia, cuja produção agrícola corre o risco de desabar num prazo bastante próximo por falta de água. Um aquífero sobre-explorado é uma mina de água que se esgota, assim como uma jazida de petróleo. Os geólogos dão o alarme. Os lençóis freáticos baixam por toda parte.

Empenho-me em inspirar um estudo desses no Brasil e conto com duas novas pistas que acabam de se abrir para mim nas organizações internacionais.

De um lado, a UNCTAD acaba de lançar uma "iniciativa de biocombustíveis" e me confiou a presidência do grupo consultivo de especialistas que deve ajudá-la nessa empreitada. De outro, a conferência da FAO sobre as reformas agrárias e o desenvolvimento rural, reunida em março de 2006 em Porto Alegre, foi para mim a ocasião de me explicar mais uma vez sobre as perspectivas do desenvolvimento rural no século XXI, sobre o lugar que aí pode ocupar a agroenergia, e de tentar responder às objeções, por vezes violentas, que essas afirmações suscitam.

Tais contestações são de diversas ordens. Em primeiro lugar, muitos são os que ainda creem nas virtudes do mimetismo e pensam que os países do Terceiro Mundo poderão reproduzir a transição da economia rural, de predominância agrária, para a economia urbana, de predominância industrial, seguindo a trajetória que foi a nossa na Europa ocidental. Como se as condições não tivessem mudado. Milhões de camponeses europeus atravessaram o Atlântico, desde a metade do século XIX, para se estabelecer nas Américas. Quem hoje aceitará os fluxos decuplicados de refugiados dos campos asiáticos, africanos e até mesmo latino-americanos? Outros desapareceram nas duas guerras mundiais e nos *gulags*. É de esperar que não conheceremos um novo Holocausto. É verdade que foram muitos os camponeses que se instalaram nas cidades, cujas indústrias eram então fortemente criadoras de empregos, sobretudo depois do advento do fordismo. Mas essa época passou. A indústria *high-tech* praticamente não contrata, e sua expansão se faz através de ganhos de produtividade.

Que fazer, então, com a maioria silenciosa do mundo — os camponeses tropicais —, 2 a 3 bilhões de homens, mulheres e crianças?

As estatísticas indicam que atualmente cerca de metade da humanidade vive nas cidades e outra metade nos campos, ou seja, um pouco mais de 3 bilhões de cada lado. No próximo meio século a população mundial aumentará um pouco mais de 50%. Se a população rural tivesse de permanecer estacionária, sem absorver parte do crescimento demográfico, seria preciso, no espaço de cinquenta anos, dobrar a capacidade das cidades, aí receber 3 bilhões de novos moradores, encontrar-lhes um trabalho decente, moradias corretas e garantir as condições de exercício efetivo da cidadania. Sem isso, eles não serão urbanizados. Amontoá-los nas favelas e condená-los a consumir tesouros de engenhosidade para fabricar estratégias de sobrevivência? Não. Mais vale se render à evidência. Assim, encetar um novo ciclo de desenvolvimento rural parece um imperativo social.

Este se desdobra num imperativo ecológico. Os camponeses são capazes de fazer serviços ambientais essenciais, de ser os guardiães das paisagens e os gerentes dos recursos de que depende nossa existência — solos, águas, florestas e, por extensão, climas. Evidentemente, será preciso incitá-los e até remunerá-los por essas funções, começando por garantir aos camponeses, que dele são privados, o acesso à terra e aos recursos naturais necessários para viverem. Na falta disso, esses prisioneiros de estruturas fundiárias desiguais terão de se apropriar de modo predatório do mínimo de recursos indispensáveis para sua sobrevivência, ou de emigrar para as favelas.

Não basta dizer que o desenvolvimento rural é necessário. Ainda é preciso mostrar que ele é possível. Muitas vozes céticas se levantam diante do potencial da civilização moderna da biomassa. Elas permanecem prisioneiras de um conceito de modernidade muito centrado no urbano e nas áreas de alta tecnologia, que falam à imaginação muito mais que os progressos da biotecnologia aplicados à agricultura e à química verde: a conquista do espaço em um extremo, as nanotecnologias em outro, e, em matéria energética, a fusão nuclear e a construção de satélites capazes de captar a energia solar no espaço e retransmiti-la ao nosso planeta.

A modernidade dessas vozes são também as florestas de arranha-céus erigidos a preço exorbitante e à custa do desenvolvimento rural em Shangai e em várias metrópoles dos países emergentes, mediante proezas técnicas tão espetaculares como inúteis. Impõe-se o paralelo com aquelas torres que os nobres de San Gimignano, na Toscana, construíram na Idade Média com o único objetivo de mostrar que podiam se permitir essa despesa perfeitamente inútil e se oferecerem uma torre mais alta que as vizinhas. Com que então o *potlatch** não é apanágio de certos povos primitivos, e *La Part maudite*, de Georges Bataille, deveria se tornar leitura obrigatória no colégio.

Não se trata de jeito nenhum de fazer da civilização vegetal uma panaceia, nem um tema exclusivo de pesquisa, e tampouco negar as funções civilizatórias das cidades ou iniciar um refluxo das populações urbanas para os campos. Trata-se de desacelerar o êxodo rural e, ao mesmo tempo, humanizar os campos, procurar novos equilíbrios demográficos, sociais, ecológicos e culturais entre os diferentes pontos do *continuum* cidade-campo. Para isso, é preciso avaliar melhor o potencial e os limites das novas civilizações do vegetal e, portanto, refletir sobre as orientações da pesquisa. É preciso se atrelar a essa nova tarefa, que exigirá muitos esforços e tempo, mais do que lutar a golpes de preconceitos. No estágio em que estamos, limito-me a formular a hipótese de que uma outra modernidade de forte componente rural, baseada em boa parte no uso da energia solar captada pela fotossíntese, é possível e desejável, pois responde a imperativos tanto sociais como socioambientais.

Em última instância, devemos avaliar até onde as áreas cultiváveis de nosso planeta e os recursos hídricos disponíveis permitem a produção das diferentes biomassas sem pôr em perigo o postulado da segurança alimentar. Uma restrição adicional é

---

* Dádiva de caráter sagrado, praticada por tribos indígenas das Américas, em que o homenageado entrega todos os seus bens, o que constitui um desafio para os beneficiados, que deverão fazer uma dádiva equivalente quando chegar o momento de seu *potlatch*. (N. T.)

manter de pé, e mesmo expandir, as florestas existentes, cujo papel regulador sobre o clima nós conhecemos. Nesse contexto, as florestas plantadas para uso econômico, inclusive energético, estão fadadas a um belo futuro. E não só nos países tropicais, como mostra o exemplo da Suécia.

Tal avaliação é possível mas jamais será exata e sempre dependerá das hipóteses levantadas a respeito dos progressos científicos e técnicos. Atualmente, os pesquisadores que trabalham sobre a "pegada ecológica" de nossa civilização dão o alarme. A parte da produção primária líquida de biomassas que a humanidade consome ou destrói todo ano se elevaria, segundo certos autores, a 40%, e até 50% do total disponível. Beiramos perigosamente os limites últimos: só poderemos contar com uma única duplicação do consumo (e/ou de destruição), ao passo que durante o próximo meio século a população mundial aumentará 50%!

Não partilho desse catastrofismo. Além das imprecisões, o cálculo não leva suficientemente em conta as possibilidades de se intensificar a produção das biomassas e, sobretudo, de reduzir as destruições e os desperdícios.

O que me constrange em certas estimativas tidas como fiáveis é a amplidão das faixas dentro das quais se situam as médias, isto é, os números que todos citam. Tomemos um exemplo. Segundo uma estimativa publicada em 2001 pela *Science*, a mais prestigiosa revista científica ao lado de *Nature*, os humanos se apropriam de 10% a 55% dos produtos de fotossíntese terrestre. A hipótese alta é presságio de uma catástrofe iminente, a hipótese baixa incita à despreocupação. Proponho dar uma olhada diferente nessas faixas. Elas mostram que o futuro ainda está em nossas mãos, ao alcance de nossas decisões e ações. Em vez de fazer conjecturas sobre a vingança de Gaia, essa terra deusa viva dotada de poder de autorregulação, segundo James Lovelock e os ecologistas "profundos", devemos nos aprumar. De passageiros trapalhões e atrapalhados da nave espacial Terra, devemos passar a passageiros que aprendem a dirigi-la como verdadeiros "geonautas", conforme sugere Eric Orsenna. Ainda é tempo de inventar um futuro que não desemboque numa catástrofe.

Húbris? Delírio prometeico? Antes uma preferência pelo voluntarismo responsável sem cair no malthusianismo aberrante que faz Lovelock dizer que a população do planeta deveria se estabilizar em meio bilhão de humanos, felizmente sem sugerir os métodos para se conseguir isso.

Faixas ainda mais amplas circulam a respeito das superfícies de solos aráveis disponíveis para as culturas não alimentares. Seja como for, está no auge a controvérsia sobre os limites e as perspectivas da agroenergia, contestada e até mesmo combatida por certos ecologistas. Eles imaginam que a agroenergia privará o agroalimentar de superfícies indispensáveis à segurança alimentar, e de quebra provocará o corte rente ou, pior, o incêndio das florestas nativas. Aliás, elas já sofrem por causa da retirada predatória de lenha e da produção selvagem de carvão vegetal. Esse perigo existe, mas em vários países a agroenergia pode aspirar a um belo futuro contribuindo, além disso, para o desenvolvimento rural virtuoso, isto é, criador de inúmeras oportunidades de trabalho decente.

Os agrônomos se habituaram a pensar por produtos e categorias. Em suas estimativas de necessidades em solos aráveis, raciocinam por justaposição das culturas, subestimando as sinergias entre diferentes cultivos e criações dentro de sistemas integrados de produção de alimentos e de energia. Talvez não seja uma revolução copernicana, mas continuo convencido de que é por aí que se deve começar: propor sistemas integrados adaptados aos diferentes biomas. Partir de uma região rural e aí inscrever um sistema que imita os ecossistemas naturais, articulando entre eles os diferentes módulos de produção, com os resíduos de um modelo se tornando os insumos do módulo seguinte. O programa sobre o elo alimentos-energia (*food-energy nexus*), cuja direção assumi na UNU, esforçou-se para evidenciar tais sinergias e popularizar, no caminho, o conceito de sistemas integrados, a exemplo do sistema milenar de lagoas e diques na China meridional, tantas vezes descrito: quatro espécies de carpas na lagoa, cada uma ocupando um nicho ecológico diferente, culturas de hortaliças nos diques, patos fertilizando com seu excremento a lagoa e comendo nos diques os insetos predadores das culturas de hortaliças, cujas folhas alimentam as carpas, e o limo do fundo do lago servindo de adubo para os cultivos...

As montanhas de tortas, subproduto da extração dos óleos destinados ao biodiesel e excelente alimento para o gado, deveriam permitir passar da criação extensiva a uma criação mais intensiva de bovinos, liberando assim milhões de hectares de pastos em países como o Brasil. Talvez o balanço seja até mesmo positivo: mais pastos liberados para a conversão em agricultura do que áreas requeridas para o biodiesel!

O futuro da agroenergia dependerá, porém, em grande parte de nossa capacidade de transformar em biocombustíveis as palhas, folhas e outros detritos agrícolas e florestais, em transformar os detritos em riquezas, como proclamava antigamente um *slogan* maoísta de consonância bem capitalista. Tudo leva a crer que estamos prestes a conseguir. Refiro-me ao etanol dito "celulósico", obtido pela hidrólise enzimática de enzimas encontradas nas entranhas dos cupins e no excremento dos elefantes. Com muita razão. Os elefantes e os cupins têm em comum um consumo elevado de celulose. A agroenergia tem diante de si um belo futuro se, a meu ver, três condições forem respeitadas.

Em primeiro lugar, é preciso avaliar direito as diversas opções sob o ângulo da eficácia energética. Enquanto o etanol de cana-de-açúcar tem uma eficácia que ultrapassa oito — isto é, uma unidade de energia fóssil produz oito unidades de bioenergia —, a eficácia do etanol produzido nos Estados Unidos a partir do milho não ultrapassa 1,4. Há que se perguntar se isso vale a pena.

Em segundo lugar, é preciso integrar a substituição das energias fósseis por bioenergias nas estratégias energéticas, cuja parte de longe mais importante e mais difícil de manejar é a redução da demanda de energia, obtida por uma mudança de estilos de desenvolvimento e de vida. A isso se somam as economias de energia resultantes da maior eficácia na produção, transmissão e no consumo final.

Em terceiro lugar, seria errôneo ver a agroenergia como *pars pro toto*. Quaisquer que sejam sua importância e sua atualidade, ela é apenas uma das partes da civilização moderna da biomassa. É preciso mirar mais alto, alargando o leque dos bioprodutos! No caminho, não se deve cair na armadilha da ideia de que o petróleo cada vez mais caro nos porá, unicamente pelo jogo das forças do mercado, no caminho real do desenvolvimento das civilizações modernas de biomassa. O mercado, como não me canso de dizer, é por natureza míope e insensível tanto ao social quanto ao ecológico.

REPENSAR O ESTADO DESENVOLVIMENTISTA

Isso nos leva ao papel do Estado e do planejamento. Neste início do século XXI, não podemos eludir a questão das funções e das formas do Estado, capaz de regular as economias mistas de forte componente de mercados e mantê-las no caminho do desenvolvimento socialmente inclusivo e benigno do ponto de vista ambiental.

Repensar o Estado desenvolvimentista implica uma análise aprofundada dos principais paradigmas que competiram ou se sucederam durante a segunda metade do século XX, antes de fracassarem, uns após outros: o socialismo real, o capitalismo reformado dos Trinta Gloriosos, a contrarreforma neoliberal, o crescimento socialmente perverso do "milagre brasileiro", a social-democracia europeia enredada, como já foi dito, no oxímoro "sim à economia de mercado, não à sociedade de mercado". Sem dúvida a experiência mais conclusiva foi a dos Estados desenvolvimentistas da Ásia.

O que eu faria, perdido nesses campos de futuro, sem meu fio de Ariadne?

Escrevi em 2004 um estudo sobre o desenvolvimento includente, a pedido da comissão de desenvolvimento social da OIT. Por muito tempo tentei resistir à moda que consiste em pregar no substantivo "desenvolvimento" um rosário cada vez mais extenso de adjetivos: econômico, social, político, cultural, sustentável, e agora (socialmente) includente. Eu preferiria usar o termo "desenvolvimento total". Mas não tenho costume de perder tempo com a semântica.

"Desenvolvimento includente" se opõe a outra noção que é corrente na América Latina, a de "desenvolvimento excludente e concentrador de riquezas". O núcleo central do desenvolvimento includente é o trabalho decente, tal como o define a OIT. O adjetivo pode parecer vago, mas mostra que não basta multiplicar oportunidades de trabalho, sem levar em conta as condições muitas vezes abomináveis em que ele se realiza e as relações humanas que enseja. Como gostava de salientar a famosa economista inglesa Joan Robinson, os pobres são pobres demais para se dar ao luxo de não trabalhar. É evidente que ali onde o desemprego ou o subemprego começam a castigar, as pessoas aceitam qualquer trabalho.

Há toda uma literatura completamente absurda que explica isso por um empreendorismo muito forte, atribuído a esta ou aquela etnia. Na maioria dos casos, trata-se decerto de empreendorismo, mas movido pelo desespero! O dinamismo e a inacreditável resiliência do setor informal repousam em estratégias de sobrevivência. Convém distinguir bem as estratégias de sobrevivência e as estratégias do desenvolvimento. Não porque não se deva ajudar as pessoas a sobreviver, mas porque o objetivo do desenvolvimento é bem mais ambicioso. Portanto, é preciso incluir na definição de seus objetivos critérios qualitativos, o que nos remete ao adjetivo "decente". Trabalho decente é um trabalho convenientemente remunerado, levando-se em conta o nível de desenvolvimento do país, que se faz em condições de salubridade também aceitáveis e dá lugar a relações humanas que respeitam a dignidade do trabalhador. Penso que a OIT está no caminho certo, apesar da opinião dos economistas "puros e duros" que acham esse conceito particularmente frouxo.

Assim, tentei desenvolver essa ideia e, ocasionalmente, voltei ao que me parece ser um dos pontos centrais da teoria do desenvolvimento, a saber, que não se pode reduzir o desenvolvimento apenas ao crescimento econômico. Devemos usar duas óticas simultâneas: de um lado, o enfoque pelo crescimento, que nos remete ao crescimento do PIB, à acumulação de capital, ao progresso técnico, à produtividade crescente do capital, e, de outro, o enfoque que utiliza como porta de entrada o emprego e o autoemprego, e observa em que medida o processo de desenvolvimento favorece a inserção social pelo trabalho decente de todos os que sentem a necessidade e o desejo de trabalhar. Essas duas óticas não são exclusivas uma da outra. Ao contrário, é indispensável articulá-las, combiná-las e conciliá-las graças ao planejamento flexível.

Tomemos o caso do Brasil, país do qual mais me ocupei ultimamente. Salta aos olhos que ele deve privilegiar em seus investimentos as indústrias de alto nível técnico, que favoreçam a modernização do aparelho produtivo e facilitem a inserção de sua economia na divisão internacional do trabalho. Mas esse núcleo modernizador, que vai mobilizar o essencial dos recursos financeiros, criará pouquíssimos empregos — falo de empregos diretos. Daí a necessidade de uma estratégia comportando três itens.

O primeiro é o desenvolvimento do núcleo modernizador, a que nos referimos. O segundo é o da rede de serviços sociais e sua universalização, já que é por meio desses serviços sociais que se age diretamente sobre o bem-estar da população, sobretudo das camadas mais pobres. Em vez de primeiro esperar enriquecer para depois reproduzir o Estado-providência tal como o conhecemos, é preciso, ao contrário, aproveitar a situação de baixo nível dos salários médios para desenvolver os serviços sociais, em especial os que são fortemente intensivos em pessoal. A esses dois itens acrescento um terceiro: aquele que visa a aproveitar as oportunidades de crescimento puxado pelo emprego nos setores que se prestam a isso.

Quais são esses setores? Onde estão as margens de liberdade? Estão sobretudo nos setores que produzem bens e serviços não submetidos à concorrência internacional, o que os economistas chamam de *non-tradables*: além dos serviços sociais já referidos, os serviços técnicos e dirigidos às pessoas, o comércio, as obras públicas e a construção civil. A construção de casas populares pode assumir, ao menos em parte, a forma de autoconstrução assistida, aproveitando as fortes tradições de mutirão que existem em diversos países do Sul. A ausência de concorrência internacional permite recorrer em todos esses campos a técnicas mais intensivas em mão de obra.

Mas no caso do Brasil, a maior jazida de empregos e autoempregos se encontra no campo, num novo ciclo de desenvolvimento rural. O Brasil possui a maior biodiversidade do mundo, uma floresta tropical, que infelizmente o país massacra, mas que ainda se estende por milhões e milhões de hectares na Amazônia, reservas de terras agrícolas ainda não exploradas e pastos extensivos que podem ser convertidos em cultivos. Os recursos em água são (por ora) abundantes, fora do Polígono das Secas no Nordeste, os climas são variados e favoráveis à produção de biomassas diversificadas. Acrescente-se a isso uma pesquisa agronômica e biológica de categoria internacional. Estão reunidas as condições para avançar na direção de uma civilização moderna da biomassa, socialmente includente e ecologicamente viável. Há como garantir a prosperidade de milhões de agricultores familiares, contanto que se complete a reforma agrária que vem se arrastando, que se criem também inúmeros empregos rurais não agrícolas e que não se favoreça, ali onde as opções são possíveis, a grande agricultura fortemente mecanizada em detrimento da agricultura familiar.

No que respeita o financiamento do crescimento puxado pelo emprego, temos de nos reportar a Keynes, Kalecki e aos defensores da teoria estruturalista da inflação. A despeito dos monetaristas, o crescimento pode ser em parte financiado pela flexibilização dos créditos e mesmo pelo déficit orçamentário, enquanto a economia nacional estiver sendo capaz de produzir "bens de salário" (alimentos, bebidas, roupas etc.) em quantidade suficiente para enxugar a demanda suplementar criada pela massa maior de salários. De fato, os operários empregados nas obras públicas e na construção vão no fim do mês gastar seu ordenado na compra de bens de consumo essenciais. Evidentemente, deve-se atentar para o endividamento exagerado, garantir que a oferta de bens seja realmente elástica em relação aos salários e programar as obras públicas de ciclo curto e de baixo conteúdo de importações (para não pesar na balança de pagamentos). Dito isso, as margens de manobra são muito maiores que as fixadas pelos monetaristas de obediência estrita. Nada impede o Brasil de acelerar o programa de construção de cisternas nas regiões semiáridas do Nordeste e lançar em grande escala programas de autoconstrução assistida de habitações populares com materiais de construção fáceis de encontrar localmente.

Também devemos iniciar uma reflexão sistemática sobre as melhores maneiras de articular as grandes empresas com as microempresas situadas ao longo de toda a cadeia produtiva. Frequentemente suas relações são conflitivas. Os camponeses e os microempresários se queixam de ser explorados pelos grandes clientes ou fornecedores. A ambição deve ser a de criar entre esses dois grupos de atores sinergias positivas com mais transparência e controle social nessa interface. Não é possível apostar nas microempresas deixando de lado o modo de sua inserção no tecido econômico dominado pelas grandes empresas. Isso deveria ser objeto de negociações entre os atores sociais e constituir um modo de, doravante, planejar o desenvolvimento. É nessa direção que tento trabalhar hoje no Brasil, na tripla perspectiva do desenvolvimento socialmente includente, ecologicamente viável e economicamente sustentado.

Meu estudo sobre o desenvolvimento includente ajudou, de certa maneira, na redação do relatório da comissão da OIT sobre os aspectos sociais da globalização. Aliás, foi publicado na *Revue Internationale du Travail*. Portanto, estou satisfeito, tanto mais que esse trabalho teve dois prolongamentos.

O secretário da UNCTAD me pediu para declinar o conceito de desenvolvimento includente em função dos desafios que enfrentam os países menos desenvolvidos. A UNCTAD prepara sistematicamente relatórios sobre esses países. Assim, redigi um documento intitulado "Da armadilha da pobreza ao desenvolvimento includente", centrado nos problemas dos países em que a economia não monetária e o setor de subsistência ainda ocupam um lugar importante. O estudo foi publicado na Índia, na prestigiosa revista *The Economic and Political Weekly*, e também no Brasil.

O segundo pedido veio do escritório da OIT no Brasil, que me encarregou de explorar o conceito em função dos problemas específicos do país. Esse terceiro estudo circulou amplamente no Brasil e foi publicado na revista do Instituto de Estudos Avançados da USP. Reuni os três textos em livro, que Celso Furtado me fez a amizade de prefaciar.

POR UMA CULTURA DO DESENVOLVIMENTO

Neste início de século, o impasse é profundo. Estamos sentados sobre as ruínas de quatro paradigmas.

Com a invasão da Tchecoslováquia em 1968 e o esmagamento de seu projeto de socialismo de rosto humano, o socialismo real começou sua agonia. A queda do muro de Berlim em 1989 anunciou seu enterro.

A descida aos infernos da Argentina marcou o fracasso do paradigma neoliberal conhecido pelo nome de Consenso de Washington.

Que dizer do crescimento econômico, mesmo forte, que se dá aprofundando as desigualdades sociais? Foi o caso do "milagre brasileiro" na época dos generais e é hoje o caso da China, à deriva rumo a um autoritarismo pós-socialista e, eu diria, protocapitalista. Penso que esse paradigma profundamente perverso em termos sociais, e por isso indesejável, acabará por implodir, vítima das tensões políticas que provoca e que o levarão a se afundar no autoritarismo e depois a interromper essa escalada.

Resta ainda o paradigma social-democrata, que entrou em crise ao renunciar a suas origens socialistas. A aceitação incondicional da economia de mercado é incompatível com a intenção exibida de recusa da sociedade de mercado. As políticas de assistência, por si só, não bastariam, tanto mais que os chefes de empresas evocam o imperativo da competitividade nos mercados globalizados para exigir a redução das cargas fiscais, o que diminui a margem de manobra do Estado em sua função redistributiva.

É sobre as ruínas desses paradigmas que teremos de construir projetos novos e plurais. Para debatê-los, precisamos de um conjunto de ideias que organize o quadro conceitual dessa discussão. Não digo que a teoria do desenvolvimento forneça respostas prontas, uma espécie de *prêt-à-penser*. Ao contrário, digo e repito: as ciências sociais, em particular no campo que aqui nos interessa, têm antes de tudo um papel heurístico. Servem para fazer as perguntas certas, para alimentar o debate de sociedade. As respostas, de seu lado, vêm da práxis política.

A partir daí, a cultura do desenvolvimento deveria se tornar um elemento do ensino, desde o colégio. Por esse termo entendo um conjunto de noções que facilitam a compreensão da história e preparam a reflexão sobre o futuro de nossas sociedades inscritas tanto na ecologia cultural como na ecologia natural. Celso Furtado tinha razão ao dizer que o desenvolvimento é um conceito cultural, na medida em que implica a invenção do futuro. Lamento que a citação de Jean-Paul Sartre, "o homem é um projeto", não figure mais no dicionário *Le Petit Robert*, pois se o homem é um projeto, a sociedade, com mais razão ainda, o é.

Lênin disse uma frase infeliz ao afirmar que, sob o comunismo, até mesmo as cozinheiras deveriam saber gerir o Estado. Não é verdade. A gestão do Estado, a gestão do desenvolvimento exige muito mais profissionalismo e, ao mesmo tempo, controle social sobre os profissionais. É necessário um quadro conceitual para fazer as perguntas nada evidentes que vão ao fundo das coisas, e para articulá-las entre si.

Quanto às respostas, dependerão das diferentes ecologias culturais, das ecologias naturais, do peso do passado vivo, do conjunto de valores e dos modos de vida de que é feita uma sociedade. Dependerão também da capacidade dos homens em se organizar para inventar o futuro. Uma das leituras mais errôneas do marxismo foi a que o apresentava como um determinismo histórico total, quando na verdade Marx era plenamente consciente de que os homens deviam tomar em mãos seu futuro.

Temos diante de nós um futuro aberto, e é por isso que faço a defesa do voluntarismo responsável. A grande dificuldade é saber distinguir onde para a utopia, no sentido etimológico do termo — aquilo que não existe "em lugar nenhum", e que talvez não poderá existir "em lugar nenhum" —, e onde começa o projeto. A utopia pode nos servir para esclarecer as grandes escolhas, sem por isso medir os obstáculos que surgem no caminho. A diferença entre a utopia e o projeto corresponde à clivagem entre uma política de "voluntarismo desenfreado" e uma política de "voluntarismo responsável" que deve transformar o projeto em realidade. O projeto leva em consideração os contextos objetivos e avalia as forças subjetivas que se mobilizam na direção desejada.

Creio que a política pesará cada vez mais nas nossas sociedades. Num mundo complexo de opções múltiplas, em que se enfrentam forças contraditórias, há pouco lugar para decisões ideais tomadas em bases "objetivas", cientificamente estabelecidas, a menos que seja pela via de procedimentos intelectualmente duvidosos, que consistem em reduzir a multiplicidade de objetivos irredutíveis entre si num objetivo único, mediante um jogo de ponderações arbitrárias. Prefiro a isso um debate político assumido, em que a busca de soluções negociadas entre todos os atores do processo de desenvolvimento caminha junto com o aperfeiçoamento das instituições democráticas e com a superação do imediatismo imposto pelo ritmo dos prazos eleitorais. A análise comparativa das trajetórias do desenvolvimento-mau desenvolvimento dos diferentes países é chamada a se transformar em um poderoso instrumento de pedagogia política, balizando o campo dos debates sobre os projetos nacionais.

20. As irmãs rivais

Desde o início dos anos 1960, e mesmo em Varsóvia, dediquei muito tempo e energia às atividades ligadas às Nações Unidas. Minhas relações com a ONU se intensificaram depois de nossa instalação em Paris. A lista dos organismos que pertencem ao sistema onusiano e que me fizeram trabalhar como consultor é longa: secretariado das Nações Unidas em Nova York, Unesco, UNCTAD, ONUDI, OIT, FAO, PNUMA, PNUD, OMS, CEPAL, e por fim a Universidade das Nações Unidas, onde dirigi um programa de pesquisa.

Nos anos 1960 as Nações Unidas me ofereceram duas vezes um cargo: na Comissão para a Ásia e o Extremo Oriente, em Bangcoc, e na ONUDI, em Viena. Mas esses convites nunca me chegaram. Foram interceptados pelo Ministério das Relações Exteriores polonês. Só tive conhecimento deles muitos anos mais tarde.

Depois de nossa partida da Polônia, houve um momento em que cogitei de trabalhar na FAO, mas meu estatuto de refugiado político foi considerado um obstáculo intransponível. A FAO não queria se expor a um protesto do governo polonês, embora teoricamente as Nações Unidas não sejam obrigadas a consultar os governos do país cujo cidadão contratam (no meu caso, um ex-cidadão).

Em 1973, Maurice Strong, primeiro diretor do PNUMA, me propôs ir para o secretariado desse programa em Nairóbi. Mas na época, além dos problemas familiares — mal acabávamos de refazer nossas vidas e carreiras em Paris —, minha religião já estava bem estabelecida: eu achava o status de consultor muito mais interessante. Ele não me trancava numa torre de marfim e permitia que eu continuasse a pesquisa acadêmica, orientando-a para os problemas reais. Apesar do que pensam vários colegas que atribuem cartas de nobreza unicamente à pesquisa dita teórica (com um T maiúsculo), reivindico status igual para as pesquisas ditas aplicadas.

Sobretudo, o consultor mantém intacta sua liberdade de pensamento. Pode aceitar ou recusar os temas que lhe são propostos e expressar sem rodeios sua opinião. Na pior das hipóteses, seu relatório será recusado ou cairá no esquecimento. Mas sempre poderá ser transformado depois em artigos ou capítulos de um livro, como foi o caso de vários livros meus.

Em compensação, poder soprar uma ideia ao ouvido do príncipe é um jogo sedutor, embora nove em dez vezes, ou até 99 vezes em cem, ele não chegue a resultados práticos. Força-nos a manter os pés na terra e a nos expressarmos de modo coerente e simples.

Quase sempre os relatórios escritos a pedido das agências onusianas acabam circulando em várias línguas e se espalham aqui e ali, em lugares insólitos e de modo imprevisto. Nosso ofício também é o de semeadores de ideias. Não devemos nos desencorajar quando as sementes caem em terreno pedregoso.

Minhas relações com as diversas agências onusianas me permitiram observar por mais de quatro decênios suas atividades.

Minha sensação é, infelizmente, pouco entusiasmada. Isso se deve, antes de mais nada, à ausência de real coordenação entre essas irmãs rivais; às vezes, chamo-as até de irmãs inimigas, tendo em vista a energia que despendem para ocupar o mesmo terreno, confinando-se nas mesmas generalidades em detrimento do aprofundamento dos temas que lhes cabem de direito. A deriva de uma instituição como a Unesco salta aos olhos. Ela conheceu um magnífico começo porque soube se concentrar num pequeno número de grandes projetos muito visíveis, associando a eles cientistas de celebridade mundial. É verdade que suas atribuições — educação, ciência e cultura — são muito — demasiado — amplas. Mas isso não basta para explicar a situação atual.

A FAO permaneceu muda por 27 anos sobre um tema, no entanto maior para ela: as reformas agrárias. A UNCTAD, torpedeada sistematicamente pelos Estados Unidos, tem dificuldade em preservar sua seara frente à Organização Mundial do Comércio (OMC) e em produzir análises críticas sobre a globalização assimétrica, que com frequência são notáveis e na contracorrente do pensamento dominante. O PNUMA não alcançou o tamanho necessário para uma ação relativamente eficaz, e a Organização das Nações Unidas para o Meio Ambiente, desejada pelo presidente Chirac, não é para amanhã.

O mais grave é que o secretariado das Nações Unidas, como a maioria dos governos nacionais, obstina-se em tratar o desenvolvimento em harmonia com a natureza como um apêndice das políticas ambientais. Em vez de fazer do desenvolvimento includente e sustentável o metaconceito organizador do conjunto das atividades orientadas para o desenvolvimento, a ONU se contenta em convocar uma ou duas vezes por ano as reuniões da comissão do desenvolvimento sustentável, uma tribuna a mais para se discursar.

Os recursos de que dispõe o PNUD não lhe permitem ter peso frente ao Banco Mundial ou ao Fundo Monetário Internacional. Em compensação, ele publica na sede de Nova York e por intermédio de seus escritórios nacionais relatórios sobre o desenvolvimento humano, notáveis pela pertinência dos temas tratados e pela ambição teórica que lhes serve de base. Merecem ser conhecidos. Mas infelizmente a mídia se concentra na parte menos interessante: os índices de desenvolvimento humano.

A ONUDI sobrevive num anonimato quase completo. As comissões regionais, em particular a comissão para a Europa, em Genebra, e a CEPAL, em Santiago, perderam muito de seu brilho passado.

A UNU, como já disse, não soube aproveitar sua carta que lhe confere total liberdade científica para se tornar a consciência crítica do sistema onusiano e sua antena de prospectiva, preparando-o para os desafios futuros. Em vez de funcionar como uma fundação internacional de tamanho médio, financiando uma rede afinal modesta de institutos, ela poderia ter inventado um papel único de universidade das universidades, trabalhando com uma rede mundial de universidades públicas e privadas, lançando concursos para as teses de doutorado, um modo eficaz e pouco dispendioso de mobilizar a massa cinzenta dos jovens pesquisadores em torno de temas julgados prioritários pelas Nações Unidas.

Ademais, a UNU poderia coordenar pesquisas feitas pelos diferentes organismos ligados às Nações Unidas. Se o dispositivo de pesquisas do sistema onusiano tomado em seu conjunto não se iguala ao do Banco Mundial, ele emprega, porém, um volume de recursos que exige ser administrado para criar sinergias entre os trabalhos feitos pelas diferentes agências, em vez de repetir trabalhos, como frequentemente se observa. Ele se ressente de falta de memória e de continuidade no propósito. É demasiado usual que os recém-chegados na burocracia onusiana redescubram a roda em vez de retomarem o pensamento de seus antecessores.

Além dessas faltas, que podem ser corrigidas, o sistema onusiano perdeu a capacidade de recrutar intelectuais cuja competência caminha junto com um engajamento ideológico profundo, como foi o caso da primeira geração de seus quadros. Que me seja permitido lembrar aqui nomes como os de Gunnar Myrdal, Michal Kalecki, Hans Singer, Raúl Prebisch, Wladyslaw Malinowski, entre os economistas, no secretariado das Nações Unidas em Nova York e nas comissões regionais, de Eric Jacoby e Jack Westoby na FAO, para citar apenas alguns entre aqueles com quem convivi.

As duas instituições nascidas da conferência de Bretton Woods, o Banco Mundial e o FMI, estão localizadas, não sem razão, em Washington e não são integradas no sistema das Nações Unidas. Quer a praxe que a Casa Branca designe os presidentes sucessivos do Banco Mundial, enquanto a direção do FMI permanece apanágio da Europa. De qualquer maneira, essas duas instituições não se regem, como a Assembleia das Nações Unidas, pelo princípio de "um país, um voto". O voto é proporcional à parte do capital detido por cada país, o que garante seu controle pelos Estados Unidos e os países industrializados. Como era de esperar, sua política se ressente disso.

REFORMAR O SISTEMA ONUSIANO

Tenho a sensação de um considerável desperdício de esforços e recursos, de uma defasagem cada vez maior entre a retórica e a ausência de ação, de uma multiplicação de conferências mundiais cujos planos de ação raramente saem do papel. Os três decênios de desenvolvimento que se sucederam desde os anos 1960 se soldaram por um fiasco. Os Objetivos do Milênio, atualmente em vias de realização, constituem mais um avatar fadado ao insucesso, a julgar pelos recentíssimos relatórios do PNUD, da OIT e do secretariado das Nações Unidas. A fratura social entre os países e dentro deles se aprofunda um pouco no mundo todo.

Sem falar dos casos, a meu ver perigosos, em que as Nações Unidas se empenham em um programa de ação que, embora realizado integralmente, constitui apenas um pequeno passo na boa direção, uma espécie de aval das boas intenções mas em nenhuma hipótese uma solução. O Protocolo de Kyoto é um exemplo fulgurante. Ele garantirá, no máximo, uma redução das emissões de gás de efeito estufa correspondente a um décimo do que seria necessário para evitar o aquecimento excessivo do planeta. Uma ponte só se torna ponte quando liga as duas margens de um rio. Tem sentido falar de 10% de uma ponte?

Sempre pensei que para ser efetivo o desarmamento devia ser total. Saber que as superpotências que tinham como destruir duzentas vezes nosso planeta reduziram seu arsenal à metade não me tranquiliza. As medidas para criar uma confiança mútua entre as potências antagônicas, caras aos diplomatas, criam uma falsa sensação de avanço e fazem esquecer os perigos que continuam a pesar sobre nossas cabeças.

Se quisermos realmente evitar mudanças irreversíveis do clima, de consequências catastróficas para certos países, precisamos reduzir as emissões de gases de efeito estufa em 60% e não em 6%. A política dos pequenos passos não nos salvará. As Nações Unidas têm de assumir plenamente suas responsabilidades. Tenho dúvidas de que sejam capazes, no estado atual das coisas, e é por isso que continuo convencido de que se impõe uma profunda reforma do sistema onusiano. Sem a menor dúvida, ele anda mal das pernas, e os Estados Unidos se empenham em que seja assim. O alargamento do Conselho de Segurança, pedra angular do sistema, parece comprometido enquanto a China — um dos cinco grandes que dispõem de direito de veto — se opuser à entrada do Japão e da Índia no seio dos membros permanentes do Conselho. Com isso, não se fala mais em dar acesso à Alemanha, ao Brasil e à África do Sul (ou à Nigéria).

O bloqueio da reforma do Conselho de Segurança não deveria nos fazer perder de vista outros itens de reformas a serem feitas, a meu ver igualmente importantes. Eis uma lista pessoal dos temas prioritários.

Estimo que a ação das Nações Unidas se ressente da ausência de financiamento automático, de um imposto universal. Na situação atual, o secretário-geral das Nações Unidas se vê obrigado a passar o pires toda vez que deve empreender uma operação ditada por uma urgência política ou uma catástrofe natural. Seria pedir demais perceber um por mil do PIB mundial, ou seja, um "dízimo" de um "dízimo" de um "dízimo"? Os países mais pobres poderiam ficar isentos. Considero que a arrecadação desse imposto poderia ser feita facilmente sob a forma de pedágios nos oceanos e nos ares, e de algumas taxas indolores.

Na sua forma atual, a ONU é uma organização interestatal. A proposta de se juntar a ela um parlamento mundial e uma terceira câmara composta pelos representantes dos movimentos sociais e da sociedade civil organizada exige, sem dúvida, reflexão. A longo prazo, a sociedade civil organizada não se satisfaria com um lugar menor como aquele que ocupa atualmente nas diferentes instâncias da ONU, nem com os fóruns paralelos nas grandes conferências, *happenings* muito agradáveis mas privados da necessária influência sobre o desenrolar dessas conferências pelo fato de que acontecem simultaneamente a elas! A primeira medida a tomar seria organizar esses fóruns seis meses, e mesmo um ano antes, de modo a que suas conclusões possam ser comunicadas a tempo aos participantes da conferência intergovernamental.

Outra questão a resolver é a do direito de os movimentos sociais e as ONGs recorrerem a um órgão que não seja intergovernamental como o são todas as comissões das Nações Unidas. Devemos nos orientar para a criação de uma comissão de sábios, gozando de autoridade moral ilibada, e dotada de um secretariado forte para examinar as queixas e produzir periodicamente, digamos a cada três anos, um relatório cidadão sobre a condição do mundo, ajudado pelas organizações da sociedade civil? Discutimos muito sobre esse assunto na FIPAD.

O Conselho de Segurança é o principal órgão da ONU encarregado da manutenção da paz. Um conselho dos direitos humanos, que fosse simétrico a ele, poderia coroar o dispositivo voltado para a segunda missão da ONU — o desenvolvimento sob todas as suas facetas. Não esqueçamos que o desenvolvimento, como já foi dito, pode ser reconceitualizado em termos de universalização efetiva de três gerações de direitos humanos: os direitos políticos, cívicos e civil, os direitos econômicos, sociais e culturais, e por fim os direitos coletivos ao desenvolvimento, ao meio ambiente, à infância.

Com exceção do Conselho de Segurança, em que as cinco grandes potências dispõem de um direito de veto, as Nações Unidas funcionam com o princípio de "um país, um voto". O poder dos cinco grandes é sem dúvida desmedido. Aliás, não será possível abrir mão de um debate sobre o modo de qualificar certos votos. Recentemente assisti a uma reunião da UNCTAD, na qual se sucederam na tribuna os delegados de Fidji e da China popular. Um país, um voto? Essa regra deve ser sempre respeitada no caso de países com pesos tão diferentes? É preciso também reformar a OMC, embora seja uma instituição criada recentemente. A OMC prega como regra geral a igualdade de condições em relação aos mercados, quando na verdade a equidade nas trocas entre parceiros de peso desigual demanda que as regras do jogo sejam orientadas em favor dos parceiros mais fracos. Não bastará revogar as práticas protecionistas dos países industrializados em favor de sua agricultura para instaurar uma ordem econômica internacional favorável ao desenvolvimento dos países periféricos. A livre circulação dos capitais aí produz os estragos que conhecemos. Além disso, os acordos sobre a propriedade intelectual transformaram os conhecimentos em bens privados blindados pelas patentes, quando era natural esperar que se tornassem, ao menos em parte, bens públicos pertencendo ao patrimônio comum da humanidade, e portanto de acesso livre.

Para bem definir a reforma da OMC, do FMI e do Banco Mundial, é preciso desmistificar o conceito de globalização usado de modo deliberadamente vago. Esse termo abarca, em primeiro lugar, os desafios de natureza global, como a mudança climática ou a unificação microbiana do planeta, que passou na frente do comércio mundial conforme observou com razão Emmanuel Le Roy Ladurie. Esses fenômenos exigem ser tratados em escala planetária. Vem em seguida a circulação de mercadorias, capitais, homens, ideias e bens culturais, cujas modalidades e limites devem ser determinados.

Por último, nós, ocidentais, consideramos como universais certos valores: uma convicção que gostaríamos que o mundo inteiro partilhasse. Entre eles se encontra o dever de solidariedade para acabar o quanto antes com as desigualdades sociais abissais entre as nações e dentro delas. Já Condorcet condicionava sua esperança sobre os destinos futuros da espécie humana à destruição da desigualdade entre as nações e aos avanços da igualdade no seio de um mesmo povo.

É falso assimilar a globalização unicamente à circulação das mercadorias e dos capitais e pretender que, na era da mundialização, os Estados-nações devam se resignar a ver sua esfera de ação encolher em proveito das empresas multinacionais e dos poderes locais.

Para se definir corretamente a reforma das três instituições saídas de Bretton Woods, é preciso, previamente, responder à dupla pergunta: em que consiste a globalização e que globalização queremos? Por ora, estamos longe da resposta. Apenas criticar os estragos da globalização assimétrica que perpetua as práticas neocoloniais e beneficia os países industrializados e as multinacionais não basta. Os fóruns sociais de Porto Alegre e o movimento dos altermundialistas fizeram essas perguntas, mas as respostas se fazem esperar.

Pela lógica, deveria ser mais fácil dotar conjuntos regionais de uma estrutura institucional transparente, eficaz e funcionando em base democrática, evoluindo da democracia representativa para formas — que restam a determinar — de democracia direta. Mas a experiência europeia me deixa perplexo. Eu não esperava a deriva neoliberal da União Europeia, quando tantos países membros eram governados por partidos social-democratas. Não entendo que a Europa se tenha decidido pelo alargamento sem se dar os respectivos meios financeiros. Seu orçamento não está à altura da tarefa. Ela pena em se dotar de uma política de criação de empregos mediante um grande plano de investimentos infraestruturais e de substituição das energias fósseis pelas energias renováveis. Como não está endividada, a União Europeia pode, deve fazê-lo o quanto antes. Sua política com os países do Terceiro Mundo continua a ser amedrontada. O codesenvolvimento da Europa e do contorno sul do Mediterrâneo não decolou. Fechamos os olhos para o caráter potencialmente explosivo do desemprego e do subemprego catastrófico entre nossos vizinhos do Sul.

Parafraseando o famoso livro de René Dumont sobre a África, eu diria que a Europa começou mal. Ela ainda pode se reerguer, mas, por ora, dificilmente a vejo como um exemplo a seguir.

Dou-me conta de que descrevo em termos algo sombrios o estado do mundo e das instituições internacionais, mas permaneço otimista. Quero crer que meus netos verão uma ONU reformada. Quando o projeto da ONU viu o dia, em plena Segunda Guerra Mundial, parecia bem utópico tendo em vista as circunstâncias e o fracasso da Sociedade das Nações que a precedera.

Minhas palavras se referem sobretudo às disfunções das irmãs rivais e às falhas da ordem internacional; também é preciso ver o outro lado da medalha. Sem as Nações Unidas talvez não tivéssemos evitado um conflito maior, de consequências incalculáveis. Sem esquecer que o sistema onusiano conheceu nesses sessenta anos uma evolução que se traduziu na criação de instituições decerto imperfeitas, mas úteis. Sua ação pesou no sentido correto. Sem elas a emergência do Terceiro Mundo provavelmente não teria sido possível. Elas temperam a arrogância das grandes potências e limitam sua liberdade de manobra.

Com todas as suas fraquezas, a ONU possui uma legitimidade que o poder usurpado do G8 não tem. É preciso cerrar fileiras em torno dela, reformá-la o quanto antes, árdua tarefa, e lhe dar os meios de ação necessários para reduzir as assimetrias e as injustiças da ordem internacional atual.

Para concluir
Companheiro de Sísifo?

Chego ao término deste relato e me faço a pergunta: e se fosse refazer, refaria este caminho?

Começarei dizendo que um dos três mundos em que minha canoa foi sacudida, aquele mesmo em que quase afundou, não existe mais. Pertenço à geração desencantada dos que ousaram esperar que as terríveis experiências da guerra e do Holocausto marcariam uma guinada definitiva na história, que o socialismo de rosto humano, paramentado de todas as virtudes, abriria caminho às expensas do capitalismo hediondo, que a era de Vasco da Gama — foi assim que o historiador indiano Panikkar chamou a época colonial — seria definitivamente encerrada e que uma ordem internacional harmoniosa seria instituída sob a égide da ONU.

Meio século mais tarde, faço o balanço desses desastres: a degenerescência do socialismo real e o fracasso da última tentativa de Gorbatchev de reformá-lo de dentro, seguido da implosão da União Soviética, a deriva autoritária da China, a Europa do Leste reduzida à condição de periferia do Ocidente capitalista, o impasse da social-democracia paralisada num sim incondicional à economia de mercado, as disparidades abissais e que não param de aumentar entre ricos e pobres sob o impulso de uma globalização profundamente assimétrica, a impotência das Nações Unidas (e da União Europeia) frente às manobras do imperialismo americano coberto por uma máscara democrática, a incúria com que foi tratada a ameaça de mudança climática de consequências irreversíveis.

Além disso, enfureço-me ao ver como o Brasil — ao qual sou cada dia mais ligado — pena para se desfazer do rótulo de país do eterno futuro — quando dispõe de condições excepcionais para promover o verdadeiro, o bom desenvolvimento. Celso Furtado dizia que é preciso muito esforço para impedir o Brasil de se desenvolver. Aparentemente, seus governantes e suas elites nisso se empenham com sucesso.

Companheiro de Sísifo? Certamente, pois com frequência nos atormentamos lado a lado, sem que por isso a esperança que me habita tenha desertado.

Dizem que o pessimista é um otimista bem informado. Sempre tive tendência a ser pessimista em minhas análises e delas tirar um motivo para me engajar mais ainda na reflexão — é minha profissão — em vista de uma ação capaz de inflectir, embora na margem, os processos sociais, ainda que se deva nadar na contracorrente. Um ditado polonês diz que uma vara não basta para inverter o curso de um rio. Mas mesmo assim, é à base de ideias que o mundo se transforma. Pelo menos é nisso que creem, em seu húbris, os criadores e passadores de ideias entre os quais me incluo.

Sem ser ingênuo, extraio meu otimismo do apego às ideias e aos valores universais do século das Luzes e da visão do desenvolvimento como universalização efetiva do conjunto dos direitos humanos. Nesse sentido, livre das viseiras do eurocentrismo, permaneço profundamente europeu.

No retrovisor da memória, as vicissitudes negativas de uma vida se esmaecem e dão lugar ao deslumbramento proporcionado pela paixão de conhecer, compreender e raciocinar, à impressão de se sentir útil forjando as ferramentas intelectuais que possam servir ao exercício do voluntarismo responsável e à invenção do futuro, às alegrias da profissão de professor que divide a experiência acumulada com os estudantes e às alegrias do consultor que sopra ao ouvido do príncipe sugestões raramente escutadas, enfim, à felicidade da vida familiar.

Completei oitenta anos, mas não tenciono atracar minha canoa. Como o herói de um conto de João Guimarães Rosa, continuarei a navegar à descoberta da terceira margem do rio de paisagens sociais harmoniosas, de onde terão desaparecido as polaridades e as exclusões, os ódios e as violências observados nas duas margens, a capitalista e a real-socialista, do longo e nem tão tranquilo rio de minha vida.

Bibliografia

A bibliografia dos trabalhos de Ignacy Sachs pode ser consultada no sítio do Centre de Recherches sur le Brésil Contemporain (CRBC) da EHESS (http://www.ehess.fr/crbc) e no catálogo da biblioteca da MSH (http://catalogue.bibliotheque.msh-paris.fr/).

Ela compreende dois tomos. O tomo I, 1953-68 (180 títulos), recenseia os trabalhos publicados principalmente na Polônia, entre os quais nove livros em polonês; o tomo II, 1968-2007, comporta quase oitocentos títulos, entre os quais: mais de quarenta obras editadas na França, Brasil, Índia, Grã-Bretanha, Itália, Estados Unidos, Japão, México, Alemanha; mais de quinhentos artigos e textos diversos.

O conjunto das contribuições científicas do tomo II, integrado no catálogo da biblioteca da MSH, pode se consultado na sede da instituição: 54, bd. Raspail, 75006 Paris, França.

Índice remissivo

Abbé Pierre, 134
Abdallah, Ismail Sabri, 264
Abissínia, 62
Abrahams, emissário, 149
Abramovay, Ricardo, 286
Academia de Ciências (Polônia), 58, 98, 160-4, 170, 181
Academia de Ciências (URSS), 165
Ackoff, Russel, 222, 311
Addis-Abeba, 251
Afeganistão, 54
África, 44, 97, 102, 154, 166, 180, 216, 233, 264, 286, 305, 328, 332, 364
África do Sul, 64, 210, 255, 361
Afrique noire est mal partie, L' (Dumont), 157
Agarwal, Anil, 319
Agência Internacional de Energia, 337
"Agenda 21", 254, 256
agricultura, 155, 159, 252, 259, 272, 275, 280-2, 288, 290, 333, 338, 340, 344, 349, 363

agroenergia, 252, 272, 310, 321, 338-9, 343-5
AgroPalma, 301
água, preservação da, 283-4; *ver também* recursos hídricos
Ahmatova, Anna, 82
Aix, 140
Alagoas, 289
Albânia, 54
álcool, 296
Aleikhem, Sholem, 23
Alemanha, 29, 43, 91, 115, 159, 189-90, 245, 361
alimentação/alimentos, 123, 252, 258, 271-2, 282, 298, 301, 314, 316, 332, 335, 343-4, 349
alimentos-energia, elo, 252, 344
Allende, Salvador, 220-1, 235, 249-51
Alperovitz, Gar, 262
Amado, Joelson, 78
Amado, Jorge, 78
Amapá, 301, 303

Amazonas, rio, 46, 50, 235-6
Amazônia, 60, 195, 212, 224, 226, 234, 236-9, 285, 294, 299-304, 332, 349
ambar charkha, 65, 258
ambientalistas, 275, 319, 336
América Latina, 91, 97-8, 101, 176, 181, 187, 216, 220, 235, 244, 251, 264, 273, 279, 305, 346
Amin, Samir, 263
Amsterdam, 156, 179
Andes, 235, 238
Andorra, 42
Andrade, Ary de, 79, 81
Andrade, Carlos Drummond de, 78
Angers, 34
Angola, 44
Ankara, 156, 305
Annales (revista), 165
antissemitismo, 15, 23, 77, 83, 119, 167, 171, 177, 179, 183-5
Antoine, Serge, 214, 218-9, 278
antropologia/antropólogos, 13, 161, 163-4, 196, 242, 283, 291, 316, 332
Antuérpia, 60
Anuários da Economia Mundial (Nações Unidas), 170-1
aquecimento global, 255, 360
aquíferos, 338
árabes, 177, 264, 332
Arc-et-Senans, 219, 278
Ardant, Gabriel, 80, 151
Arendt, Hannah, 268
Argélia, 146, 261
Argentina, 67, 98, 212, 351
Armênia, 200-1
Arns, Paulo Evaristo, d., 195
artesãos, 26, 64, 291, 309, 318

Asahi Shimbun (jornal), 228, 230
Asch, Schalom, 23
Ásia, 97, 102, 230, 292, 305, 332, 346, 355
Assembleia das Nações Unidas, 359
Associação Brasileira de Imprensa (ABI), 83
Associação dos Economistas Poloneses, 170, 172, 174
Associação dos Escritores Poloneses, 113
Associação Indiana de Economistas do Trabalho, 129
Associação Polonesa de Economistas, 160
Assuã, barragem de, 235
ASTRA, centro, 318
ateísmo, 23
Atlântico, oceano, 22, 43, 296, 332, 339
Auschwitz, 83
Austrália, 196, 221
Áustria, 28, 188, 190
automóveis *ver* carros
autoritarismo, 351
Auyrveda, 127
axiologia, 323
Aymard, Maurice, 216
azeite de dendê, 301

Babur, 230
Baczko, Bronislaw, 198
Bahia, 62, 296, 309-10
Balandier, Georges, 102
Báltico, mar, 26, 106, 114
Banco Mundial, 156, 218, 302, 358-9, 363
Banco Nacional da Polônia, 189
Bandung, 105, 126, 328

Bangalore, 318
Bangcoc, 251, 355
Baran, Paul, 138-9
Barcelona, 42
Baroda, 130-1, 132, 316
Barraclough, Geoffrey, 328
Basileia, 229
Bastide, Roger, 51, 56
Bataille, Georges, 341
Bauman, Zygmunt, 15
BBC, 152
Bélgica, 37
Belo Horizonte, 283, 295-6
Ben, Philippe, 115
Benda, Julien, 55
Bereza Kartuska, 96
Berg, Prof., 89-90
Berlim, 15, 90, 98, 247, 267, 351
Bernis, Destanne de, 193
Bettelheim, Charles, 69, 140, 326
Beuve-Méry, Hubert, 150
Biafra, 155-6
Biarritz, 39-40
Bíblia, 26, 104
Biblioteca Municipal de São Paulo, 76
Biblioteca Nacional do Rio de Janeiro, 54, 62
Bierut, Boleslaw, 105
Bièvre, 219
biocombustíveis, 252, 272, 310, 336-8, 344
biodiesel, 336, 344
biodiversidade, 252, 254, 303-4, 315, 334-5, 349
biomassa, 252, 334-5, 337, 340-2, 345, 349
biotecnologia, 252, 334, 340
Bird Charity Hospital, 122
Biro, Andras, 247

Bitar, Sérgio, 220, 249-50
Bobrowski, Czeslaw, 117, 144-6, 148, 153, 193, 222-3
Bogotá, 245-6
bolcheviques, 33
Bolívia, 225
bomba H, 135
Bonaparte, Napoleão, 51
Bonzon, Jean, 53
Bordeaux, 40
Boserup, Esther, 125, 165
Boserup, Morgen, 125
Botero, Margarita, 246
Boumedienne, Houari, 146
Bourg-Madame, 42
Brandys, Kazimierz, 56
Braudel, Fernand, 11, 16, 53, 164, 181, 194, 216-7, 219, 229, 280
Bredariol, Celso, 283
Brejnev, Leonid, 205
Bresser-Pereira, Luiz Carlos, 298
Brest, enseada de, 289
Bretanha, 38-9
BRIC (Brasil, Rússia, Índia e China), 333
Brito, Octávio Elísio Alves de, 295
Bromberg, Adam, 196
Bruntland, Gro Harlem, 252
Brus, Wladimir, 162, 181-2
Bucareste, 34
Budapeste, 115
Buenos Aires, 53, 84
Bugnicourt, Jacques, 264, 272, 295
Bulgakov, Mikhail, 203
burocracia, 55, 57-8, 95, 199, 305, 358
Bush Center, 222

Caillois, Roger, 53
Cairo, 140

Calcutá, 134
Califórnia, 236, 265
Calvino Filho, 81
Campo di Fiori (Mitosz), 56
camponeses, 46-7, 101, 113, 116, 206, 285-6, 296, 303, 309, 335, 339-40, 350
campos de concentração, 38, 96
Canadá, 178, 240, 261
Candeas, Alessandro, 79
Cannes, 35-6, 38-9, 53
Capadócia, 156
Capiberibe, João, 303
Capital, O (Marx), 67
capitalismo, 101, 146, 159, 200-1, 205, 367
capitalismo reformado, 325, 346
Caracas, 279
Cardoso, Fernando Henrique, 194-5, 241, 264, 293-4, 297, 298-9, 306, 313
Carlson, Rachel, 227
carnaval, 62
Cárpatos, montes, 106
carros, 33, 45, 47, 201, 296, 338
carvão, 132, 142, 178, 310, 343
Casa Branca (Varsóvia), 111
Casa dos Estudantes do Brasil, 76
Casa-grande & senzala (Freyre), 79
Castañeda, Oma, 245
Castro, Fidel, 55, 250
Castro, Josué de, 80, 151, 211
catastrofismo, 342
Ceaucescu, Nicolae, 205
CEBRAP (Centro Brasileiro de Análise e Planejamento), 195, 294, 298
Ceilão, 130
Céline, Louis-Ferdinand, 55
celulose, 344

Centre de Recherches sur le Brésil Contemporain (CRBC), 16, 298
Centro de Estudos para o Desenvolvimento (Trivandrum), 315
Centro Internacional de Pesquisa sobre o Meio Ambiente e o Desenvolvimento *ver* CIRED
Centro sobre a Ciência e o Meio Ambiente (Nova Délhi), 319
Certeau, Michel de, 22
Chade, 154
Chakravarty, Sukhomoy, 315
Chand, Gyan, 139
Changer la vie, changer la ville (Kopp), 281
Chaudri, Topan Ray, 129
chauvinismo, 36, 48
Chayanov, Alexander *ver* Kremniov, Ivan
Chesnais, François, 223
Chesneaux, Jean, 273
Chicago, 228
Chile, 96, 156, 179, 196, 220-1, 225-6, 234-5, 248-50, 264, 293
China, 115, 132, 134-5, 157, 170, 178, 210, 216, 272, 288, 316-7, 333, 344, 351, 361-2, 367
Chirac, Jacques, 255, 275, 279-80, 357
Chodak, S., 149
Cholokov, Mikail, 82
Chonchol, Jacques, 220
Chopin para o povo (Stromenger), 76
Chopin sur les ruines de Varsovie (quadro), 58
Chopin, Frédéric, 71, 75-7, 179
Chu En-lai, 115, 126
Cidadãos do Mundo (coleção de livros), 76-7
Cidade indômita, A (Brandys), 56

Cidades imaginárias (Veiga), 285
ciências sociais, 22, 162, 201, 214, 222, 242, 297, 298-9, 323, 325, 332, 352
CIRAD (Centre de Coopération Internationale en Recherche Agronomique pour le Développement), 303
Círculo Condorcet (Paris), 273-4
CIRED (Centre International de Recherche sur l'Environnement et le Développement), 215, 219, 289, 294, 298
Clarac, Pierre, 50
clientelismo, 293
CNRS (Centre National de Recherches Scientifiques), 303, 324
Coca-Cola, 246
Cochet, Yves, 276
Cochim, 25, 133
Cocoyoc, 16, 241-3, 251, 264
Cocteau, Jean, 106
Coëtquidan, 38
Colegio de Mexico, 242, 245
Collège de France, 195
Colômbia, 225, 245-6, 293
colonização, 165, 230, 288, 303
Comeliau, Christian, 330, 333
comerciantes, 26, 44, 250, 309
comércio, 67, 121, 124, 139, 141-3, 207, 296, 301, 348, 363
Comissão de Direitos Humanos da ONU, 298
Comissão Econômica das Nações Unidas, 125
Comissão Econômica Europeia da ONU, 251
Comissão Econômica para a América Latina e o Caribe (CEPAL), 96, 179-80, 195, 220-1, 234, 237, 241, 243, 248-9, 251, 284, 355, 358

Comitê Central do Partido Comunista, 104, 143, 199
Commonwealth, 129
comparatismo, 324, 332
Comte de Gobineau au Brésil, Le (Raeders), 49
comunidades eclesiais de base, 263
comunismo, 165, 200, 203, 352
concorrência, 109, 274, 290, 308, 348
Condorcet, marquês de, 363
Conferência das Nações Unidas para o Comércio e o Desenvolvimento ver UNCTAD
Conferência das Nações Unidas sobre a Ciência e a Técnica a Serviço do Desenvolvimento (Genebra), 80, 150-1
Conferência das Nações Unidas sobre o Meio Ambiente (1972), 16, 231
Conferência de Bretton Woods, 359, 364
Conferência de Estocolmo, 214, 233, 252, 255, 293
Conferência de Johannesburgo, 255
Conferência de Solidariedade Afro--asiática (Bandung), 105
Conferência de Tarda, 1601
Conferência do "Rio + 10", 255
Conferência sobre o Desarmamento (Genebra), 80
Conferências Pugwash, 241
Congregação Protestante de Varsóvia, 24
Congresso Mundial de Intelectuais (Wroclaw), 79
Congresso Mundial dos Partidários da Paz (Varsóvia), 77, 79
consciência ecológica, 330
Conselho de Segurança da ONU, 264, 360-2

Conselho Econômico (Polônia), 116-8
Conselho Indiano para a Pesquisa em Ciências Sociais, 312
Conselho Internacional de Ciências Sociais (Unesco), 180, 217, 227
Conselho Nacional de Ciências e Tecnologia (Peru), 224
Consenso de Washington, 351
Conservatoire National des Arts et Métiers (Paris), 318
contrarreforma neoliberal, 254, 346
Conversações com Nehru (Mende), 105
Cooper, Charles, 223
cooperativas, 116, 268, 301, 308, 310
cooperativismo, 280
Copacabana, 45, 70-1, 78, 253
CORFO (Corporación de Fomento de la Producción), 220
Cornucopia, projeto, 265
Correa, Gamani, 240
Correio da Manhã, 63
corrupção, 104, 293, 304, 306
Corvina, condessa, 192
Cracóvia, 100, 106, 108, 113
crescimento demográfico, 232, 279, 339
crescimento econômico, 155, 161, 225, 232, 329, 347, 351
"crescimento selvagem", 231
crise de energia, 239, 295
Cuba, 176, 235, 250
Cuisenier, Jean, 165
cultura do desenvolvimento, 351-2
cultura judaica, 23-4; *ver também* hebraico; iídiche; judeus; rabinos
Cúpula da Terra (RJ - 1992), 16, 157-8, 251-6, 274, 278, 304, 319
Cúpula Mundial das Cidades (Istambul), 56, 286

Curitiba, 219, 278-9, 283
Cyrankiewicz, Józef, 153
Czajka, Wladyslaw, 110

Dakar, 264, 272, 295
Dar Es-Salaam, 287
Dasgupta, A. K., 138
De Gaulle, Charles, 49, 204
De Rosen, Monsieur, 101
Découverte du tiers-monde, La (Sachs), 11, 164, 210
deep ecology, 18
degradação ambiental, 228, 329
Delanoë, Bertrand, 280
Délhi, 123, 125-6, 128-30, 132-4, 136, 138-40, 143, 174, 188, 210, 230, 281, 312, 314-6
Delhi School of Economics, 120, 129
democracia, 63, 117, 141, 274, 293, 298, 316, 327, 346, 364
Departamento de Estado (EUA), 217
desarmamento, 241, 255, 360
Descartes, René, 62
Descoberta da Índia, A (Nehru), 105
desemprego, 335, 346, 364
desenvolvimentismo, 282, 345-6
desenvolvimento excludente, 346
desenvolvimento includente, 334, 346, 350
desenvolvimento sustentável, 234, 275-6, 357
desigualdades sociais, 232, 351, 363
desmatamento, 301, 338
desperdícios, 342
Desroche, Henri, 13, 223
determinismo histórico, 353
Dhar, P. N., 64, 174
Dieudonné, Jean, 52
direitos humanos, 273, 319, 362

Dniestr, rio, 33
Dobrska, Zofia, 102
"doença holandesa", 336
dogmatismo, 81, 118, 323
Dom tranquilo (Cholokov), 82
Domeradzki, pedreiro polonês, 79
Down to Earth (revista), 319
Drohobycz, 33
Du Gard, Roger Martin, 55
Dubcek, Alexander, 148, 185
Dubos, René, 241, 259-60
Dumont, René, 157, 335, 364
Dunikowski, Xawery, 76
Durkheim, Émile, 230

E la nave va (filme), 256
Eban, Abba, 80
Echeverría, Luis, 241-2
ecodesenvolvimento, 11-2, 81, 215, 227, 230, 234, 236, 241, 243-6, 249-50, 252, 256-7, 267, 271-2, 281-2, 284, 289, 293, 295, 298, 303, 319-20
Écodéveloppement (Sachs), 253
Eco-eco, associação, 232
École de Hautes Études en Sciences Sociales (EHESS), 16, 163, 214-6, 298
École Normale Supérieure, 55
École Pratique de Hautes Études (EPHE), 16, 129, 140, 163, 180, 193, 195-6, 209, 213
ecologia, 12, 16, 213, 229, 232, 295-7, 323, 352
ecologistas, 231, 332, 342-3
Ecolombia, conferência, 246
economia de mercado, 270, 274, 346, 352, 368
economia social, 266-8, 290-1

economia solidária, 268
Economic and Political Weekly, The (revista), 351
Economic Journal, 170
ecossistema, 12, 236, 239, 259-60, 280, 282-3, 304, 320, 332, 343
efeito estufa, 255, 360
eficácia energética, 296, 344
Egito, 51, 137, 146, 211, 235
Ehrenbourg, Ilya, 23, 202
Eichler, Irena, 92
Einstein, Albert, 52, 98
Eisler, Hans, 98
Ekonomista (revista), 149-50, 171
Electricité de France, 222
elites, 26, 137, 311, 336, 368
energia nuclear, 203
energia solar, 330, 334, 340-1
energias fósseis, 252, 272, 338, 364
Engels, Friedrich, 69, 81
Ensaios (Montaigne), 38-9
Enugu, 155
Equador, 225
Escandinávia, 230, 261
Escola de Planejamento e Estatísticas (Varsóvia), 68, 92, 139, 141, 144, 326
Espanha, 14, 21, 42-3, 61, 71, 73, 178, 211
Espírito Santo (ES), 236, 289
Estado de Israel *ver* Israel
Estado protetor, 273, 325
Estados Unidos, 43, 52, 54, 60, 65, 88, 92, 96, 98, 128, 204, 212, 215-7, 221-2, 228-30, 241, 256, 264, 286, 292, 311, 328, 333, 337-8, 345, 357, 359-60
Estocolmo, 16, 101, 157, 231-4, 240-1, 246, 253, 265

379

Estoril, 43
etanol, 336-8, 344-5
Etchéverry, Jean, 69, 71
eurocentrismo, 87, 157, 164, 368
Europa, 26, 32, 43, 46, 80, 83-4, 104, 117, 145-6, 151, 162, 190, 193, 210, 217-9, 221, 230, 251, 274, 278, 286, 304, 313-4, 339, 358-9, 364, 367
êxodo rural, 286, 341
exportação, 141, 143, 226

Faletto, Enzo, 195
Falk, Richard, 262
fascistas, 26, 43, 50, 62, 79, 96
favelas/favelização, 17, 47, 122, 279, 281-4, 286-7, 291, 340; ver também urbanização
Fei Tsiao Tung, 316
Feira de Santana, 296
Fellini, Federico, 256
Fernandel, 37
Fiat, 187
Fidji, 362
Fiedler, Arkady, 46, 235
Figueiredo, Guilherme de, 75
Filadélfia, 222, 245
filosofia oriental, 62
Fisk, antropólogo, 163
Fleszar, Prof., 181
florestas, 192, 286, 300, 303, 338, 340, 342-3
Flórida, 245, 265
FMI (Fundo Monetário Internacional), 359, 363
Fondation Internationale pour un Autre Développement (FIPAD), 130, 195, 233, 261, 263-6, 270-1, 273, 316, 362

food-energy nexus ver alimentos-energia, elo
Ford, Alexander, 82
Formiga, Marcos, 306
fotossíntese, 330, 334, 341-2
Founex, 231-2, 234
França, 12, 14-6, 21-2, 28, 31-2, 34, 36-42, 48, 50-1, 61, 69, 74, 86, 90-2, 117, 134, 140, 148, 165-6, 184, 193, 201, 204, 210, 212, 216, 218-9, 221, 225, 253, 255, 266-7, 272-3, 275-6, 279, 289, 294, 298, 300, 302, 312, 317, 325
France, Anatole, 49
Franck, Georges, 49
Franklin, Benjamin, 256
Freeman, Christopher, 224
Frei Montalva, Eduardo, 220
Freire, Marcos, 212
Freyre, Gilberto, 79
Friedman, Sami, 227
"fuga de cérebros", 128, 224-5
Fuji, 228, 229
Fundação Dag Hammarskjöld, 195, 215, 233, 261
Fundação das Nações Unidas, 336-7
Fundação Ford, 154, 195, 294
Fundação Joaquim Nabuco, 79-80
Furtado, Celso, 74, 293-4, 305-7, 351-2, 368
futebol, 44, 158, 307
Futuribles (revista), 219

"G-7", 302
"G-8", 365
Gadgil, ecologista, 319
gado, 50, 142, 303, 344
"Gaia, vingança de", 342
Gama, Vasco da, 230, 367

Gana, 149, 157
Gandhi, Indira, 174, 232, 241
Gandhi, Mohandas, 62-5, 122, 126-7, 133-4, 257-9, 266, 313
Ganges, rio, 321
Ganguli, B. N., 129
García Márquez, Gabriel, 246
garimpeiros, 303
Gary, Romain, 227
gasolina, 32-3, 43, 118, 336
Gdynia, 60
Geertz, Clifford, 259
Genebra, 62, 80, 150-1, 153, 193, 218, 231, 233, 241, 251, 261, 263, 271, 334, 358
Gênova, 93
Geografia da fome (Castro), 80
geopolítica, 80, 328, 336
Gieysztor, Aleksander, 181
Giorgi, Bruno, 76
globalização, 236, 315, 350, 357, 363-4, 368
Goa, 44
Gobineau, conde de, 49
Godelier, Maurice, 164
Gomulka, Wladyslaw, 113-4, 116, 167, 177
Gora Kalwaria, 25
Gorbatchev, Mikhail, 159, 275, 327, 367
Gorz, André, 268
Gourou, Pierre, 80, 337
Gouze, Roger, 49-50
Grã-Bretanha, 32, 171
Grameen Bank, 307-8
Grande Salto à Frente (China), 318
Gross, Bertram, 222
Guanabara, baía de, 45
Guehénno, Jean, 55

Guerra da Coreia, 126
Guerra do Vietnã, 126, 331
Guerra dos Seis Dias, 177
Guerra Fria, 67, 70-1, 73, 78, 83, 88, 92
Guha, historiador, 319
Guiana, 301, 303
gulags, 89-91, 197, 199, 286, 339

Hadamard, Jacques, 52
Hanói, 135
Haq, Mabhub, 156-8, 218, 241
Harbison (autor), 154-6
hassidismo, 25
Havana, 176, 220, 248
Hearst, William Randolph, 54
hebraico, 23, 25, 195
Heller, Clemens, 180, 214-7, 219, 317
Heráclito, 61
Hignette, Paul, 61
Hindu, The, 127
Hirschman, Albert, 313
Hitler, Adolf, 38, 90
Ho Chi Minh, 126
Holanda, 185-6, 261
Holocausto, 23, 325, 339, 367
Horácio, 50, 180
Hospital Saint-Antoine (Paris), 225
Housing by people (Turner), 223
Houston, 302
Hugo, Victor, 49
Hulot, Nicolas, 256, 276
Hungria, 115, 233, 247

Ibadan, 154
IDS (Institute of Development Studies), 224
Iglesias, Enrique, 241
Igreja católica, 116, 159, 263

iídiche, 23
Illich, Ivan, 262, 268
Iluminismo *ver* Século das Luzes
imperialismo, 63, 112, 368
importação, 141, 143, 226, 249, 336, 338, 350
imprensa, 15, 32, 60-1, 63, 69-71, 73-4, 77, 85, 88, 98, 103, 126, 132, 142, 147, 152, 158, 160, 177, 180, 199, 243, 294, 309, 327
Índia, 15, 22, 25, 62-3, 94, 105, 120-2, 125-30, 132-4, 136-8, 140-3, 146, 153, 159, 169, 171-5, 188, 195, 196, 211, 214-6, 232, 253, 264, 266, 272, 281, 304, 312-4, 318-21, 328, 333, 338, 351, 361
índios, 246, 260, 303-4
industrialização, 210-1, 220, 231
indústrias, 146, 225-6, 231, 320, 339, 348
Infeld, Leopold, 98
Inglaterra, 23, 28, 31, 39-40, 48, 65, 92, 96, 126, 128, 130, 143, 153, 178, 194, 222, 313
Instituto Brasileiro de Geografia e Estatística (IBGE), 68
Instituto de Altos Estudos da América Latina (França), 220
Instituto de Ciências Políticas, 11
Instituto de Estudos Africanos (Polônia), 144, 160
Instituto de Estudos Avançados (USP), 310, 337, 351
Instituto Indiano das Ciências (Bangalore), 318
Instituto Nacional de Pesquisas Amazônicas, 299
Instituto Politécnico Nacional (México), 244
Instituto Polonês de Relações Internacionais, 96
Instituto Rodale (Pennsylvania), 265
Intelligence Service (Inglaterra), 40
Interpretação do Brasil (Freyre), 79
Ipanema (RJ), 78
Iquitos, 237-9
Irã, 81, 180
IRD (Institut de Recherches pour le Développemet), 303
Islã, 275
Israel, 23, 80, 91, 175, 177, 182, 184, 186, 189, 194, 248; *ver também* Palestina
Istambul, 56, 156, 286
Italconsult, 187
Itália, 38, 62, 167-8, 188, 253, 308
Iugoslávia, 167
Ivanovitch, Serguei, 203
Izvestia, 204

Jacarepaguá, 253
Jacoby, Eric, 359
jainistas, 122
Jakubowska, Wanda, 82
Japão, 137, 227-9, 231, 233, 253, 270, 292, 313, 361
João Paulo II, papa, 55
Johannesburgo, 255, 274-5
Joint, 192
Jospin, Lionel, 275
Jouvenel, Bertrand de, 219
Jouvet, Louis, 53
judeus, 15, 21, 23-7, 29, 34, 35, 43, 77, 87, 89, 108, 117, 177, 182, 192
Jurata, 26, 28

Kafka, Franz, 18
Kalecki, Michal, 14, 40, 80, 92, 102, 118, 138-9, 141-2, 144-50, 156-7,

159-61, 165-6, 169-76, 180, 185, 190, 192, 196, 206, 220-1, 223-4, 326, 331, 349, 359
Kanpur, 281
Kapp, William, 229
Kapuscinski, Ryszard, 180
Karachi, 122
Kennedy, John, 204
Kerala, 132, 133-4, 314-5
Keynes, John Maynard, 14, 170-1, 349
Kiev, 57, 201
Kissinger, Henry, 243
Kneese, Wassili, 229-30
Koestler, Arthur, 91
kogai, 228
Kolakowski, Leszek, 15, 197
Kollontai, Alexandra, 165
Kollontai, Vladimir, 165, 241
Kolyma, 89-90
Komintern, 89-91
Konopnicka, Maria, 46
Konstancin, 31
Kopp, Anatole, 281
Kosambi, D. D., 132
Kossyguin, Alexander, 248
Kothari, Rajni, 130, 264, 316-7
Kowalik, Tadeusz, 162, 181-2
Kravtchenko, Victor, 88
Kremlin, 70, 116, 205
Kremniov, Ivan (pseudônimo de Alexander Chayanov), 280, 288
Kropotkin, Piotr, 64, 213
Kruschev, Nikita, 89, 105, 113-4, 124, 159, 204
Kula, Witold, 144, 160, 164, 216, 307
Kuo Mojo, 157

La Fontaine, Jean de, 50

La Ripaille, castelo de, 218-9
Labini, Paolo Sylos, 192
Lacau, Pedro, 212
Ladurie, Emmanuel Le Roy, 363
Lagadec, Patrick, 289
Lagos, 153-4
Lange, Oscar, 64, 68, 92, 117, 137, 144-8, 153, 162, 181, 228, 326
Lauwe, Paul-Henry Chombart de, 13, 228
Le Goff, Jacques, 16, 191, 286
Le Guay, François, 219
Leaves of Grass (Whitman), 129
Lebret, padre, 269
lençóis freáticos, 338
Lênin, Vladimir, 69, 81, 90, 103, 352
Leningrado, 202
Leontief, Wassili, 229, 242
Lerner, Jaime, 278
Leste Europeu, 21, 80, 83, 104, 146, 151, 154, 193, 210, 217
Levi, Carlo, 269
Lévi-Strauss, Claude, 53, 162-4, 182
Lima, 224, 235, 237, 239
Linha Maginot, 28, 37
Lipinski, Edward, 150, 170
Lisboa, 21, 32, 42-3
Lituânia, 29
lixo, 283-4
Ljubljana, 35, 251
Lodz, 21
Lokayan, rede, 316
Londres, 14, 57, 62, 74, 107, 140, 179, 221, 247, 313, 325
Lourdes, 39
Lourenço, José Seixas, 299
Lovelock, James, 342-3
Lovins, Amory, 337
Lubianka, 89

Lucknow, 129
Ludwig, Emil, 38
Lula, presidente *ver* Silva, Luiz Inácio Lula da
Lydall, A., 64

macarthismo, 98, 140
Macau, 44
Madagascar, 51, 305
Madri, 43
Mahalanobis, P. C., 142, 175
Maiakovski, Vladimir, 82
Maison des Sciences de l'Homme (MSH), 195, 213-6, 298, 312, 317, 333
Maison Suger, 216
Malásia, 301
Malinowski, Wladyslaw, 153, 193, 317, 359
Malraux, André, 55
Mananara, 305
Manaus, 299, 304
mandioca, 296
Manifesto do Partido Comunista, 56
Manuel du goulag, Le (Rossi), 90
mão de obra, 44, 111, 128, 156, 245, 286, 335, 348
Mao Tsé-tung, 81, 100, 107, 113, 149, 157, 247-8, 258
Marañon, rio, 235-6
Marques, Osvaldino, 82
Marselha, 140
Marshall, Alfred, 173
Marx, Karl, 14-5, 67, 69, 81, 104, 127, 172-3, 180, 213, 230, 353
marxismo/marxistas, 14-5, 56, 59, 61, 63, 69, 81, 104, 112, 117, 127, 132, 135-6, 138-9, 148, 172, 191, 197, 259, 323, 353

Matus, Carlos, 221
mau desenvolvimento, 292, 329, 354
Mauroy, Pierre, 280
Maxwell, Robert, 247-8
Mazingira (revista), 247
Méditations (Descartes), 62
megalópoles, 17
meio ambiente, 16, 215, 227-33, 241, 246-7, 251-4, 275-6, 278, 284, 304, 316, 319, 329, 335, 362
Meireles, Cecília, 78
Mello, Barboza, 78
Melville, Herman, 13
Mende, Tibor, 105
Menon, Khrisna, 120, 125
Mensah, Joseph Henry, 157
mercadorias, 132, 290, 363
México, 16, 67, 146, 171, 179-80, 182, 241-2, 244-5, 251, 264, 279, 287-8, 293, 338
Mickiewicz, Adam, 178
"milagre brasileiro", 346, 351
Milão, 93
milho, 201-2, 287-8, 345
mimetismo, 286, 339
Minamata, escândalo de, 228, 233
Minas Gerais, 295-6, 310
Ministério da Cultura (Polônia), 188
Ministério da Defesa (Polônia), 84
Ministério das Relações Exteriores (Brasil), 241
Ministério das Relações Exteriores (Polônia), 85, 96, 355
Ministério das Relações Exteriores (URSS), 60
Ministério do Meio Ambiente (Brasil), 195, 299
Ministério do Meio Ambiente (França), 276

Minneapolis, 265
MIR (Movimiento de Izquierda Revolucionária), 250
Mitosz, Czestaw, 56
Mitterrand, François, 49, 317
Moçambique, 44
modernidade, 47, 127, 229, 285, 340, 341
modernização, 293, 302, 329, 348
Monbeig, Pierre, 53
Monde, Le, 89, 115, 150, 152, 265
Montaigne, Michel de, 38-9, 61
Moreira, Sérgio, 305-7
Morin, Edgar, 23
Mortara, Giorgio, 68
Moscou, 57, 69, 71, 77, 83, 89-90, 105, 108, 116, 137, 159, 167, 201-2, 205, 280
Moses, Herbert, 83
Mousel, Michel, 274
movimentos sociais, 199, 253-4, 291, 319, 361-2
mudanças climáticas, 272, 363, 368
Mukherjee, Hiren, 63
Mumbai, 121, 130, 132, 134, 140, 291
Muro de Berlim, queda do, 267, 351
Museu do Prado, 43
Museu Goeldi (Pará), 299
Museu Nacional de Belas-Artes (Varsóvia), 58
Mussolini, Benito, 38, 46
Myrdal, Alma, 125
Myrdal, Gunnar, 102, 125, 138, 173, 359

nacionalismo, 46
Nagpur, 134
Nairóbi, 219, 233, 240, 247, 356
Namboodiripad, E. M. S., 63

Naqvi, Khaleg, 129
Nascentes, Antenor, 86
National Development Planning Commission (Gana), 157
Nature (revista), 342
Nayyar, Deepak, 315
nazismo/nazistas, 14, 29, 87, 185
Necker, família, 218
Nehru, Jawaharlal, 105, 125-7, 138, 140, 169, 175, 281, 313
Nerfin, Marc, 218-9, 233, 240, 247, 261-3
New York Times, 54, 88, 125, 134
Nigéria, 154, 156, 225, 361
Nkrumah, Kwame, 149
Nobel, prêmio, 56, 80, 102, 125, 129, 173, 229, 242, 247, 315
Nora, Simon, 165, 194
Nordeste brasileiro, 50, 78, 211, 283, 294, 305, 308, 349, 350
Noruega, 252
Nova Délhi, 15, 122, 126, 136, 319
Nova Iguaçu (RJ), 75
Nova York, 54, 78, 92, 98, 125, 131, 217, 237, 239, 240, 263, 355, 358-9
Nowa Huta, 113
Nowe Drogi (jornal), 152
Núcleo de Estudos sobre a Violência (USP), 298
Nyerere, Julius, 264, 287
Nyon, 261

Objetivos do Milênio, 360
Observatório Socioeconômico da Zona Leste (USP), 310
OCDE (Organização para a Cooperação e Desenvolvimento Econômico), 155, 223, 337

Ocidente, 15, 117, 146, 151, 165, 171, 182, 191, 193, 205, 259, 325, 367
Oficina Central de Planejamento (Polônia), 112, 117, 142, 143, 159, 170
OIT (Organização Internacional do Trabalho), 215, 309, 346, 347, 350-1, 355, 360
Olympio, José, 78
OMC (Organização Mundial do Comércio), 357, 362-3
ONGS, 255, 274-5, 307, 362
Only one Earth (Ward & Dubos), 241
ONUDI (Organização das Nações Unidas para o Desenvolvimento Industrial), 220, 355, 358
Organização do Tratado de Cooperação Amazônica, 302
Organização dos Estados Americanos, 222
Oriente, 337, 355
Oriente Médio, 337
Orient-Express, 35
Orozco, José, 78
Orsenna, Eric, 343
Orwell, George, 18, 280
Osaka, 228-9
otimismo, 18, 30, 368
Ozbekhan, Hassan, 222

Pacífico, oceano, 234
Pacto Andino, 225-6
Pacto Molotov-Ribbentrop, 30, 33
países emergentes, 243, 302, 328-9
países industrializados, 240, 264, 266, 271, 299, 359, 363-4
Palácio da Cultura (Varsóvia), 93
Palácio Real (Wilanow), 111
Palestina, 23, 90; *ver também* Israel

Panikkar, historiador, 367
Pant, Pitamber, 142
Paquistão, 62, 338
paradigma neoliberal, 351
paradigma social-democrata, 352
Paralelos (revista), 56
Paraná, 46-7, 58-9, 71, 85, 278
Parandowski, Jan, 113
Parfums de Villes, 11
Paris, 15-6, 21-2, 27, 34, 37, 51, 55, 74-5, 78-80, 91, 101, 117, 127, 129, 140, 152, 162-3, 180-1, 193, 195, 198, 209-16, 220, 222, 224-5, 227, 229, 237, 251, 256, 264, 272-3, 278-81, 292-3, 298, 301, 307, 312, 317-8, 321, 327, 337, 355-6
Part maudite, La (Bataille), 341
Parthasarathi, Ashok, 241, 318
Partido Comunista (Brasil), 67, 69, 81-2
Partido Comunista (Índia), 63, 133
Partido Comunista (Palestina), 90
Partido Comunista (Polônia), 14, 87, 111, 113
Partido Comunista (URSS), 89, 105, 114, 275
Partido do Congresso (Índia), 137
Partido Operário Unificado Polonês (POUP), 59, 83, 105, 113, 117, 148, 185
Partido Trabalhista (Inglaterra), 148
Pascal, Blaise, 61
Páscoa judaica, 23, 24
passaportes, 35, 40-1, 168, 184
Passet, René, 230
Peace Corps, 155
"pegada ecológica", 342
Peixes cantam no Ucayali, Os (Fiedler), 46, 236

Pendjab, 315
Pentágono (EUA), 337
Pequim, 62
Pernambuco, 211
Perón, Juan Domingo, 98
Perpignan, 39, 41
Peru, 224, 225-6, 235-7, 293
pessimismo, 18
Petrobras, 138
petróleo, 33, 130, 138, 236, 239, 272, 289, 330, 335-8, 345
Peugeot, família, 218
Piaget, Jean, 162
PIB (produto interno bruto), 266, 284, 314, 347, 361
Picht, Georg, 243
Pilsudski, Józef, marechal, 28, 89-90
Pinheiro, Paulo Sérgio, 298
Pinochet, Augusto, 211, 215, 220, 249, 251, 264
Pioneiros e fazendeiros de São Paulo (Monbeig), 53
Pireneus, 38, 39
planejamento, 69, 116, 118-9, 126, 139, 141-2, 144-6, 148-9, 154, 156, 158, 159, 161, 166, 175-6, 180, 206, 221-3, 227, 231, 235, 245, 248, 267, 270, 273, 315, 322-8, 345, 347
pleno emprego, 223, 325
pluridisciplinaridade, 324
PNUD (Programa das Nações Unidas para o Desenvolvimento), 156-8, 237, 309, 355-8, 360
PNUMA (Programa das Nações Unidas para o Meio Ambiente), 101, 215, 218-9, 233, 240-1, 243, 245-51, 270, 355-7
pobreza, 25, 122, 232, 290, 314, 334, 351

Poemas das mãos calosas (Domeradzki), 79
Polígono das Secas (Nordeste brasileiro), 349
política econômica, 146, 220
Politzer, Georges, 55
poluição, 228, 231-3
Pomian, Krzysztof, 15, 160, 196, 197
Pont, Marcondes, 235
população mundial, 339, 342
Port Said, 121-2
Portinari, Cândido, 78-9
Porto Alegre, 338, 364
Portugal, 14, 21, 43, 74, 230
pós-desenvolvimento, 328-30
positivismo/positivistas, 77, 197
Pouillon, Jean, 164
Poujade, Robert, 218
Pound, Ezra, 82
Powell, Baden, 60
Praga, 15, 96, 106-7, 190-1
Pravda, 202, 204
Prebisch, Raúl, 153, 359
prestadores de serviços, 291, 307, 309
Prestes, Luís Carlos, 69-70
Previdência Social, 309
Primeira Guerra Mundial, 23, 27, 106, 286, 339
Printemps silencieux, Le (Carlson), 227
privatização, 274, 293
produtividade, 64-5, 103, 202, 258, 269, 287, 319, 339, 347
produto interno bruto *ver* PIB
Programa das Nações Unidas para o Desenvolvimento *ver* PNUD
Programa das Nações Unidas para o Meio Ambiente *ver* PNUMA
progresso social, 17, 315, 322, 328

Pro-Natura International, 274
propriedade da terra, 282
prosperidade, 301, 329, 338, 349
protecionismo, 212, 313
Protocolo de Kyoto, 255, 360
Próxima Idade Média, A (Vacca), 234
Prússia, 28
PSDB, 293
PT, 293
Puigcerdà, 42

4D (ONG), 255, 273-5
Queiroz, Rachel de, 78
Quênia, 240

rabinos, 23, 104
Racine, Jean Baptiste, 21, 50
Racines du ciel, Les (Gary), 227
Raeders, Georges, 49
Raj, K. N., 314-5
Rakek, 35
Ramalho, Rodrigo, 289
Ramos, Graciliano, 78
Ramos, Ricardo, 78
Rao, V. K. R. V., 174
Rapacki, Adam, 117
ratos, 283, 284
Reader's Digest, 74, 247
reciclagem, 115, 262, 283-4
Recife, 74, 294, 305-6
recursos hídricos, 236, 338, 341; *ver também* água, preservação da
Reddy, Amulya, 318
reforma agrária, 134, 151, 220, 301, 303, 349
Rego, José Lins do, 78
Reinhardt, Max, 217
religião, 24, 87, 127, 178, 356
Rembrandt, 164
República Tcheca, 106

Restauração Meiji, 137, 313
Restrepo, Ivan, 244
revisionismo, 181
Revolução Chinesa (1949), 113, 328
Revolução de Outubro, 197, 202
Revolução Francesa, 55
Revue coopérative, 223
Revue Internationale du Travail, 350
Ribeiro, Ivan, 212
Richta, Radovan, 197
Rio de Janeiro, 16, 21, 43-4, 47, 49, 74, 78, 153, 157-8, 252, 278, 283-4, 310, 325
Rio Grande do Sul, 46
Riocentro, 253
Rivera, Diego, 78
Road to Serfdom, The (Von Hayek), 325
Robinson, Joan, 170-1, 315, 346
Rokossowski, Konstantin, 84
Rolland, Romain, 55, 62
Roma, 94, 121, 154, 192, 193, 212, 263
Romênia, 14, 33
Rosa, João Guimarães, 369
Rossi, Jacques, 90
Rousseau, Jean-Jacques, 234
Royal Institute of International Affairs (Londres), 313
Rubens, Peter Paul, 32
Rusk, Dean, 125
Rússia, 28, 216, 313, 333
Rygier, Léon, 27

Saara, 286
Sachs, Viola, 13, 16, 22, 65, 76, 78, 93, 97, 107, 109-10, 120, 123-4, 129, 140, 179, 182-4, 187, 193, 197, 209, 215, 249

Sachs-Jeantet, Céline, 11, 13, 15, 140, 188, 190, 198, 265
Sagasti, Francisco, 222, 224
Saglio, Marie-Caroline, 291
Saint-Paul, 265
Salah, Ahmed Ben, 218, 233
salários, 103, 128, 249, 348-9
Salazar, António de Oliveira, 79
Saldanha, Prof., 67
Salomon, Jean-Jacques, 223, 318
Salzburgo, 217
saneamento, 284
Santa María, Domingo, 250
Santiago (Chile), 96, 156, 180, 220-1, 234, 237, 243, 249-50, 298, 358
São Paulo (SP), 11, 52-3, 55-6, 59, 61, 75-6, 101, 167, 182, 195, 273, 280, 282, 284, 291, 294, 297, 298, 310, 334, 336
São Petersburgo, 106
Sartre, Jean-Paul, 352
Sauvy, Alfred, 74, 102
Sax, Joseph, 229
Schaff, Adam, 191, 197
Schlauch, Margaret, 98
Schumacher, E. F., 157, 331
Science (revista), 342
SEBRAE, 290, 305-10
Século das Luzes, 368
Seers, Dudley, 224
Seghers, Anne, 41
Segunda Guerra Mundial, 21, 46, 71, 87, 97, 145, 286, 325, 330, 339, 365
Sélassié, Hailé, 62
Sen, Amartya, 64, 102, 129, 140, 158, 315-6, 323
Serra, José, 297
serviços sociais, 348

Shangai, 340
Sienkiewicz, Henryk, 28
Silva, Luiz Inácio Lula da, 293, 297, 306
"Simbiose entre a Terra e a humanidade" (Dubos), 259
Singh, Shekhar, 320
Siqueiros, David, 78
sistemas integrados, 252, 343-4
Slanski, Rudolf, 88
Small is beautiful (Schumacher), 157
social-democracia, 273-4, 367
socialismo, 22, 87, 101, 113, 117, 159, 176, 185, 197, 199, 200, 204, 263, 267, 351, 367
socialismo real, 159, 325, 346, 351, 367
Sociedade Brasileira para o Progresso da Ciência, 68
sociedade civil, 230, 232, 261-3, 267, 273, 290, 294, 316, 361-2
sociedade de mercado, 273, 346, 352
sociologia, 79
Soedjatmoko, 252, 271
Solidarnosc, 263
Somavía, Juán, 215
Spanov, 82
Spaventa, Luigi, 192
SPRU (Science Policy Research Unit), 224
Stálin, Josef, 38, 69, 77, 81, 83, 89, 93, 105, 113, 116, 203
stalinismo, 116, 119, 195
Stavenhagen, Rodolfo, 242, 245
Stevenson, Mary, 256
Streeten, Paul, 173
Stromenger, Karol, 76
Strong, Maurice, 16, 101, 158, 218, 233-4, 240, 252, 253, 356

subemprego, 335, 346, 364
Suchy, Juliusz Katz, 96-8
Sudetos, 29
Suécia, 117, 125, 342
Suíça, 231, 261
Sunkel, Osvaldo, 220, 243, 251
Superintendência do Desenvolvimento do Nordeste (SUDENE), 74, 305-6
superpotências, 255, 360
Suplicy, Marta, 280
Swaminatchan, M. S., 318
Szaniawski, Klemens, 110
Szpilki (jornal), 150
Szulc, Tad, 53-4

Tagliaferro, Magda, 75
Tamerlão, 204-5
Tanzânia, 102, 264, 287-8
Tatras, montes, 26
Tavares, Maria da Conceição, 249
Tavistock Institute (Londres), 221
Tchaikovski, Piotr, 48
Tchecoslováquia, 67, 88, 114, 188-9, 201, 351
Tchernobil, desastre nuclear de, 277
Tchernovitz, 34
Teatro Municipal de São Paulo, 48, 53
Teerã, 128
teologia da libertação, 263
teorema de Gödel, 196
teoria do desenvolvimento, 347, 352
Terceiro Mundo, 11, 15-6, 26, 97, 102, 104, 112, 117, 125-6, 135, 141, 143, 146, 149, 151, 153-4, 167, 181, 197, 210, 227, 240, 261, 264-7, 278, 281, 286, 315, 339, 365
Terrazas, Eduardo, 287
Thatcher, Margaret, 274
Thibault, Les (Du Gard), 55

Thorner, Alice, 209, 312
Thorner, Daniel, 129, 140, 209, 214, 217, 312
Tigres asiáticos, 292
Tolba, Mustafa, 218
Tolstói, Alexei, 82
Tóquio, 227-8, 230, 270-2, 316
Toulouse, 39, 41
Touraine, Alain, 194
Transamazônica, Rodovia, 237
transdisciplinaridade, 297, 324
Transit, Le (Seghers), 41
transporte público, 279
Tricart, Jean, 289
Trieste, 192
Trinta Gloriosos (1945-1975), 329, 346
Trist, Éric, 221, 222
Trivandrum, 315
tropicologia, 79-80
Trybuna Ludu (jornal), 179, 181, 183, 186
Tsuru, Shigeto, 228
Tunísia, 51, 233
turismo, 38, 130, 155, 266, 289
Turner, John, 223, 282
Turquia, 60, 203

Uberaba, 320
Ucrânia, 57, 89
Uganda, 149
Ujamaa, 264
Unamaz (Associação de Universidades Amazônicas), 299
UNCTAD (Conferência das Nações Unidas para o Comércio e o Desenvolvimento), 153, 241, 310, 315, 334, 336, 338, 350, 355, 357, 362

Unesco, 78, 125, 158, 162, 165, 180, 184, 217, 221-2, 224-5, 227, 231, 239, 242, 288, 304, 324, 325, 331-3, 355, 357
União dos Jornalistas Poloneses, 197
União Europeia, 275, 364, 368
União Soviética, 15, 28, 30, 48, 55, 57, 60, 63, 70, 82, 87, 89-90, 113-4, 135, 137, 159, 165, 167, 177, 199, 201, 203-4, 249, 275, 326, 367
Universidade da Pensilvânia, 221-2
Universidade das Nações Unidas, 252, 270-2, 282, 284, 316, 344, 355, 358
Universidade de Baroda, 316
Universidade de Cambridge, 102, 148, 315
Universidade de Chicago, 92
Universidade de Dar Es-Salaam, 102
Universidade de Délhi, 129, 138, 174, 315
Universidade de Grenoble, 193
Universidade de Heidelberg, 243
Universidade de Nanterre, 194
Universidade de Oxford, 92, 129, 157, 171, 331
Universidade de Paris-i, 222, 293
Universidade de Princeton, 52, 262
Universidade de Roma, 192
Universidade de Santa María, 249
Universidade de São Paulo, 51, 53, 194, 286, 290, 298, 310, 337, 351
Universidade de Sussex, 223-4
Universidade de Varsóvia, 98, 110, 139, 144, 147, 179
Universidade de Vincennes, 16, 80, 209, 211
Universidade do Recife, 79
Universidade Federal do Pará, 299
Universidade Federal do Rio de Janeiro, 74
Universidade Harvard, 148, 217, 287
Universidade Howard, 134
UNU *ver* Universidade das Nações Unidas
Urbanisme (revista), 11
urbanização, 17, 285-6
Urquidi, Víctor, 245
USP *ver* Universidade de São Paulo
utopia, 268, 280, 353

Vacca, Roberto, 234
Valdívia, 250
Valéry-Radot, Louis Pasteur, 53
Vancouver, 278
Vanguarda (jornal), 70
Vargas, Getúlio, 26, 43, 46, 98
Varsóvia, 21-2, 27-9, 31-2, 42, 45, 47-9, 56-8, 62, 68, 73, 75, 77, 79, 81, 83-5, 89-94, 96, 98, 100, 106-8, 110-1, 114-5, 120, 136-7, 139-44, 147-53, 155, 159-60, 162, 164, 169-70, 171, 174-5, 177, 179-81, 185, 187, 191, 204, 212-3, 220, 225, 249, 292, 307, 326, 355
Vasconcellos, Luiz, 74
Veiga, José Eli da, 285
Velásquez, Diego, 43, 147
Veneza, 93, 121
Venezuela, 225, 245, 261, 293
Vernet-les-Bains, 38-40
Veyne, Paul, 322
Viagem de meu irmão Alexis ao país da utopia camponesa (Kremniov), 280
Vichy, regime de, 49
Vida atormentada de Lázaro R., A (Ehrenbourg), 202

Viena, 93, 121, 125, 165, 190-1, 355
Viña del Mar, 249
Vístula, rio, 28, 100, 106-7
Voix ouvrière (revista), 233
Von Hayek, Frederick August, 325
Vuskovic, Pedro, 221

Ward, Barbara, 241-2
Washington, 92, 222, 250, 262, 351, 359
Wazyk, Adam, 113
Weil, André, 52, 55
Werminska, Wanda, 92
Westoby, Jack, 192, 359
Wharton School, 245, 311
Whitman, Walt, 129

Wilanow, 111
Wilheim, Jorge, 56, 194, 282, 285, 298
Wionczek, Miguel, 244
Wolfensohn, James, 218
Wolski, acadêmico soviético, 234-6
Woodcock, *cordon bleu*, 192
Wroclaw, 79

Zakopane, 26
Zaleszczyki, 33
Zamiatine, Evgueni, 203
Zapata, Jesus, 211-2
"zegistas", 232
Zero e o infinito, O (Arthur), 91
Zolkiewski, Stefan, 161, 166
Zweig, Stefan, 292

ESTA OBRA FOI COMPOSTA EM MINION PELO ACQUA ESTÚDIO E IMPRESSA
PELA PROL EDITORA GRÁFICA EM OFSETE SOBRE PAPEL PÓLEN SOFT DA SUZANO
PAPEL E CELULOSE PARA A EDITORA SCHWARCZ EM OUTUBRO DE 2009